理想與現實的衝突

——「少年中國學會」史

陳正茂・著

自　序

清末民初，是中國新思想、新文化孕育、啟蒙、發芽的時期，由於受到西方列強的欺凌，晚清以降，自「強學會」始，民間學術團體，有如雨後春筍般的蓬勃發展，其數目不在千百之下。此種思圖以組織學會、團結力量以達救國目的之結社模式，迄於「五四」時代幾臻於高峰。在這千百個學會當中，「少年中國學會」無疑是其中最具特色與影響力的一個。因為它不僅是「五四」時期，歷史最久、會員最多、分布最廣的一個學會；且是象徵「五四」悲劇精神、分化意識最明顯的一個社團。

它發起於民國 7 年 6 月 30 日，經過一年的醞釀與籌備，於民國 8 年 7 月 1 日正式成立。從發起至民國 14 年底的無疾而終，總共存在了七年又十天。時間的跨度雖然不長，但所經過的，卻是中國一個新政治孕育的時期；同時也是一個大變動的時期。如所周知，「五四」的前後數年，可說是中國新舊社會嬗遞中，思想最分歧、衝突最為激烈尖銳的時代。在外來各種思潮的猛烈衝擊下，傳統的一切文化制度逐漸解體，取而代之的是，經由文學革命所帶來的一連串改革運動。在此改革的風潮中，一群懷抱崇高理想純潔有為的青年，提出了「本科學之精神，為社會之活動，以創造少年中國」的宗旨。對當時暮氣沉沉的中國社會，實有振衰起弊的作用，它就是「少中」，也是本書研究的主題。

在內容結構上，本書共分九章，各章要旨如下：

第一章、少年中國學會發起之背景，主要係以晚清民族主義傳統之沿襲，及受新文化運動影響的遠因立論；進一步闡明「留日學生救國團」，因反對「中日軍事協定」所做憤怒的回應，而導致「少中」成立背景之最大推動力量。

第二章、少年中國學會成立動機之探討，主要係指出發起「少中」的這批青年，基於知識份子對國家、民族、社會的使命感，在對新時代的要求與環顧國內舊人物的無可作為下，為負起救國家及改造國民習性的動機，乃毅然決然的發起「少中」以遂其目的。

第三章、少年中國學會發起的經過，以三個時期討論之。首先是醞釀時期，在「少中」發起前，會員間已有著濃厚的血緣與地緣色彩，此種特色，使「少中」在成立前，早已有著一股精神上的契合。其次為籌備時期，以一年時間為準備，主要活動是徵求會員及設立分會。最後為成立時期，民國 8 年 7 月 1 日，「少中」正式成立，其工作重點是強固組織，公佈規章、宣言，以及選舉各項負責人等。

第四章、少年中國學會的活動與發展，「少中」的活動，成績最顯著、也較有收穫的是，創辦刊物與輿論宣傳。其中《少年中國》與《少年世界》兩個月刊，對當時新文化的宣揚闡述，貢獻良多。輿論宣傳則以成立通訊社為著，如「巴黎通訊社」的成立，對中國在「巴黎和會」的詳盡報導，曾在國內輿論界起了不小的作用。此外，關於另一項的社會活動，乃是「工讀互助團」的成立與「新村運動」的提倡，因經費短絀及理想的不切實際，效果不彰。

第五章、少年中國學會之分裂，「少中」之分裂，是二〇年代中國知識界的一件大事。其分裂的因素，導源於客觀環境的變化，共產革命的震撼、國內政局的黑暗，致使知識份子原先短暫且薄弱的統一主觀意識，再度產生分歧。此分歧點，固因救國方法不同而異，然救國之心卻不變。證諸「少中」內部的鬥爭，有主張從事政治活動救國者，有強調以社會活動救國者；亦有要求堅守學術救國立場者，不一而足。凡此種種，不僅使「少中」產生了分化，且伏下了以後中共、中青分道揚鑣的種子。然而由此政、社之爭，亦可看出知識份子救國之心切、熱望；並充分顯示出「五四」時代知識份子那股蒼涼豪邁的悲劇心態。

第六章、少年中國學會與反宗教運動，二〇年代，中國知識份子大規模的反宗教運動，「少中」實扮演一個先鋒者的角色。在學會內部，不僅請專家發表有關宗教問題的演講，並在《少年中國》月刊上，登出 3 期專門探討宗教問題特刊。一般而言，「少中」會員的反宗教思想，主因係基於對科學主義、理性主義的信仰，他們一致指出，宗教不合乎科學、理性，且迷信，所以應在排斥之列。這種想法，不只是「少中」內部反宗教會員有，也是當時中國一般反宗教知識份子的共同心聲。總之，「少中」的反宗教，對二〇年代的反教思潮，實有推波助瀾之效。

第七章、少年中國學會與收回教育權運動，二〇年代的反教運動，經由「少中」的鼓吹，蔚為一股風潮後。首當其衝的影響，便是收回教育權口號的提出；兼以當時國人對西方列強的反感，「五卅」以後，民族主義高漲，愛國的情緒，使得國人認為外人在華創辦投資的教育事業，為一種帝國主義試圖侵略亡華的手段，所以收回教育權的呼聲響徹雲霄。其中，「少中」內部的國家主義者，如陳啟天、余家菊、李璜等人，又扮演了領導者的角色。他們以《中華教育界》雜誌為喉舌，發表了不少收回教育權運動的文章；李璜、余家菊且著有《國家主義的教育》一書，以助長聲勢。因此，無可置疑的，「少中」會員的收回教育權主張，對中國的收回教育權運動，實居功至偉。

第八章、少年中國學會之影響，「少中」既是「五四」時代最具影響力的一個社團，其重要影響可分為三點。其一，對「五四」的影響，「少中」與「五四」二者之間的關係密不可分，說「少中」為「五四」催生固可，謂「少中」乃「五四」影響所致亦行。總之，其與「五四」實有前因後果之關連。其二，中共的成立，民國 6 年，俄國共產革命成功，馬克斯主義大舉向華宣傳，一般對西方列強失望的知識份子，乃轉而對馬克斯主義存有幻想，並希冀能以俄國式的經驗，找出一條救中國的途徑，兼以此時俄國對華的偽善外交，使知識份子對「俄化」的理想更加熱衷。

共產革命的輸華，首遭其害者，便是「少中」內部的分化。由於李大釗等人的宣傳，蠱惑了不少有政治野心的「少中」會員，如鄧中夏、惲代英、毛澤東等人。這批人以後不僅是馬克斯主義的狂熱份子，更是締造中國共產黨的中心主幹，其影響之大，至今猶然。其三，中國青年黨的創建，民國 10 年，「少中」南京大會的分裂，由原本政治活動與社會活動之爭，進而演變為國家主義與共產主義之鬥，無形中，已埋下了爾後兩黨鬥爭的陰影。所以民國 10 年，中國共產黨一成立，「少中」內部的國家主義份子，亦即於民國 12 年底，在法國巴黎成立了中國青年黨與之抗衡。凡此種種，均是「少中」對「五四」及民國政局最大的影響，這種影響不僅在當時發生作用，且及於今日。

第九章、結論，綜合上述的分析探討，筆者於結論中，嘗試給「少中」一個較明確的歷史圖像，並希望能經由此圖像的描摹詮釋，給研究民初學會者，提供一個有價值的參考個案，並期盼國人，能對此影響民國至深且鉅的「少中」，予以客觀的歷史評價。

本書為筆者 20 餘年前，在政大讀歷史研究所的碩士論文，指導教授為沈雲龍師。白雲蒼狗，雲龍師逝世已二十餘載，而自己也步入白髮微霜的中年，無限懷念，滄桑幾許。感謝登山兄一再的勉勵筆者多寫、多出版；也感謝秦賢次兄為筆者增補不少會員名單資料，今整理舊作付梓，並以此書，感念雲龍師當年的提攜之恩與教導之情。

陳正茂序於士林
民國 99 年 3 月

目　次

第一章　少年中國學會發起之背景

民國 7 年（1918）6 月 30 日，「少中」的發起，是一件頗不尋常的事。其所象徵的意義有二：其一是代表青年覺醒的救國活動；其二是代表新文化運動的成果。「五四」前後，正值中國新舊社會面臨劇烈衝突的轉型時代，在外來西潮的衝擊下，知識青年目睹世界新潮，不斷演變，而中國的政治社會仍是黑漆一團。[1]因此在對舊有人物、制度失望之餘，由煩悶、痛苦而至深刻的省思；最後醒悟到，舊國必先從己入手。

唯單獨的奮鬥、各自為戰，既無補時艱，且甚危險，必須集合同志，組織團體，共同努力於學術之研究，革新思想、改造生活、明定目標、訂立信條。[2]本著科學奮鬥的精神，從事社會改革的運動，以期建立一理想的少年中國。[3]是以吾人可說，是時代的危機孕育了「少中」；而「少中」也對時代的挑戰，作了有力的回應，本章即針對此意，從民族主義的沿襲、新文化運動的影響、「留日學生救國團」的刺激等三點因素，對「少中」醞釀的時代背景，作一個前因後果的探索。

---

1 赤松子（張夢九），《人海滄桑六十年》（台北：五洲出版社，民國 60 年 10 月初版），頁 28。

2 黃仲蘇，〈王光祈與少年中國學會〉，《傳記文學》35 卷 2 期（民國 68 年 8 月），頁 140。

3 秦賢次，〈「少年中國學會」始末記〉，《傳記文學》35 卷 1 期（民國 68 年 7 月），頁 14。

民族主義的沿襲

歷史上每一事件，都是前因之果，也是後果之因，究其前因是探源，察其後果是索流。近代中國的改革運動，亦復如是。吾人可以很清楚的了解到，是由兩個基本動力在推展的。一為環境的外力，一為自身的覺悟。換言之，就是由於外在環境的刺激，引發知識份子的自覺。外在環境的刺激，一般而言，就是帝國主義列強的侵略；而自覺，便是民族主義的高漲。這種「挑戰與回應」的公式，從晚清相繼成立的學會中便已見端倪，一直延續到民國仍是如此。

以近代中國第一個學會——「強學會」為例。[4]其成立時間為光緒 21 年（1895），時值清廷甲午（1894）新敗之際，知識份子感受到列強侵略的挑戰，在民族主義的大纛下，組織學會以回應之。此民族意識之由來，乃因清末以降，外患日亟，國力日衰。尤其自甲午以後，喪師辱國之刺激，社會達爾文主義之盛行，以及瓜分風潮之危機，在在使知識份子產生存亡之自覺。於是救亡圖存的呼聲，乃適時導出了保國、保教、保種的民族意識。[5]

綜覽晚清學會的特徵，民族主義的色彩極濃，王爾敏曾將其與民族主義的關係，歸納為三：（1）「學會與種族的自我體認」、（2）「學會與文化固守的意識」、（3）「學會與主權完整的觀念」。[6]這三點，無庸置疑的，均是晚清一般學會的特徵；此種特徵，延續到「五

---

4 郭廷以，〈改制維新與排外〉，見其著，《近代中國史綱》（香港：弘文出版社，民國 67 年 6 月），頁 313。

5 王爾敏，〈清季知識份子的自覺〉，見其著，《中國近代思想史論》（台北：華世出版社），頁 95-164。

6 王爾敏，〈清季學會與近代民族主義的形成〉，《中華文化復興月刊》4 卷 5 期，頁 5-9。

四」時代仍是如此。「少中」成立的精神，嚴格說來，就是沿襲這種晚清學會的民族主義傳統。以「文化固守的意識」為例：「文化特色為中國傳統民族思想最濃厚的部份，近代民族主義觀念，同樣保存著這種傳統精神。清季學會的組成，有不少是專在維護文化宗旨。」[7]

「少中」的傳統亦復如是，以「少中」的主要發起人王光祈來說；他就將「少年中國運動」歸結為一種「中華民族復興運動」。[8]民國 13 年，他在德國寫《少年中國運動》一書時，便直接闡揚了他對民族文化的精湛見解。他說：「『少年中國運動』不是別的，只是一種『中華民族復興運動』……用何種方法使這個目的達到；我們的方法，計有兩種：（甲）民族文化復興運動，（乙）民族生活改造運動……我們學會出世，正值這種『新文化』蓬蓬勃勃的時代，但是我們卻別有一種見解。我們以為西洋的物質文明，誠然可以盡量採用，毫無妨害。至於民族文化，即一民族精神之所繫，生活之所由出，則各民族各自有其特殊色彩與根本思想，這種特殊色彩與根本思想，是由遺傳、歷史、信仰、環境、習慣等等所養成的，萬不能彼此隨便通融假借……。」[9]王氏的這段話，便是文化民族主義最具體的寫照。[10]在一片充滿否定傳統文化價值，熱烈稗販西洋文化的「五四」時代，[11]實有其暮鼓晨鐘之效。而揆之王光祈的積極發揚國粹，復興民族文化的思想，[12]其受晚清學會「文化固守意識」之影響，殆無疑義。

---

[7] 同上註，頁 8。

[8] 王光祈，《少年中國運動》（上海：中華書局出版，民國 13 年 6 月），頁 2-11。

[9] 同上註。

[10] 郭正昭，〈王光祈生平中有關復興中華文化的見解和努力〉，《中華文化復興月刊》4 卷 5 期，頁 46。

[11] 陳端志，《五四運動之史的評價》（台北：古楓出版社，民國 75 年），頁 327。

[12] 郭正昭，〈王光祈與少年中國學會（1918～1936）〉，《近史所集刊》第 2

其次是晚清學會「主權完整的觀念」，「中國近代主權觀念之形成，並非出自本身政治發展的結果，而是因列強侵略刺激之體認而得。」[13]這個「主權完整」思潮，也是構成「少中」成立的背景之一。蓋欲主權完整，必先使國不遭侵略，想使國不遭欺凌，先決條件便是愛國救國，「少中」發起之最終目的，乃在改造社會，以救中國。在「少中」發起前，其七個發起人之一的曾琦，目睹日本侵略中國，國已不成國，曾在其日記寫下悲憤之記載：「國未亡而身已不自由，島夷橫肆，可勝歎哉？」，[14]而其同年底的《國體與青年》之作，[15]更是因此而發。此外惲代英也說：「少年義大利黨，已經救了義大利，少年中國學會一定可以救中華民國」。[16]此一「救中華民國」，更是維護「主權完整」觀念的最佳註腳。

由上述「少中」與晚清學會的關係，一言以蔽之，就是沿襲民族主義的傳統。中國近代的民族主義是以種族、文化、主權三方面的思想反應，構成其基本要素。[17]而民族主義的本質，主要是基於主觀意識的自我體認，這種自我意識強烈的程度，與國家民族自身因應時代衝擊的能力有關，而所遭遇的外在環境亦每下愈況，因此民族自覺的強度與廣度越演越烈，至乎「五四」時代，民族主義已掀起了歷史的新高潮，而成為時代的主流之一。[18]最能表現這種民

期（民國 60 年 6 月），頁 138。

[13] 陳豐祥，〈五四時期的民族主義〉，收入王壽南主編，《中國近代現代史論集》(24)，第二十二編——新文化運動（台北：商務版，民國 75 年 9 月初版），頁 379。

[14] 曾琦，〈戊午日記〉，《曾慕韓（琦）先生日記選》，沈雲龍主編，《近代中國史料叢刊》第二輯（台北：文海出版社），頁 21。

[15] 同上註，頁 33。

[16] 少年中國學會編，《少年中國學會週年紀念冊》(民國 9 年出版），頁 56。

[17] 李國祁，〈中國近代民族思想〉，《近代中國思想人物——民族主義》(台北：時報版，民國 69 年 6 月初版），頁 19-43。

[18] 同註 13，頁 372。

族主義的特色，莫過於喚起社會群眾的民族自覺與政治意識，其表現的手段，則是知識份子藉學會組織、社團活動、書報雜誌為媒介，而其效果也頗為卓著。[19]「少中」的成立，便是在這種民族主義高漲的情況下孕育而生的。

新文化運動的影響

在論及「新文化運動」前，首先必須澄清「新文化運動」與「五四運動」的關係，我個人贊成把「新文化」、「新文學」、「五四」分別看待，事實上，這三個運動在直接因素上是絕對不同的。[20]以時間論，「新文化運動」應先於「五四運動」；就意義來說，發生於前的「新文化運動」，為其後的「五四運動」準備好了導引至思想解放的自我覺醒之條件。[21]所以我們可以稱其為「先五四新文化運動」。[22]但是絕對不能與「五四運動」混為一談。[23]至於吾人何以必須先明瞭此時代先後的順序，誠如李璜所說：「少中雖宣布於民國八年七月成立，遲於五四運動兩個月，然少中之發起，則在民國七年六月，乃早於五四運動恰恰一年的。」[24]如此說來，影響「少中」的是「新文化運動」，而不是「五四運動」。

---

19 王爾敏，《中國近代思想史論》（台北：華世出版社），頁 209-232。

20 侯立朝，〈誰是五四運動的發起者〉，引自李霜青，《五四運動徵實》（台北：現代雜誌社，民國 57 年），頁 4。

21 華崗，《五四運動史》（上海：新文藝出版社，1953 年），頁 198。

22 陳曾燾著、陳勤譯，《五四運動在上海》（台北：經世書局印行，民國 70 年 5 月），頁 8。

23 毛子水，〈「五四」五十年〉，陳少廷編，《五四運動的回憶》（台北：百傑出版社，民國 68 年），頁 108。

24 李璜，〈少年中國學會的發起與成立〉，《傳記文學》35 卷 1 期（民國 68 年 7 月），頁 11。

然則「新文化運動」的影響，何以會是促成「少中」成立的背景之一呢？首先吾人必須對「新文化運動」作一概括性的認識。道光20 年（1840）的鴉片戰爭，改變了古老中國的命運，開創了「三千年未有之變局」。[25]隨之而來的英法聯軍、中法戰爭、甲午之戰、八國聯軍諸役，更使中國在列強的「船堅砲利」下，幾淪為「次殖民地」的地位。有識之士，目睹此危局，不忍國家淪亡，紛紛因應時勢，要求改革。先有自強、後有維新，然均不足以救晚清頹弊。辛亥鼎革，國難依舊，內憂外患，接踵而至，知識青年，在西潮的衝擊下，更是競言洋務，傳播西學，企圖從根本來改造中國。

民國 4 年 9 月，《青年雜誌》的創刊，便是知識份子重新出發的一個里程碑。民國 5 年 9 月改名為《新青年》後，正式扛起了「新文化運動」的大纛。其鼓吹青年自覺、民主政治、提倡人權、反對專制，更是為中國現代民主啟蒙運動立下初基。民國 6 年，胡適和陳獨秀等人分別在《新青年》發表文章，提倡以白話文代替文言文，豎起了文學革命的旗幟，由於白話文的使用，易於新知識的傳達，而文體的解放，更助長了政治文化革舊用新的趨勢，因此新文化運動的影響，深深地刺激了年青知識份子的思想。他們本著積極的態度，批判舊文化，汲取新知識，以謀求救國的方向。[26]

因此，吾人可以清楚地了解到「新文化運動」，是中國知識份子在西潮的衝擊下，對於近代西方文明，所產生自覺的一種運動。[27]這種運動，自其外鑠性而言，是對傳統文化猛烈抨擊的活動；自其

---

[25] 《李文忠公全集——奏稿》卷 19。

[26] 李月娥，〈「五四運動」回顧〉，《五四運動六十週年紀念論文集》（香港：中文大學出版，民國 68 年 5 月），頁 80。

[27] 趙令揚，〈五四期間之「新青年」及主要文學團體〉，《五四運動六十週年紀念論文集》（香港：中文大學出版，民國 68 年 5 月），頁 36。

內隱性而言，則又是一種「衝決網羅」，破舊立新的思想。[28]此思想的源起，是因為這批「新文化運動」的領導者，當他們在傳統中國制度和西方相比較時，感覺到相形見絀，因此他們輕視中國的過去與傳統。[29]而由於對傳統的鄙視與攻擊，使這些知識份子們，認為其提倡「新文化運動」，本質上乃在於對傳統主義的革命，與一種追求文化變更的思想。[30]而這些追求文化變更思想的目標，實際上就形成了「新文化運動」的主體。吾人歸納《新青年》及《新潮》兩個主要雜誌的內容來看，便可見其端倪：

《新青年》的主張：（1）擁護「民主」與「科學」。[31]（2）創立政治上、道德上、經濟上的新觀念，樹立新時代的精神，適應新社會的環境。[32]《新潮》的態度：（1）批評的精神。（2）科學的主義。《新潮》自勵的四種責任：（1）喚起國人對本國學術之自覺心。（2）討論惡劣習俗之改良。（3）鼓勵學術上之興趣。（4）研究學立身之方法與途徑。[33]

由上述「新文化運動」的兩個主要雜誌觀之，我們可以知道當時知識份子的思想取向，一方面是在徹底的重新估價傳統；[34]另一方面則是想透過種種的改革措施，包括新知的接受、傳統的批判，來開創中國歷史文化的新局面。[35]

---

28 王德昭，〈論五四運動對文化遺產的繼承〉，《五四運動六十週年紀念論文集》（香港：中文大學出版，民國 68 年 5 月），頁 10。

29 同註 22，頁 12。

30 同上註，頁 13。

31 〈本誌罪案答辯書〉，《新青年》，引自《獨秀文存》卷一（上海：亞東圖書館，民國 23 年 3 月 10 版），頁 362。

32 〈本誌宣言〉，同上註。

33 〈新潮發刊旨趣書〉，《新潮》第 1 卷第 1 期（台北：東方文化書局影印本，1972 年）。

34 周策縱，《五四運動史》（台北：龍田出版社，民國69年5月初版），頁 359。

至若「少中」成立的背景與「新文化運動」之關係，吾人可由「少中」的成立宗旨觀之。「少中」成立的宗旨原本是「振作少年精神、研究真實學術、發展社會事業，轉移末世風氣」。[36]其後為簡潔起見，又改為「本科學的精神，為社會的活動，以創造少年中國」。[37]揆其本意，不外乎是主張要採用科學的方法與精神，做社會活動的工作，來改造老大之中國，以成其理想中的「少年中國」。而這些意思，委實論之，均是受「新文化運動」的影響。科學之精神與方法，便是「新文化運動」中所強調的「賽先生」。李璜在論〈新文化運動〉的貢獻時曾說：

「五四前後所流行的新文化運動，其首倡者自推陳獨秀與胡適兩人。陳獨秀所主辦之新青年雜誌，尤為先導……總之新文化運動的貢獻是在陳、胡兩人所主張的自由主義與科學主義，具體言之，就是民主與科學，（德先生與賽先生）。」[38]而社會之活動，在《新青年》雜誌社宣言，亦曾提及「我們主張的是民眾運動社會改造，和過去及現在各派政黨，絕對斷絕關係」。[39]最後再論及「少中」這批人的改革創造「少年中國」的理想，也是受「新文化運動」原有的改革思想之影響。

誠如孫德中所言：「民國六、七年間，新文化運動勸青年人從此打破升官發財的心理，提高研究學問的興趣；糾正自私自利的心理，培育獻身社會的意志，革除迷信盲從，發揮懷疑批判精神，青

---

[35] 林載爵，〈五四與台灣新文化運動〉，見汪榮祖編，《五四研究論文集》(台北：聯經版，民國 68 年 5 月出版），頁 257。

[36] 王光祈，〈本會發起之旨趣及其經過情形〉，載張允侯等編，《五四時期的社團》(北京：三聯書店，1962 年），頁 220。

[37] 〈本會通告〉，《少年中國月刊》1 卷 1 期（民國 8 年 7 月 15 日）(北京：人民出版社，1980 年）。

[38] 李璜，《學鈍室回憶錄》，見沈雲龍主編，《中青黨史資料叢刊》(8)(民國 74 年 10 月），頁 3-4。

[39] 同註 34，頁 280。

年們要求瞭解宇宙，體會人生，認識自己；於是，他們的眼光遠大了！胸襟開闊了，勇氣增加了，態度積極了！這一代的青年，由興以後，全國青年學生開始覺醒了。於思想的轉變，引起整個人生的改變！他們自己開始塑雕成二十世紀的新時代青年，於是開始著手想改造這個古老的國家，成為二十世紀的新時代國家。」[40]

由上述之析論，可知新文化運動的影響，無疑的是促成「少中」成立背景的重大因素。它不僅對「少中」的誕生有催生之功，而且和「少中」的關係也密不可分。這種關係，根據「少中」會員孟壽椿、李璜、陳啟天諸人的回憶均說到：「民國七年六月，國內及留日的青年分子王光祈、周太玄、曾琦、雷寶菁、陳淯、張夢九、李大釗等七人，因受新文化運動的影響和國內外政治現象的刺激，在北京集議發起少年中國學會，至八年七月正式成立……。」[41]

「這個學會中人於其後影響五四新文化運動，具有相當創發力量。」[42]及「對於民國七年以來的文化運動與政治運動都有密切關係。」[43]這種密切關係，可以說是互為因果的。換言之：「在新文化運動中成長起來的一個最早最大的青年團體，即少年中國學會……。」[44]而「少中」又是在「新文化運動」中，扮演中堅份子的角色啊！[45]

---

[40] 孫德中，〈「五四」與新文化運動〉，見陳少廷編，《五四新文化運動的意義》(台北：百傑出版社，民國 68 年 5 月)，頁 27-28。

[41] 柳下(常燕生)，〈中國青年黨創立以前的國家主義運動〉，見張葆恩，〈關於「少年中國學會」〉，見其著，《人與人生外篇》(香港：海天文化服務社出版，1962 年 3 月)，頁 101。

[42] 李璜，〈我所經歷的五四時代的人文演變〉，見周陽山編，《五四與中國》(台北：時報版，民國 68 年 5 月初版)，頁 660。

[43] 陳啟天，《寄園回憶錄》(台北：商務版，民國 61 年 10 月初版)，頁 133。

[44] 胡秋原，〈談國家主義與曾慕韓先生〉，《曾慕韓先生逝世卅週年紀念集》(台北：中國青年黨中央黨部印行，民國 70 年)，頁 18。

[45] 郭有守，〈若愚在蓬廬〉，《王光祈先生紀念冊》，沈雲龍主編，《近代中國史料叢刊》第 19 輯(台北：文海出版社)，頁 28。

「留日學生救國團」的刺激

在談到「少中」的成立背景時，吾人不得不先追溯民 7 留日學生罷學歸國的一段史實。民國 7 年 2 月 5 日，日本向中國提出建立「中日共同防敵軍事協定」(以下簡稱「中日軍事協定」) 的建議。其原因是日本以為歐戰中，德蘇之間的媾和傾向，會威脅到中日兩國的安全，乃以此為藉口，要求建立共同防禦協定。實際上，日本真正意圖是在藉軍事共助之名，而行控制中國軍事、干預中國內政之實。[46]而當時段祺瑞任北京政府的國務總理，為要貫徹其武力統一中國之目標，竟不惜向日本大事借款，而日本為遂其侵華野心，亦樂其所成。[47]

「中日軍事協定」，其條款內容危害中國甚深，如其中的「日本有權在北滿、外蒙駐軍」、「日本有權使用中國軍事地圖」、「日本有權在中國軍隊中任用日本教官」等均危害甚大。[48]協定雙方進行的極為隱密，消息封鎖的也相當周全，可是仍未能掩蓋住中國百姓的耳目，3、4 月間，京、滬報紙即有片段披露及種種揣測性的報導。[49]

消息登報後，群情激憤。中國在日本的留學生，此時又再度扮演了急先鋒的角色。4 月下旬，他們得知此事，立即有了迅捷熱烈的反應。28 日，千餘名留學生召開大會，便有全體返國之議。5 月

---

[46] 黃福慶，〈五四前夕留日學生的排日運動〉，張玉法編，《中國現代史論集》(六)——五四運動（台北：聯經版，民國 70 年 12 月初版），頁 141。

[47] 同上註。

[48] 同註 34，頁 100。

[49] 同註 46，頁 142。

5 日，「留日學生救國團」正式成立，商定各種返國事宜。最重要的是，決定了先發隊 5 月 8 日返國，且一切就緒中；5 月 6 日，一次集會為日警干涉，與會四十六名代表，遭到毆辱及逮捕，此事使得學生情緒更加激昂，返國行動勢在必行。[50]

5 月 8 日，首批學生搭船離開日本。13 日，先在天津上岸，兩天後，到達北京。[51]當時，由於協定簽字在即，因此，學生一面致電上海，請求增派人手，一面進入北京就近活動。[52]當時國內學生，對於段氏與日本勾結，無不切齒痛恨，然他們不願過問政治的消極態度，卻使其無所作為；儘管如此，抵京的留日學生並未氣餒，他們到處大聲疾呼，四面活動，倒也引發了北大學生易克嶷、許德珩、鄧中夏等人的同情與共鳴。[53]隨著協定簽字消息的外傳，[54]他們更加緊活動，除了聯絡學界，並向商界發出呼籲。[55]

而早在 4 月 11 日，在天津召開的「全國商界聯合會」，便已發電請求停止內戰，及宣佈協定內容，隨後並派代表向段祺瑞請願。此時，他們也通電反對協定簽字，並推代表向北京請願。[56]此即是著名的「5・21」學生請願事件，可是段祺瑞仍漠視學生的呼籲請願，一意孤行，不僅不思改弦易轍，且變本加厲，採取強烈手段以壓迫學生。首先是干涉留日歸國學生活動，繼之用警力以取締學生

---

50 實藤惠秀，〈留日學生的政治活動〉，見其著，《中國人留學日本史》（香港：中文大學出版社，1965 年），頁 289-296。

51 《時報》（民國 7 年 6 月 8 日）。

52 《時報》（民國 7 年 5 月 15 日）。

53 許德珩，〈回憶國民雜誌社〉，載張允侯等編，《五四時期的社團》（二）（北京：三聯書店，1963 年），頁 37。

54 《時報》（民國 7 年 5 月 20 日）。

55 同上註。

56 《時報》（民國 7 年 4 月 22 日、5 月 4 日、5 月 19 日）。

的排日行為。[57]最後甚至誣留日學生與黨員連結一氣，且收受經費，訓令各軍警機關加意查防。[58]留日學生的歸國活動，終因在段祺瑞的高壓、教育主管當局的驅逐和社會反應的冷淡下煙消雲散。[59]

情勢雖然如此，但是仍有少數激進學生，矢志不渝，他們認為救國高於一切，他們認為消極的請願行動既不管用，唯一能做的，就只有團結起來，組織團體與發行刊物。於是在這群學生的鼓吹之下，從「5．21」請願運動後，各種帶著濃厚民族主義的救國小團體，如雨後春筍般的成立，在這股成立社團的潮流中，「少中」是淵源較早，而企圖較大的一個社團。[60]關於其與「留日學生救國團」的因緣，最早我們可以追溯到由「少中」的七個發起人之一的曾琦來看。

曾琦是當時留日學生中，主張罷學歸國最力者，也是其中重要份子之一，當其決定歸國時，曾表明其態度：「予當時所以毅然輟學歸國，尚非僅為一時之外交問題，而實重在重振中原之士流，以期外抗強權，內除國賊，故留日學生救國團發起之初，予即力主歸國運動之目標，宜特別注意於學界。一則以學生連絡學生，其勢順而易；二則以純潔無染之青年，容易激發其良知也。」[61]

所以其歸國後即與四川學生王宏實、湖南學生羅季則等成立「留日學生救國團」於上海。[62]分涉京、滬活動，並發刊《救國日

---

57 指排斥日貨，提倡國貨事。

58 《時報》（民國 7 年 5 月 18 日）。

59 同註 49，頁 163。

60 王玥民，〈中日軍事協定與日本對華侵略之研究（1917-1921）〉，（台大史研所碩士論文，民國 72 年 5 月），頁 121。

61 曾琦，《曾慕韓先生遺著》（台北：中國青年黨中央執行委員會，民國 43 年），頁 105。

62 郭正昭、林瑞明合著，《王光祈的一生與少年中國學會》（台北：環宇版，民國 63 年 5 月初版），頁 21。

報》於上海，冀以實際行動及言論鼓吹，喚起全國人民之覺醒。[63] 為擴大「留日學生救國團」的組織，曾琦不久又北赴天津。但因段氏之阻擾，不得已，只得和幾位其中較熱心的份子聚於天津租界中，發佈排日文告，並組織國貨販賣部，以實行抵制日貨。由於抵制日貨得不到社會普遍的助力，旋即解體。

曾琦慨然重返北京，晤見王光祈，商討如何在北京推動「救國團」團務。光祈告之：「我有一議，思之已久，等著為你提出，留日學生救國團的主張，明明是在反對段內閣；要在京津發動，障礙必大。且即使發起，也只是一鬨之局，勢難持久。因二、三千人一旦罷學回國，聲勢雖大，而其中大多感情用事，以之而言救國，則辦法當不如是之簡單。我們皆在青年求學時期，救國最好在早做基礎的準備工夫，而準備工夫不外兩事：一為人才，二為辦法。但人才已不能求之已成勢力中，則應早集結有志趣的青年同志，互相切磋，經過歷練，成為各項專門人才，始足以言救國與建國的種種實際問題的解決。至於辦法，也非淺識玄想，徒託空言，便可以適合國家真正需要。因此必須每個同志都去增進自己學識，從事各種研究。而今日之研究學術，又必須本科學的精神方不流於空疏。」[64]

由於感佩王光祈的這番話，曾琦遂與王光祈、陳淯、張尚齡、雷寶菁、周無等人決定發起「少中」。[65]此即李璜所說的：「記少年中國學會的發起，不能不先及於留日學生於民七的五月在日本罷學歸國一事。因在事變因果關係上，後者對於前者都甚為直接與密

---

63 沈雲龍，〈曾琦先生傳〉，見《曾慕韓先生逝世卅週年紀念特刊》（台北：中國青年黨中央黨部印行，民國 70 年），頁 83。

64 同註 38。

65 同註 14（民國 7 年 6 月 30 日條）。

切的……。」[66]又曰：「根據我這兩段親身經歷的記載，可以斷定少年中國學會的發起，其動因為留日學生反對中日軍事秘約而群起為救國活動所引起，其造意、創始，與乎主持其事，則為王光祈會友。」[67]

沿襲著晚清學會文化民族主義的傳統，學會運動到了「五四」時期，可以說又進入了一個突進的時代。這個時代的轉捩點，源於受到列強欺凌所產生的民族主義，與新文化運動的思潮互相激盪，匯成一股強而有力的理智主義。這一清淺的理智主義，根源於提倡新文化運動的學者，前後所做的大量的、極具啟蒙作用的介紹和翻譯工作，為中國新生一代貫注了鮮活有力的新思潮。[68]

廣大的知識青年在新思潮的猛烈衝擊下，乃掀起了群眾運動。而最具體表現知識青年群眾運動的基本方式，是集會結社，印行書刊。根據統計，「五四」以後一年間，各校學生出版的大小刊物，總共在一千種以上，較顯著而流行的，至少也有四百種以上。[69]其中以「醒」字為標題者甚多。所以「少中」可說是在這樣一個空前的中國知識份子，集體覺醒的時代背景下產生的。

---

[66] 同註 24。

[67] 同上註，頁 12。

[68] 同註 12，頁 101。

[69] 同註 34，頁 288。周策縱，〈「五四」五十年〉，《明報月刊》（香港）4 卷 5 期（1969 年 5 月），頁 7。

第二章　少年中國學會成立之動機

民國 7 年 6 月，「少中」發起時，正值國內南北分裂，政爭不息；國外歐戰方酣，日本謀我日亟，在此內憂外患紛亂動盪的歲月中，「少中」的成立，是極具特殊意義的。它象徵了當時青年的改革思想與不滿的情緒，也代表著「五四」時代的青年精神，它是集合全國純潔有為的青年，本著科學精神，從事專門學術，獻身社會事業，轉移末世風俗，以創造一少年中國。[1]

希望以正義之舌，春秋之筆，來復興民族，振興國家。他們的動機純正，活動轟轟烈烈，宛如衝天煙火般，五光十色。[2]懷抱崇高的理想，本著堅苦互助的毅力。[3]從思想的啟迪上、從實際的工作中，胼手胝足，一點一滴的付出與實踐，為祈求建立一個理想的少年中國而默默耕耘。這種抱負與希冀，最後雖因學會的分裂而效果不彰，但是它已充分表現出「五四」時代，中國知識份子要求主宰政治，改革社會的一股新鮮活潑的朝氣。[4]它影響著爾後中國的政治與思想演變，其重要性蓋不言可知。[5]本章即嘗試從新時代的

---

1 陳哲三，〈近代人物師生情誼與求學掌故〉(九)《國教輔導》，頁 4900。

2 秦夢群，〈夜台長伴貝多芬——從王光祈的一生看其對近代教育思想的影響〉，《東方雜誌復刊》15 卷 7 期，頁 57。

3 秦賢次，〈少年中國學會始末記〉，《傳記文學》35 卷 1 期（民國 68 年 7 月），頁 14。

4 唐君毅語，見李霜青，〈五四運動與新文化運動之史實考述〉，《中興大學法商學報》第 12 期，頁 286。

5 易君左，〈從少年中國學會想到左舜生〉，《暢流》45 卷 1 期，頁 129。

要求、舊人物的失望、救國家的動機與改造社會的企圖等四個面向，來追溯其發起動機。

新時代的要求

關於新時代的要求，「少中」的主要發起人王光祈在〈本會發起之旨趣及其經過情形〉一文中，曾作如下的敘述：「本會同人何為而發起斯會乎？蓋以國中一切黨系皆不足有為，過去人物又使人絕望，本會同人因欲集合全國青年，為中國創造新生命，為東亞闢一新紀元。故少年中國學會者，中華民國青年活動之團體也。」[6]由此可知，「少中」發起的旨趣，乃肇因於對舊時代的失望，與對新時代的渴求企盼。

舊時代的一切是充滿著腐敗、消沉、黑暗、老大、因襲、保守的空氣。[7]而新時代則是充滿著光明、年少、活潑、進取的新氣象，學會之所以取名為「少年中國」者，其部分原因即在此，而成立的動機亦緣於此。王氏又說：「吾人最終目的，即為創造少年中國，夫少年中國之形式為何如乎？則應之曰：吾人所欲創造之少年中國，即適於二十世紀之少年中國是也。……要之吾人所欲建造之少年中國，為進步的，非保守的，而非老大的也。」[8]

職是之故，為了求適應 20 世紀少年中國時代的來臨，這一群熱血沸騰，憂國憂民，心繫天下的知識份子，在王光祈的領導下，

---

6 王光祈，〈本會發起之旨趣及其經過情形〉，張允侯、殷敘彝等著，《五四時期的社團》(一)(北京：三聯書店，1962 年)，頁 219。

7 曾琦，〈國家主義與中國青年〉，《曾慕韓(琦)先生遺著》(台北：文海出版社)，頁 169。

8 同註 6，頁 220。

謀發起學會來匡救國難，拯濟時艱，「少中」便是在知識份子這種肩負「任重道遠」、「死而後已」的傳統使命感下，正式發起了。[9]關於其發起動機，黃仲蘇在〈王光祈與少年中國學會〉一文中，有詳細的記載：

「遠在民國六年夏間，光祈盱衡時艱，蹶然奮起，聯合同志數人，發起籌備少年中國學會。時第一次世界大戰尚未結束，俄軍撤退，美國已參戰，意大利竟退出聯盟，英法將轉敗為勝，中國贊助協約，號稱參戰，實際並未派出一兵一卒。日本乘勢急進，稱霸東亞，廿一條約早已向我提出，田中政策亦經外國報紙刊佈。俄國革命推翻帝室，以共產主義建國，組織蘇維埃政府，且進而推動世界革命。內憂外患相迫日亟，世界秩序方有待於改造，而國內則軍閥跋扈，政客奔走南北，專事挑撥，於世界大勢固瞶瞶焉。一般青年在此期間，至為徬徨。對老前輩既感失望，於舊制度亦表疑慮，由煩悶、痛苦、而深刻反省，及大悟救國救世必先從己入手；唯是單獨奮鬥，人自為戰，無補時艱，且殊危險，必集合同志，組織團體，共同努力於學術研究，革新思想，改造生活，明定目標，訂立信條，相互督策，方克有濟。此光祈發起少年中國學會之動機也。」[10]

誠然，在「國勢陵夷，道衰學弊」的當時。[11]青年學生在軍閥亂政與教育腐敗下，深感有自治的必要。[12]王光祈等人之所以發起「少中」，亦復如此。他乃是基於一個知識份子的良知血性，在詭

---

[9] 張春樹，〈五四和我們這一代知識份子〉，《大學雜誌》48 期（民國 60 年 11 月）。

[10] 黃仲蘇，〈王光祈與少年中國學會〉，《傳記文學》35 卷 2 期（民國 68 年 8 月），頁 140。

[11] 陳獨秀，〈青年雜誌社告〉，《新青年》1 卷 1 期（東京：大安株式會社影印本，1962 年）。

[12] 葉嘉熾，〈五四與學運〉，汪榮祖編，《五四研究論文集》（台北：聯經版，民國 68 年 5 月初版），頁 45-46。

譎多變的 20 世紀初期，在內有軍閥割據，外有列強侵略的情況下，為求中國的因應之道，所做的努力。這種努力，形之於內的，是徹底的摒棄中國舊時代的一切陋規，而表之於外的，則是對新時代的追求與渴望。這種對新時代的企盼心情，同是「少中」發起人之一的曾琦也談到：「本會成立之原因，談者多出於臆測，或謂由於感情之集合，或謂基於熱情之衝動，其言之不符事實，觀於本期會員之議論，當可瞭然而無疑矣。吾以為少年中國學會之誕生，一言以蔽之曰，新時代之要求與舊人物之失望而已……。」[13]

這種對新時代的要求，基本上，是知識份子對時代感受的一種認知作用，此作用產生於彼輩認為當時因循老大的中國，其政府與人物均不足以應付當時內外環境的挑戰。因此他們一致認為必須聯合同輩，殺出一條道路，把這個古老腐朽，呻吟垂絕的，被壓迫被剝削的國家，改變為一青春年少，獨立富強的國家。[14]這個他們所希冀的少年有為之中國，基本的心態是「不利用已成勢力，不依賴過去人物」的「少中」精神。[15]這種「少中」精神的具體涵義，即是「少中」的宗旨：「本科學的精神，為社會的活動，以創造少年中國。」[16]這是時代潮流的激盪所產生的，它產生於黑暗的北洋軍閥統治之下，產生於個人主義橫行之時，產生於內不統一，外不獨立的時代，產生於思想冰凍，文化停滯的時代。[17]換言之，是舊時

---

[13] 曾琦，〈學會問題雜談〉，《少年中國月刊》3 卷 8 期（民國 11 年 3 月 1 日），頁 76。

[14] 四川省地方編纂委員會，省志人物志編輯組編，任一民主編，《四川近現代人物傳——周太玄》第一輯（四川：四川省社會科學院出版社出版，1985 年 9 月 1 版），頁 183。

[15] 同註 13，頁 77。

[16] 〈少年中國學會規約〉，《少年中國學會週年紀念冊》(民國 9 年出版)，頁 33。

[17] 周謙沖，〈王光祈與現代中國文藝復興運動〉，《王光祈先生紀念冊》（台北：文海出版社），頁 68。

代的落後，激發了「少中」的成立；是新時代的要求，給了「少中」催生的機會。

舊人物的失望

上文已談到，「少中」成立的基本動機，為對新時代的要求與舊人物的失望，此舊人物係指習慣於翻雲覆雨的官僚、政客而言。蓋此種人物，只圖一己之私利及已得之權益，而置國家安危，百姓生活於不顧。此批評或謂言之太過，然證之民初的武人政客，並不為過。顧自辛亥鼎革，民國肇建以來，國人原本期望能從此臻於太平之境，怎奈前有袁氏竊國，後有軍閥亂政，內憂外患，接踵而至。人民望治愈渴，國家動盪愈烈，青年們睹此危局，咸認為政客、官僚、軍閥們為禍國殃民之蟊賊，誓不與彼輩妥協，決不賴已成勢力作任何活動。[18]

一切救國努力，只有自己奮起，團結一致，方有可為。所以曾琦說：「曷言乎舊人物之失望也？一個社會之進步，本賴有先輩奮鬥於前，青年繼起於後。而青年之繼起，必在其學問已成，能力已充之時，先輩之退休，必在其年歲已衰，才知已竭之日。歐美日本，罔不如是。獨至我國則不然，非無多數之前輩，而以時勢之遷移，忠烈者入於泉壤矣，謹厚者隱於山林矣，怯懦者降於舊黨矣，後黠者競於私圖矣。三十歲以上之前輩，以其皮毛之新知識盡量以謀個人之權利（如一班畢業歸國之東西洋留學生）。」

「五十歲以上之前輩，以其腐敗之舊頭腦誓死以抗世界之潮流（如一班主張復辟之前清遺老）。不惟無補於青年，而轉使國家及

[18] 同註10。

青年之前途胥蒙其害，於是吾輩青年乃不得不奮起而自圖之，斷其依賴之觀念，堅其獨立之思想。吾昔歸自日本，與同志發起本會，蓋亦有鑒於社會上諸先輩之不足恃，而欲團結全國青年為有組織之奮鬥，聯合『善分子』以與『惡勢力』宣戰。故嘗於所作『歸國感言』內宣布一切舊人物之死刑。而吾少年中國學會發起之宣言，亦嘗有一驚人之語曰：『不利用已成勢力，不依賴過去人物』，此固海內同志所共聞者，然此初非吾儕少數人之私見，而實全國青年之公意也。」

「吾人良不敢以先見之明自居，觀於以後五四運動之發生，學生聯合會之成立，以一班學問未成，能力未充之青年，起而過問社會上一切問題，是皆青年自覺之表示，而亦舊人物之墮落有以促成之也。將吾少年中國學會，非如五四運動之為一時的群眾運動，更非如學生聯合會之為形式的學生團體，乃為代表思潮有目的、有組織之『青年集合』耳。是故新時代之要求，為吾學會成立之直接的原因，舊人物之失望，為吾學會成立之間接的原因，前者為積極的動機，後者乃消極的動機也。吾同志按諸事實，倘亦以為然乎？」[19]

誠然，「五四」時期是個巨變的時代，激進的知識份子，承襲了晚清變法以來一脈相傳的反傳統思想，傳統文化的威信本已不足饗服其心。[20]而民國初年，共和體制的失敗，政治、社會動盪腐化的現象，更使他們於憤慨、頓挫之餘，萌生一項信念。為使中國重獲新生，必須從事大規模的基本改革。[21]而根本的改革之道，就是

---

19 同註 13，頁 77-78。

20 沈松僑，《學衡派與五四時期的反新文化運動》（台北：國立台灣大學文史叢刊 68，民國 73 年 6 月初版），頁 1。

21 周作人，《知堂回想錄》（香港：三育圖書文具公司，1980 年），頁 319。

要摒除一切舊人物、舊思想、舊政治，其中尤以對舊人物的失望為最。陳青之在《中國教育史》一書，曾言及此現象，他說：「清末我們的前輩父兄，可以說對於我們所學的新知內容及新潮影響，除很少數的前輩外，大都茫然無所覺察。因此新舊兩代人之間，思想便完全脫了節，前一代既無知識能力去領導後一代，則後一代不復願為轅下之駒，勢必絕塵而馳。」[22]

由於彼此對現況看法的不同，青年與老年，新時代的知識份子與舊時代的保守人物，自然在認知上、情感上，有「代溝」的隔閡現象。這種情形有如艾森斯塔（Eisenstadt, S, N）所說的：「新興國家中，西化影響總和家庭瓦解相伴，也總產生兩代之間對彼此評價的改變，年輕一代開始尋求新的自我認同，而這種尋求過程，也因此往往會產生意識形態上的衝突。」[23]兼以當時的政治、外交、經濟等各種要津又為彼輩舊人物所盤踞，所以激進的青年們，更有理由認為欲革新政治，只有從舊人物下手，欲改造國家，也只有先改造舊人物的觀念。

他們說：「在五四事件之前，學生雖然尚未以整個北京政府及軍閥集團作為反對的對象。但自民國建立以來，政治局面一直未見改善，學生卻也早已對現實政府人物感到失望了。」[24]尤有甚者，《少年世界月刊》更公開宣言：「我們不僅曉得中國的老年不可靠，同時證明世界的老年都不可靠。全世界的事業和一切待解決的問題，應由全世界的少年採『包辦主義』。我們既是世界少年團體的

---

[22] 陳青之，《中國教育史》（台北：商務版，民國 57 年 3 版），頁 586-587。

[23] Eisenstadt, S. N, "Archetypal Patterns of Youth" ed Erik H Erikson: The Challenge of Youth (N. Y: Doubleday & compant, Inc.1965.) P.38。

[24] 傅斯年，《傅斯年全集》第四冊（台北：聯經版，民國 69 年），頁 28。

一個，所以把他標出來，以表明中國青年要與各國青年共同負改造世界的責任。」[25]

由於對舊人物的失望，間接的也可以使我們對「少中」之所以命名為「少年中國」，有如下的認識。少年中國的命名，無可諱言，其本義是取材於「少年意大利」、「少年德意志」、「少年土耳其」的構想。[26]但是深一層的意義，應該是含有活潑奮發，積極進取的意思。既是少年中國，其精神當然會有不滿意於年老、因襲、保守的古舊中國。所以取名為「少年中國」，實已有改造老大中國的目的，與創造一個新中國社會的企圖。[27]

而推動建設此一新中國的主力軍，乃少年也，此少年，實為青年。換言之，少年中國不是童稚無知的中國，而是積極奮發有為的青年中國。少年中國的主力既是青年，所以「少中」，當然是以青年為主體的社團。[28]觀學會宗旨的第 1 條，振作少年精神：「本會既為青年活動團體，故出版書報，多係鼓吹青年之作。蓋青年者，吾人所視為創造少年中國之唯一良友也。」[29]而其徵求會員所定的標準（1）純潔；（2）奮鬥；更是青年必備之條件。[30]

「少中」的主要發起人王光祈在〈少年中國學會之精神及其進行計劃〉一文中，便將「少中」與中國青年的思潮，闡述的很清楚。他說：「少年中國學會雖是少數青年的結合，少年中國學會的精神

---

[25] 〈少年世界發刊詞——為什麼發行這本月刊〉，《少年世界月刊》第 1 卷第 1 期（民國 9 年 1 月 1 日）。

[26] 同註 8。

[27] 宗之櫆，〈我的創造少年中國的辦法〉，《少年中國月刊》1 卷 2 期（民國 8 年 8 月 15 日）。

[28] 王光祈，〈少年中國學會之精神及其進行計劃〉，《少年中國月刊》第 1 卷第 6 期（民國 8 年 12 月 15 日）。

[29] 同註 8。

[30] 少年中國學會編，《少年中國學會週年紀念冊》（民國 9 年出版），頁 40。

卻是中國大多數青年思潮的結晶，不過借我們會員的口把他說出來罷了。少年中國學會最重要的使命，就是把中國青年的精神表現出來，沒有中國青年的思潮，便沒有少年中國學會……中國青年是世界新文化的創造者，是中國舊社會的改造者，有了中國青年的思潮，然後才有少年中國學會的產生。」[31]

職是之故，吾人已知，因對舊人物的失望而衍生出對新青年的要求，因覺得現在國中一切黨系及過去人物，全不足以有為，故決意從青年下手，造成健全團體。[32]此新青年實負有改造舊中國與創造新中國的使命，故其使命不能謂不艱，其責任不能說不重。此新青年除了要具有「努力前進」、「堅苦卓絕」的特色外，[33]還需具有（1）奮鬥；（2）實踐；（3）堅忍；（4）儉樸的精神。[34]如此才可負起創造少年中國的任務，也才是「少中」發起的旨趣。

救國家的動機

近代中國學會的興起，不管是晚清學會或民初學會，其共有之特點，乃是學會創始動機，均以救國為前提。從光緒 21 年的「強學會」始，到民 7「少中」的成立，其救國方法容或殊途，但救國的動機則是同歸。無怪乎王爾敏說：「民族主義是清季學會成立的一大動因。」[35]其實不僅晚清學會如此，民初學會亦復如是，推其緣

---

[31] 同註 28。

[32] 〈會務紀聞〉，《少年中國學會會務報告》第 1 期（民國 8 年 3 月 1 日）。另見民國 8 年 1 月 23 日，上海會員在吳淞同濟學校開會紀略，《五四時期的社團》（一），頁 286。

[33] 同註 28。

[34] 同註 16。

[35] 王爾敏，〈清季學會與近代民族主義的形成〉，《中華文化復興月刊》4 卷

故？「乃因國內的學會與社團，每因外患之相逼或內治之腐敗而成立，故深具民族主義與改革意願之色彩。」[36]

這種民族主義的本質，主要是基於主觀意識的自我體認，這種自我意識強烈的程度，與國家民族自身因應時代衝擊的能力有關，而且往往與其所遭遇的外在困境成正比。[37]「少中」成立的動機，就是在這樣的背景下發起。蓋自民國以來，由於歐戰爆發，歐洲國家無暇東顧，帝國主義之侵略，幾成日本專利。民國 3 年（1914）9 月，日本首先藉對德宣戰為名，出兵山東，強佔青島及膠濟鐵路沿線，並進而要求中國承認。民國 4 年（1915）1 月，日本復利用袁世凱帝制自為的野心大張之際，向袁政府提出二十一條要求，其內容涵蓋之廣，損害之鉅，幾使中國淪為日本保護國。[38]

消息一經披露，遂激起海內外中國人的一致反對與指責，然而袁為達其野心，竟不惜答應以求日本之支持，是為「五九國恥」。其後帝制失敗，袁羞愧而死，段祺瑞任北京國務總理，為貫徹其武力統一政策，大肆向日本借款，藉以擴充軍隊，強化武力，遂有「中日陸軍共同防敵軍事協定」密約之簽訂。民國 7 年 5 月，消息不脛而走，全國大譁，留日學生更是慷慨激昂，乃有集體罷學歸國之舉。[39]

---

5 期，頁 5-9。

[36] 周策縱，〈促成五四運動的力量〉，見其著，《五四運動史》（台北：龍田出版社，民國 69 年 5 月初版），頁 49-70。

[37] 陳豐祥，〈五四時期的民族主義〉，見王壽南主編，《中國近代現代史論集》（24）（台北：商務版，民國 75 年 5 月初版），頁 372。

[38] 林明德，〈日本與洪憲帝制〉，《中國現代史專題研究報告》第三輯（台北：中華民國史料研究中心編印，民國 71 年 6 月再版），頁 164。

[39] 實藤惠秀，〈留日學生的政治活動〉，見其著，《中國人留學日本史》（香港：中文大學出版，1965 年），頁 289-296。

然而學生歸國後的請願示威活動，並未得到預期的效果，反遭到解散遣放的命運。[40]因此在救國無路的情況下，只有自求多福，自己組織學會團體以謀之。誠如當時王光祈對曾琦所說的：「因二三千人一旦罷學歸國，聲勢雖大，而其中大半均是感情用事，以之而言救國，則辦法當不如是之簡單。我們皆在青年求學時期，救國最重要在早做好基礎準備工夫……應早日集結有志趣的青年同志，互相切磋，經過磨練，成為各項專門人才，始足以言救國建國種種實際問題之解決……。」[41]

此即李璜所描述的，「少中」的發起，本來是緣於愛國之一念，相期為救國的組合，「其動因為留日學生反對中日軍事密約而群起為救國活動所引起。」[42]曾琦且有以「復興社」為名的[43]，可見當時青年學生救國熱誠之一斑。左舜生在〈記少年中國學會〉一文裡，關於「少中」的緣起也提及：「……民五袁世凱的稱帝，民六張勳的復辟，民四日本既有二十一條的提出，民國六、七年之交，段祺瑞秉政的時代，日本對中國的侵略，更是一天緊似一天，他（按：指曾琦）和他的一群留學日本的朋友，也就正是在這個時期罷學歸國。一方面他深深感到國體發生了動搖，同時外患又是如此的緊迫，因此他把民國締造如何艱難，一班革命先烈如何如何純潔，當前的國勢又是如何如何的危險，用他那支流暢的文筆，在這本書

---

40 黃福慶，〈五四前夕留日學生的排日運動〉，張玉法編，《中國現代史論集》第六輯——五四運動（台北：聯經版，民國 70 年 12 月初版），頁 163。

41 李璜，〈憶民七少年中國學會的發起〉，見其著，《學鈍室回憶錄》，沈雲龍主編，《中青黨史資料叢刊》(8)（台北：中國青年黨黨史委員會印行，民國 74 年 10 月），頁 9。

42 李璜，〈少年中國學會的發起與成立〉，《傳記文學》35 卷 1 期（民國 68 年 7 月），頁 11-13。

43 王光祈，《少年中國運動》（上海：中華書局出版，民國 13 年 6 月出版），頁 2。

（按：指《國體與青年》）裡說了一個痛快，無非想激發一般青年的一點愛護『中華民國』的熱忱，大家起來同謀國事的補救，用意是很純潔而正當的。」[44]

曾琦的《國體與青年》一書，曾於民國 7 年 8 月，在上海的《救國日報》連載，而《救國日報》，正是「留日學生救國團」罷學歸國後於上海所辦的，取名為「救國」，其意義自然不言而喻。[45]因此「少中」的宗旨是：「本科學的精神，為社會的運動，以創造少年中國。」其信條則為：「奮鬥、實踐、堅忍、儉樸」。[46]就文字的表面看，這自然是偏重於學術研究和社會活動的團體，對於會員的思想行動，沒有什麼了不得的約束。[47]可是若往深一層去看，其主旨既係「創造少年中國」，則其根本精神無疑是傳衍於「少年意大利」、「少年土耳其」的救國團體，自始即含有濃厚的國家主義精神。[48]

正如後來中共領袖之一的惲代英，在民國 9 年 4 月給會友的信上所說：「我盼望每個同志記得他原發起的意思，中國若盼望他有救，一定要盼一班有能力的青年，一班有能力的青年團體。……無論甚麼救國活動，沒有比改造我們，改造我們團體更切實，更有效

---

[44] 左舜生，〈記少年中國學會〉，見其著，《近卅年見聞雜記》，沈雲龍主編，《中青黨史資料叢刊》(6)（台北：中國青年黨黨史委員會印行，民國 73 年 7 月），頁 7-8。

[45] 曾琦，〈戊午日記〉，《曾慕韓（琦）先生日記選》（台北：文海出版社），頁 33。

[46] 同註 16。

[47] 張葆恩，〈關於「少年中國學會」〉，見其著，《人與人生外篇》（香港：海天文化服務社出版，1962 年 3 月），頁 105。

[48] 柳下（常燕生），〈中國青年黨創立以前的國家主義運動〉，見中國青年黨中央宣傳組輯印，《中國青年黨黨史．政綱》（台北：中國青年黨中央宣傳組輯印，民國 74 年 6 月出版），頁 9。

力。若是這樣向上的人的團體，仍然做不出好事，那是證明中華民國沒有一點希望，軒轅黃帝的子孫沒有一點力量。少年意大利黨既已經救了意大利，少年中國學會一定可以救中華民國。……我們是要創造適應於少年世界的少年中國。」[49]

換言之，「少中」的成立動機，無庸置疑的是為了救國，而其救國方法，是先行改造自己，使自己具備了真實的學術與修養後，再圖改造社會。所以說，「少中」的原始精神，是認定個人改造是社會改造的下手方法，而社會改造又是政治改造的下手方法，政治既經改造，國家也就自然有救了。[50]這種自我改造的先決條件，也就是「少中」規約中的嚴格限制，凡是加入「少中」為會友的，一律不得參加當時污濁的政治社會，不請謁當道，不依附官僚，不利用已成勢力，不寄望過去人物。[51]不參與任何政黨或任何組織。[52]而只求提倡社會事業，企圖通過發展科學與文化教育，振興實業來改造中國。[53]因此，毫無問題的，「少中」是在「愛國主義」與救國的雙重動機下所成立的。[54]

---

49 少年中國學會編，《少年中國學會週年紀念冊》（民國 9 年出版），頁 56。

50 陳啟天，〈「少中」與中國最早的反共運動〉，見其著，《寄園回憶錄》（台北：商務版，民國 54 年 12 月初版），頁 133-134。

51 秦賢次，〈記「少年中國學會」時代的余家菊〉，《傳記文學》第 29 卷第 1 期（民國 65 年 7 月），頁 96。

52 赤松子（張夢九），《人海滄桑六十年》（台北：五洲出版社，民國 60 年 10 月初版），頁 28。

53 中共中央馬克斯、恩格斯、列寧、斯大林著作編譯局研究室編，《五四時期期刊介紹》第一集（上冊）（北京：三聯書局，1979 年），頁 237。

54 陳啟天，〈曾慕韓先生的素養與志業〉，見《曾慕韓先生逝世二十週年紀念集》（台北：中國青年黨中央執行委員會編，民國 60 年 5 月），頁 13。

改造社會的企圖

「五四運動」前後四年，可說是新舊社會遞嬗中，衝突最為激烈尖銳的時代。[55]當時的政局，由於無法擺脫傳統思想與制度的舊勢力，內政外交不僅沒有產生新氣象，經濟社會方面反而呈現出一片貧窮落後的景象。[56]尤其是社會方面，家族制度仍然盛行在綱常名教的束縛下，沒有個人自由，新式教育並未普及，大多數國人仍是陷於貧病愚弱的困境。[57]知識份子，睹此局面，他們迫切的感受到當時社會的腐朽，唯一的拯救之途，只有結合未受污染的青年衝破網羅，並且不僅是在學問上的結合，還要求在社會事業上努力。[58]

成立「少中」的這批熱血知識份子，也是抱著如此的動機，「少中」宗旨的第 4 條：「轉移末世風俗」說到：「現在風氣，偷惰驕奢，所有先民敦厚勤儉之風，已被今日一般人物輕薄殆盡矣！本會信條所謂奮鬥、實踐、堅忍、儉樸，欲由少數青年身體力行，養成風氣，以改革今日之惡劣社會。」[59]當時的惡劣社會是如何呢？傅斯年曾有如下的描述，他說：他眼下的中國社會，一切都不上軌道，社會上充斥著失職和不稱職的人，社會一片醉生夢死……他甚至說：中國根本沒有社會，中國社會只是群眾……總之，中國人有

---

55 同註 2。
56 劉德美，〈「新青年」與新文化運動〉，見張玉法編，《中國現代史論集》第六輯——五四運動（台北：聯經版，民國 70 年 12 月初版），頁 482。
57 張玉法，《中國現代史》（台北：東華書局，民國 66 年），頁 257-264。
58 王玥民，〈中日軍事協定與日本對華侵略之研究（1917～1921）〉，（台北：國立台灣大學歷史研究所碩士論文，民國 72 年 5 月）。
59 同註 32。

群眾無社會，只喜歡群眾的生活，不喜歡社會的生活。[60]可見其深惡痛絕之深刻。而其後的《新潮雜誌》在發刊〈旨趣書〉中也言：「中國社會，形質極為奇異……蓋中國人本無生活可言，更有何社會真義可說，若干惡劣習俗，若干無靈性的人生規律，桎梏行為，宰割心性，以造成所謂蚩蚩之氓，生活意趣，全無領略。」[61]

確實，從民初至「五四」，中國社會正面臨著從傳統到現代的轉型期，一般社會上普遍仍流行著腐敗的陋規，落後、愚昧、貧窮、守舊。這些現象，一方面是受傳統的影響；另一方面乃緣於帝國主義政治、經濟的進一步侵略，這點使知識青年的感受更深。[62]因此在政府無力改革的時候，青年們只有自己來幹了。惲代英曾說：「我們這幾年該已經看得夠了，中國的事，只有靠我們，只有靠我們從社會活動方面努力，我想這或是可以不待多說的事。」[63]

既然知道一切只有靠自己去努力、去改革，但是如何下手呢？其著手的方法為何呢？對象又是誰呢？「少中」的知識份子以為先從「社會活動」下工夫。王光祈說：「學會何為而發生乎？有數十青年同志，既慨民族之衰亡，又受時代之影響，知非有一班終身從事社會改革之青年，不足以救吾族，於是不度德，不量力，結為斯會，以『社會活動』為旗幟，奔走呼號，為天下倡。」[64]由「少中」

---

60 傅斯年，〈社會與群眾〉，《傅斯年全集》第四冊（台北：聯經版，民國 69 年），頁 28。

61 〈新潮發刊旨趣書〉，《新潮雜誌》第 1 卷第 1 期（台北：東方文化書局影印本，1972 年）。

62 金達凱，〈五四運動的社會背景〉，見陳少廷編，《五四運動與知識青年》（台北：環宇出版社，民國 62 年 8 月），頁 126。

63 惲代英，〈怎樣創造少年中國〉，《少年中國月刊》2 卷 1 期（民國 9 年 7 月 15 日），頁 15。

64 王光祈，〈「政治活動」與「社會活動」〉，《少年中國月刊》3 卷 8 期（民國 11 年 3 月 1 日），頁 6。

的宗旨：「本科學的精神，為社會的活動，以創造少年中國」，再印證王光祈的話，「少中」確實是以實踐「社會活動」為主的一個團體。

但是社會活動的內容為何？王光祈說：「其實所謂社會活動，不過從事教育與實業兩者而已。其在教育之中，則又偏重『感情教育』，在實業之中，則又偏重農業。換言之，所謂『為社會的活動者』，即是從事教育實業，以達到我們『民族生活改造運動』的目的。」[65]何以王光祈以為社會活動的具體內涵為教育與實業呢？原因是當時的中國社會，實業不振，文盲充斥，這兩項嚴重的弊病，均是妨礙國家進步的致命傷。他說：

「現在我們中國人的日常生活，真是簡陋枯寂得很，持與歐人豐富愉快生活比較，未免相形見絀，我們推究其原因，不外二種，一為無識，二為無業；因為無識的人太多之故，群居終日，言不及義，不知什麼叫『人生』？因為無業的人太多之故，飽食終日，無所用心，國民生產，日趨退化，要醫治這兩種病症，只有普及教育與發展實業兩法。」[66]

由上述可知，王光祈之所以特別強調教育與實業的重要，是因為他覺得，實業不振，文盲充斥，是中國社會腐敗落後的一切根源。而欲去除此根源，捨提倡教育、實業外，別無他途。「蓋教育者，所以革新一般思想，灌輸各種知識；實業者，所以改良吾人生活，增進物質上的幸福。」[67]說得更具體些，教育是在謀國人精神

---

[65] 王光祈，《少年中國運動》（上海：中華書局出版，民國 13 年 6 月），頁 23-24。

[66] 同上註，頁 20。

[67] 郭正昭、林瑞明合著，《王光祈的一生與少年中國學會》（台北：環宇出版社，民國 63 年 5 月初版），頁 24。

上的解放，而實業是在謀國人物質上的解放。[68]由此，吾人已知社會活動的具體內涵。

但是要使此社會活動的功效能落實在政治的改革上，首先要先「造人」，先改造自己、先改造個人。因為一切政治上的不良，係由於無良好社會，而良好的社會之所以不能養成，則又由於無良好的人民之故。所以應該先「造人」，先「造社會」為一種「社會活動」。[69]換言之，一切政治上的罪過，都應歸之於社會與人民之上。因為中國的衰弱，是由於人民的性格上充滿了因循、苟且、庸懦、麻木、冷酷、貪吝、無聊等種種成份，所以外力才敢壓迫，軍閥才敢專橫。

中國人「不宜多罵人，只宜責自己」，應該努力於改造個人和整個民族，從事一種「自反自修的國民改造運動」。[70]而改造個人的自反自修的方法，王光祈最後歸之於「禮樂」。他說：「我嘗因此深思苦索，中國人的性格，詳考細察西洋人的習俗，最後乃恍然大悟，中華民族的『民族文化』便是中國古代的禮樂……用以喚起我們中華民族的根本思想，完成我們民族文化復興運動。」[71]

綜合言之，由於對當時中國政治社會的普遍不滿，知識份子們均亟思加以改革，各種改革的方法紛至沓來，這其中，「少中」是最積極鼓吹以「社會改革」為「政治改革」的基礎。以參與「社會活動」來取代「政治活動」，這種思想，可以拿王光祈為代表。我們仔細尋繹王光祈早期為「少中」草擬的一些文獻，而將之歸結成幾點很基本

68 同註 64。

69 同註 65，頁 4。

70 郭正昭，〈王光祈與少年中國學會（1918～1936）〉，《中央研究院近代史研究所集刊》第 2 期（民國 60 年 6 月），頁 138-139。

71 同註 65，頁 18-19。

的思想態度，他嚮慕先民敦厚的風品，他反對政治鬥爭，他提倡社會事業，企望通過發展科學和文化教育，振興實業來改造中國。[72]

而這種思想，在「少中」成立初期，也獲得了全體「少中」會員的認同，大家相約為此目標而努力。如方東美言：「本科學精神，為社會活動，以創造少年中國，是少年中國學會之宗旨，同人各本其知能材性，力求此宗旨之實現。」[73]舒新城亦言：「少年中國學會正式成立於民國八年七月，其時正值『五四運動』之後，一般青年對於國事都抱著很大的熱忱，但見著現實政治的黑暗，都不願把純潔的心靈投入污濁的軍政界，而願『本科學的精神，為社會的活動，以創造少年的中國』。」[74]

陳啟天說：「我們最後目標雖是創造少年中國，但下手方法，則重在自我改造與社會改造，而不重政治活動。」[75]李璜也提到：「既曰創造少年中國，當然仍以政治解放為目的，然而何以『少中』發起時，對現實政治局面及其人物如此深惡痛絕呢？因為他們認為，辛亥以來的革命政治都被官僚主義所拖累而失敗了，其失敗的根本原因，又在於一般民眾之貧弱愚，因之他們要用普及教育與工業建設工夫，先行解決大多數人民的貧弱愚，然後才能創造出新中國來。」[76]

---

[72] 郭正昭，〈王光祈生平中有關復興中華文化的見解和努力〉，《中華文化復興月刊》4卷5期，頁46。

[73] 方東美，〈苦憶左舜生先生——因及少年中國學會二三事〉，見《左舜生先生紀念集》（台北：中國青年黨中央執行委員會編印，民國59年6月），頁44。

[74] 舒新城，《我和教育》（上海：中華書局出版，民國34年11月初版），頁265。

[75] 陳啟天，〈我與曾慕韓〉，見《曾慕韓先生逝世三十週年紀念特刊》（台北：中國青年黨中央執行委員會編，民國70年），頁75-76。

[76] 李璜，〈我所經歷的五四時代的人文演變〉，見周陽山編，《五四與中國》

周無言：「同人等欲集合全國有為的青年，從事專門學術，獻身社會事業，轉移末世風俗……知改革社會之難而不可以徒託空言也，故首之以奮鬥，繼之以實踐；知養成實力之需時而不可以無術也，故持之以堅忍，而終之以簡樸，務使全國青年志士，皆具先民敦厚之風，常懷改革社會之志，循序以進，懸的以趨，勿為無意識之犧牲，宜作有秩序之奮鬥。」[77]沈怡也說到：「由於其時環境的腐敗，使得這一批青年，對政府起了極大厭惡之心，只憑一種單純的理想標榜，即所謂的社會活動，以自別於通常的政治活動。」[78]

由上述一些「少中」會友的敘述，吾人可以肯定「少中」發起的動機之一，是為了改革當時的社會，尤其是社會上那種醉生夢死，無意識，投機，退縮的人生觀。[79]因此他們主張從事「社會事業」來改革「社會風氣」；他們認為政治活動，見效雖似甚速，但社會根基不固，終有揠苗助長之虞。[80]所以「少中」成立後，便積極的倡導社會活動，除了出版書刊，介紹新思潮，並辦理「工讀互助團」與推展「新村運動」。[81]其最終目的，不僅僅只是從事社會事業而已，而是希望能將社會設法組織起來，使國家的軍權、財權等等，一一移到社會手中，如此中國始能安寧，始能發達。[82]由

（台北：時報版，民國 68 年 5 月初版），頁 668。

77 周太玄，〈王光祈先生與少年中國學會〉，《王光祈先生紀念冊》（台北：文海出版社）。

78 沈怡，〈五四運動與少年中國學會〉，《沈怡自述》（台北：傳記文學出版社印行，民國 74 年 6 月），頁 39。

79 胡適，〈少年中國之精神〉，《胡適選集——演說》（台北：文星書局，民國 53 年），頁 15-19。

80 王光祈，〈「社會的政治改革」與「社會的社會改革」〉，見《少年中國運動》（上海：中華書局出版，民國 13 年 6 月出版），頁 120-150。

81 同註 70，頁 105。

82 舒新城，〈哭王光祈兄：一位未見面的朋友〉，《王光祈先生紀念冊》（台北：文海出版社），頁 49-50。

此可知，「少中」發起之動機及其苦心，以及其抱負理想之非比尋常了。

我們知道，每一個國家民族，在每一個時代中，有其時代的需求與急難，等待著其時的知識份子去明確的認識它，去事先的指正它，去一力承擔它，並終身以之至死無悔，這就是知識份子的時代責任。[83]在「五四」前後，新文化運動，表面上可稱轟轟烈烈，實際上，軍政界一片混亂如故，且正以之背道而馳，國際勢力之壓迫，更變本加厲。[84]經濟的變動、政治的腐敗、軍閥的横行，在在使知識份子痛心疾首，熱血沸騰。[85]

再兼以社會上，一向便缺乏有力的中產階級，使得知識份子這個階層，成為社會上唯一的輿論領袖。[86]他們不受任何派別的指使或利用，只是基於身為一個知識份子的使命感，為國家、為社會，要盡其該有的責任。「少中」的這批知識份子就是如此，他們成立「少中」，並非純粹為知識而結合，他們尤側重在陶冶純潔高尚的個性，和鍛鍊奮鬥有為的個體。[87]互相砥礪學行，俾成為社會中堅人物，進而創造少年中國。[88]

---

[83] 李璜，〈曾慕韓兄已盡到知識份子的時代責任〉，《傳記文學》第 29 卷第 2 期（民國 65 年 8 月），頁 14。

[84] 同註 74，頁 267-268。

[85] 陳端志，《五四運動之史的評價》（台北：古楓出版社，民國 75 年），頁 259。

[86] 衛民，〈中國學生與政治：一個史實的考察〉（台北：國立政治大學政治研究所碩士論文，民國 70 年），頁 25。

[87] 秦賢次，〈曾琦先生與少年中國學會〉，《傳記文學》第 29 卷第 2 期（民國 65 年 8 月），頁 33。

[88] 吳俊升，〈教育生涯一周甲〉，《傳記文學》第 27 卷第 2 期（民國 64 年 8 月），頁 46。

他們相約不為政治活動、注意個人道德、從事社會事業、努力於思想學術。[89]由於理想主義的本質，加上青年天賦的熱情，使「少中」的結合在初始時，頗帶有樂觀明朗的色彩。為了救國、為了改造社會、為了對舊人物的失望與新時代的追求，他們很快地根據共同的理想，寫下了「少中」的宗旨：「振作少年精神、研究真實學問、發展社會事業、轉移末世風俗。」[90]最後雖因理想與現實的衝突，並未完全達其目的。[91]

但是它的影響是深遠的，例如陳獨秀在《新青年》宣言亦附和其說曰：「我們主張的是民眾運動，社會改造，和過去及現在各派政黨，絕對斷絕關係。」[92]如果我們以艾默森（Emmerson D. K.）的一句話來形容其貢獻，我想是非常恰當的：「因為他們是政治上的處子，他們才是真正的剛強，因為他們沒有任何勢力，才能真正地影響他人。」[93]回顧「少中」發起動機的宏偉，及其影響的深遠，確係如此。

---

[89] 周太玄，〈學會的四個特性〉，《少年中國月刊》3 卷 8 期（民國 11 年 3 月 1 日）。

[90] 〈本會通告——少年中國學會宣言〉，《少年中國月刊》1 卷 1 期（民國 8 年 7 月 15 日）。

[91] 陳曉林，〈五四時代理想與現實的衝突——以「少年中國學會」為例〉，見汪榮祖編，《五四研究論文集》（台北：聯經版，民國 68 年 5 月出版），頁 212。

[92] 陳獨秀，〈新青年宣言〉，《獨秀文存》（2）（上海：亞東圖書館，民國 23 年 3 月 10 版），頁 365。

[93] Emmerson D. K, “Conclusion” ed, Emmerson, D. K, “Students and Politics in Developing Nations” (New York: Frederick, A. Praezer: 1968) PP.416。

第三章　少年中國學會發起的經過

近代中國的學會運動，從晚清的「強學會」始，到民國 7 年 6 月 30 日「少中」的發起，二十多年的時間，跨越了清末民初兩個時代，經歷了立憲、辛亥與新文化運動。在這個動盪巨變的歲月裡，中國的知識份子秉其心繫邦國、掛念蒼生的憂患意識，紛紛組織學會，以為救國濟世的媒介。其中，尤以知識青年的覺醒最為突出，他們熱血沸騰、愛國心切，每當國家受到外侮時，形之於外的，就是民族意識與情感的高漲；表之於內的，就是集會結社，印行書刊，奔走呼號，以謀救國。

這些新時代的知識青年，他們的年紀、教育背景相似，對新文化、新思潮的影響，感受亦差不多，在共謀救國的大前提下，彼此容易有著精神上的契合。誠如王光祈在〈本會發起的旨趣及其經過情形〉一文中所說的：「本會同人在本會未發起以前，大半先有一種精神上的結合，出處進退，互相商榷，已略具團體規模」[1]民初各學會的成立都是如此。「少中」是一群純潔有為的青年，懷抱崇高偉大的理想，在共同精神的契合下，本著科學奮鬥的精神，從事社會改革的運動，以期建立一理想的少年中國。[2]本章即嘗試以「少中」的醞釀、籌備、成立三時期為經，發起學會的組成份子之地域、教育、思想背景為緯，來分析勾勒「少中」的發起經過與成立情形。

1　王光祈，〈本會發起的旨趣及其經過情形〉，《少年中國學會會務報告》第 3 期（民國 8 年 5 月 1 日）。

2　秦賢次，〈「少年中國學會」始末記〉，《傳記文學》35 卷 1 期（民國 68 年 7 月），頁 14。

醞釀時期（1917年～1918年6月）

「少中」的發起，不是一件偶然的突發事件，也不是一件歷史的巧合，它是經過一段頗長的醞釀時期，經由主要發起人，事前深思熟慮，互相切磋琢磨後的結果。至於這些發起人何以能志同道合的發起「少中」，我們可以從地緣關係與精神契合兩方面言之。民國7年6月30日，在嶽雲別墅的「少中」發起會議裡，到會的有王光祈、陳淯、雷寶菁、李大釗、曾琦和周無。[3]

這七人便是所謂「少中」的原始發起人。[4]在這七個原始發起人中，除李大釗為河北樂亭人外。[5]其餘六人，不是籍隸四川，就是從小便寄籍四川。[6]這種地緣上的因素，雖然不敢說是推動「少中」成立的主因，但在一向講求地域觀念的中國人來說，多少也是有其心理上的認同。佛雷克（R.Flack）在《青年與社會變遷》一書中曾談及：「一個帶動社會及文化變遷的群體運動，必須靠彼此意識的交往，而地理的集中，正有助於這個過程的進行。」[7]誠然如是，除了「少中」的原始發起人中，有六人是四川老鄉外，再揆之「少中」一百二十餘名會員中，其中川籍的佔有三十八位，約為所有會員的三分之一。[8]

---

3 周無，〈王光祈先生與少年中國學會〉，《王光祈先生紀念冊》（台北：文海出版社），頁21。

4 郭正昭、林瑞明，《王光祈的一生與少年中國學會》（台北：環宇出版社，民國63年5月初版），頁20。

5 李立明，《中國現代六百作家小傳》（香港：波文書局，1977年10月初版），頁108。

6 王光祈（四川溫江）、陳淯（四川瀘縣）、周無（四川成都）、曾琦（四川隆昌）、張尚齡（原籍陝西長安，寄籍四川成都）、雷寶菁（原籍陝西安康，生於四川成都）。秦賢次，〈關於「少年中國學會」會員名錄〉，《傳記文學》35卷2期（民國68年8月），頁138-139。

7 R.Flack，區紀勇譯，《青年與社會變遷》（台北：巨流圖書公司，民國68年），頁50。

8 「少中」一百二十名會員中，四川籍共佔三十八位，約為所有會員的1/3。

由此可見，「少中」的醞釀與成立和四川的地域淵源，實有著密不可分的關係。這種現象，研究「少中」史的郭正昭也說到：「少年中國學會於民國七年六月間籌備，創始份子六人中有四人為四川人。[9]其組合有濃厚的地緣性，且四人均有同學之誼，師生與同學關係在傳統倫理社會中，往往是血緣的意識化，從這一角度窺測，少年中國學會的原始結合，還是殘存著血緣性和地緣性。」[10]這裡的血緣性，即筆者所說的精神之契合；至於地緣性，則無庸置疑，在「少中」的初期，是扮演著一個非常重要的角色。

上述已談及地緣與「少中」發起的關係，茲再將醞釀「少中」發起的另一股力量——精神上的契合詳論之。要討論精神上的契合，則首先我們必須先談到其會員間的業緣關係。「少中」是一個以青年為主體的組織，這些青年不是在中國本土接受新式教育，就是以留學日本為主的歸國學生。他們年齡、教育、思想背景相仿，對國事持關心態度，對改造中國抱急切心理，因此在外來環境的刺激下[11]，很容易由精神上的契合，產生高度的共同意識感，中國近代學會的走向專業性，其原因即在此[12]。「少中」的發起與成立，其肇因亦基於此。

李璜，《學鈍室回憶錄》，沈雲龍主編，《中青黨史資料叢刊》(8)（台北：中國青年黨黨史委員會印行，民國 74 年 10 月），頁 24-25。

9 郭正昭將寄籍的張尚齡、雷寶菁兩人，不包括在四川籍，所以只算四人。

10 郭正昭，〈王光祈與少年中國學會（1918～1936)〉，《中央研究院近代史研究所集刊》第 2 期（民國 60 年 6 月），頁 119-121。

11 陳豐祥，〈五四時期的民族主義〉，王壽南主編，《中國近代現代史論集》(24)，第 22 篇——新文化運動(台北：商務印書館，民國 75 年 9 月初版)，頁 372-375。

12 同註 10，頁 100。

觀乎「少中」的七個原始發起人，有六人是與四川有關係的；其中又有五人是留日歸國的學生。[13]這種地緣與業緣的巧合，使得「少中」在未發起前，已先有了一種精神上的結合，而這種精神上的結合，有的是因同窗之誼[14]、有的是志同道合[15]、有的早已熟稔；[16]有些則經人輾轉介紹。[17]無論如何，在「少中」發起前的醞釀階段，這些關係條件是相當重要的，吾人可從其發起人事後的回憶追述而知其梗概。周無在〈關於參加發起少年中國學會的回憶〉一文中說：

「少年中國學會從一九一七年秋起開始醞釀。當時七個發起人只有一個很短的時間在北京，內中雷寶菁是只參加發起，未到學會成立便死了的，其他六人中較常住北京的只有四人：李大釗、王光

---

13 這五人，李大釗入日本「早稻田大學」攻讀政治與經濟學，陳淯肄業於「早稻田大學」，曾琦就讀日本「中央大學」，張尚齡就讀「法政大學」，雷寶菁就讀「東京一高」。上述諸人略傳，見劉紹唐編，《民國人物小傳》1～6冊（台北：傳記文學出版社印行）。

14 《魏嗣鑾先生科哲論文集》李璜序言：「時珍，四川蓬安縣周口鎮人……於十五歲時，入成都高等學堂附屬中學，於校長理學家劉士志先生門下受『知恥力行』之實學訓練，與曾琦、王光祈、周無諸友同學，後皆各有其在學術事功上之成就。」，見《魏嗣鑾先生科哲論文集》（台北：青城出版社，民國69年5月初版），頁2。

15 張尚齡言，「不料就在這半年內，我們（指張尚齡與曾琦）竟成了生死患難的好朋友。我們所以成為好朋友的原因，由於彼此都是熟讀歷史，愛談政治。」見其著，《人海滄桑六十年》（台北：五洲出版社，民國60年10月初版），頁20。

16 沈雲龍，〈曾琦先生傳〉言，「婚後未及三月，獲二兄資助，出川至滬，準備赴法之行，以阻於歐戰，乃先入上海震旦大學，研習法文，由是而與同學左舜生、李璜、陳登恪訂交，遂為他日患難與共終始相依奠其始基，朋友遇合之奇，一若冥冥中早有所安排者。」見《曾琦先生逝世卅週年紀念特刊》（台北：中國青年黨中央黨部出版，民國70年5月），頁81。

17 「方東美自述其因黃仲蘇而識左舜生，最後且一同加入『少中』」，秦賢次，〈方東美先生與「少年中國學會」〉，見楊士毅編輯，《方東美先生紀念集》（台北：正中版，民國71年），頁36。

祈、周無、陳淯。李、王、周三人都在學校和報館工作，陳淯是稍後才到北京的，那時還沒有固定工作，所以一切聯繫常由他來做，開會也多在他家裏，張尚齡與曾琦兩人是一九一七年底才從東京到北京來的，並且不久又都到上海去了。所以六人同在一起商談的時間是很少的，其所以能在這樣短暫的時間醞釀成這樣一個具有相當規模與富有朝氣的團體，是因為其中大部份的人都是很早就相熟，很早就有共同奮鬥的願望，所以能夠這樣。七人中王光祈、周無、曾琦都曾同在四川成都，同時考進一個中學，又同班讀書。」[18]

另外張尚齡、雷寶菁與陳淯也都是四川人，也都在一處讀過書。王光祈他們進的成都這個中學，是那時四川最高學府——四川高等學堂附屬的中學，名為高等學堂分設中學堂，除王光祈、曾琦、周無外，就是學會發起以後隨即加入的，也有不少是這個學校的學生，如李劼人、魏嗣鑾、胡助、趙世炯、鄭尚廉等。這些人在一般同學中已經是非常熟悉和投契的。[19]並相約畢業後不問有無條件，都一定要出省，到那時認為是先進的上海或北京讀書。[20]

由周無的這番追述，不難了解到他們之間的關係，在中學讀書時，已立下很好的根基。果真，從宣統 3 年（1911）相繼畢業後至民國 6 年（1917）間，他們大部分都已陸續到省外去讀書。主要的地點是上海、北京和東京；這其中尤以東京的留學生為孕育日後「少中」成立的大本營。現將這般人在東京的活動，及如何醞釀少年中國的夢，敘述於下：

---

[18] 周無，〈關於參加發起少年中國學會的回憶〉，張允侯、殷敘彝等著，《五四時期的社團》（一）（北京：三聯書局，1962 年），頁 537-538。

[19] 「王考入成都高等學堂分設中學丙班，和曾琦、郭沫若等同學，這些同學，後來很多成了他治學，改造社會的夥伴。」陳哲三，〈近代人物師生情誼與求學掌故〉（九），見《王光祈傳記資料》（一）——傳記資料第 11 輯（台北：天一出版社印行，民國 74 年初版），頁 61。

[20] 同註 18。

根據發起人之一的張尚齡在其自傳《人海滄桑六十年》中說到：「少年中國的夢，是從少年意大利而來，這是曾慕韓、雷眉生、陳愚生和我幾年來在東京的構想。」[21]四人中，以陳淯年齡最大，原肄業早稻田大學，已先於民6回國，在北京就業。[22]其餘三人在民7時均尚在學校肄業，曾琦就讀中央大學，研習法律及社會學；張尚齡就讀法政大學，研習政治；雷寶菁年紀最輕，就讀東京一高，於功課外恆留心當世事，熟考西史，慕加富爾之為人，慨然有志於外交。[23]

這些人都卓然不群，互相砥礪夾輔，以天下為己任，而非泛泛之輩。[24]他們都極度關心國事，尤其注意日本對中國的侵略野心，民國 7 年，曾琦與一群留日的中國留學生，憤於日本通訊社之操縱東亞輿論，影響中國國際地位，乃約唐有壬、羅季則、丘仰飛、李石岑、劉正江、易君左、莊仲舒、張尚齡、雷寶菁等人，發起「華瀛通訊社」於東京，冀揭日閥陰謀。[25]「華瀛通訊社」主要任務在報導日本國情於國內，同時宣揚中國國情於海外，是一群中華青年愛國志士的結合，其後雖因揭發日本帝國主義侵略中國的詭計，而遭日警取締。[26]但是在從事文化宣傳工作，向全世界揭露日本陰謀方面，厥功至偉。[27]

---

[21] 赤松子（張尚齡），《人海滄桑六十年》（台北：五洲出版社，民國60 年10月），頁26。

[22] 同註2。

[23] 曾琦，〈會員雷寶菁君略傳〉，《少年中國學會週年紀念冊》（民國 9 年出版）。

[24] 陳啟天，〈我與曾慕韓先生〉，《曾慕韓先生逝世卅週年紀念特刊》（台北：中國青年黨中央黨部出版，民國 70 年 5 月），頁 75。

[25] 〈曾琦〉，《中國青年黨殉國死難及已故同志略傳》（台北：中國青年黨中央執行委員會宣傳組編印，民國 61 年 10 月），頁 41。

[26] 實藤惠秀，〈留日學生的政治活動〉，見其著，《中國人留學日本史》（香

是年 5 月，留日學生因反對段祺瑞與日本簽訂「中日防敵共同軍事協定」，在東京成立「留日學生救國團」，推舉王兆榮為幹事長，張有桐、阮湘為副幹事長，並議決於 20 日前，全體學生一律罷學歸國。[28]在這次集體罷學歸國事件中，曾琦和日後「少中」的主幹張尚齡等人，都是此中的積極份子，他們一方面在上海總部創刊《救國日報》以為鼓吹；[29]另方面則分赴京、津、滬等地奔走呼號，以求響應。但是言者諄諄，聽者藐藐，在段祺瑞高壓的控制下，「留日學生救國團」終遭解散的命運。[30]至此，在救國無門的情況下，曾琦慨然重返北京，在歷訪友人王光祈、周無、陳淯、李大釗等人共商時事後，於是決心發起少年中國學會。[31]

關於醞釀組織學會一事，曾琦在他的〈戊午日記〉中，有相當詳實的記載，茲引數則，以見當時情形之一斑：

民國 7 年 4 月 1 日：「……思予擬集合同志，提倡分業，為一真正之學會，各就所學，輪流演講，要以根於學理，按諸事實為主，冀收切磋之實效，頃與友人談及，頗多贊同，其或有成乎？」

同年 4 月 7 日：「晨寫覆李守常君一函。」[32]

港：中文大學出版，1965 年），頁 289-296。

27 易君左，〈曾琦與左舜生〉，《春秋雜誌》18 卷 1 期。

28 黃福慶，〈五四前夕留日學生的排日運動〉，張玉法主編，《中國現代史論集》第六輯——五四運動（台北：聯經版，民國 70 年 12 月初版），頁 147-150。

29 左舜生在〈書生建黨的曾琦〉文中提到：「後來他到日本留學，到上海和王宏實、張尚齡等辦《救國日報》。」見其著，《萬竹樓隨筆》（台北：文海出版社），頁 292。

30 同註 8，頁 6-7。

31 同上註。

32 「一九一八年六月，因陳愚生與李大釗相友善，而曾慕韓也在東京時認識李大釗。」，馬建白，〈李大釗與中國共產黨〉（台北：中國文化大學大陸

同年5月4日：「晚偕夢九、眉生、若飛赴留學生總會討論歸國事，至十鐘始散會歸，予於茲事固亦主張回國，惟所斷斷者，回國後之辦法如何耳。」

同年5月5日：「是日湖南及貴州同鄉會，均因開會討論歸國事，被日警禁止，且將代表拘去，嗚呼：國未亡而身已不自由，島夷橫肆，可勝歎哉！」[33]

同年5月6日：「晨起寫發陳愚生、周太玄、王潤璵、郭步陶各一函。」[34]

同年5月16日：「發北京陳維藩、藍志先、李守常各一函。」

同年5月17日：「發李劼人成都、張東蓀上海，太玄、潤璵北京各一函。」

同年6月25日：「晨九鐘偕夢九及心之昆季乘火車赴京，午刻抵京，心之邀赴渠家暫憩，未幾愚生、眉生來迎，赴愚生家住宿，並拜見其夫人，愚生新婚甫一月也，晚太玄來，談至十一鐘始去。附記是日李守常君來，談良久，晚潤璵亦來，暢敘別後情形及近來所抱理想，並留同宿焉。」[35]

同年6月30日：「晨取愚生所有舊報，展閱良久，午後潤璵、太玄來，約同愚生、夢九、眉生六人赴南橫街

問題研究所碩士論文，民國68年），頁60。

33 王拱璧，《東遊揮汗錄》，頁55-56。

34 「民國元年，先生乃邀同大兄昭璵及富順戴次寬等至重慶，創辦民國新報，執筆者若郭步陶、李峙青、王光祈、宋伯文等，皆一時能文之士。」，沈雲龍，〈曾琦先生傳〉，見《曾慕韓先生逝世卅週年紀念特刊》（台北：中國青年黨中央黨部出版，民國70年5月），頁80。

35 曾琦，〈戊午日記〉，《曾慕韓（琦）先生日記選》（台北：文海出版社），頁27。

嶽雲別墅張文達祠，商議發起少年中國學會，並決定今後行止，相約無背規約焉。」[36]

同年 7 月 12 日：「晚偕夢九、眉生赴中央公園，與潤璵、太玄約會，潤璵出所擬少年中國學會宣言及改定章程，相與討論，至十鐘始寢。」

同年 7 月 14 日：「晨偕愚生、夢九、眉生赴南橫街嶽雲別墅，與潤璵、太玄約會，商議組織少年中國學會，並討論章程。」

同年 7 月 21 日：「午後潤璵、太玄來抄寫少年中國學會章程，旋以電話邀李守常來寓，約渠加入學會，縱談至晚十鐘始去，甚相愜也。」[37]

這段過程中，已很清楚的告訴我們，孕育「少中」的夢，早在這般熱血青年的魚雁往返中已見端倪，只要時機一到，這個夢早晚是要圓的。果然如此，民國 6 年，陳淯歸國來京，不久雷寶菁由曾琦介紹，也由東京回國到京，於是這班生龍活虎的朋友之聚會，便有了生趣，也有了創新的意義了。[38]王光祈內心所蘊藏的理想，與這班朋友商榷，漸漸地更具體化了。後來，張尚齡、曾琦也都到了北京，他們常在南池子陳淯宅和中央公園等處聚談。[39]

---

[36] 同註 1。

[37] 鄭學稼言：「早在一九一八年六月三十日，參加反日鬥爭的知識青年，在北京南橫街嶽雲別墅張文達祠，商議發起少年中國學會。它的發起人，中共黨史家只提到李大釗，並且說它是受李氏的指導，這和事實相反……李大釗，未曾參加六月三十日的發起會。」，鄭學稼，〈由上海到武漢〉(上)，見其著，《中共興亡史》第二卷(台北：帕米爾書店印行，民國 73 年再版)，頁 56。又曾琦，〈戊午日記〉，《曾慕韓（琦）先生日記選》(台北：文海出版社)，頁 25-29。

[38] 同註 4，頁 20。

[39] 同註 3。

民國7年6月25日的深夜裡，也就是曾琦到北京的那一天，他們商討出相當的結論，而將「少中」的發起，及其宗旨與辦法大致決定下來。其後數日，他們經常聚首，大家的見解漸趨一致，王光祈承認了曾琦、雷寶菁和張尚齡的「少年中國主義」，自己犧牲了若干左傾過激的主張，確定了達到自己理想的路子。於是他撰寫〈吾黨今後進行意見書〉之計劃，此文不啻為「少中」的先聲。到了6月30日，遂有了比較正式的嶽雲別墅會議。這次會議，到會者有王光祈、陳淯、張尚齡、雷寶菁、曾琦和周無等六人；後又邀李大釗參加。此七人即「少中」的主要發起人，而「少中」的醞釀過程，至此也終告成熟。[40]

綜上所述，「少中」的成立，無疑是由理想與精神的結合所致，早在「少中」發起前，他們各人在自己的日記或相互的通信中，即已充分表露了濃厚的理想主義色彩。[41]如前引曾琦〈戊午日記〉言：「思予擬集合同志，提倡分業，為一真正之學會，各就所學，輪流演講，要以根於學理，按諸事實為主……。」[42]而王光祈初見曾琦時，更率直提出：「我有一議，思之已久，等著為您提出……應早日集結有志趣的青年同志，互相切磋，經過歷練，成為各項專門人才，始足以言救國與建國的種種實際問題的解決……。」[43]

這都是在一種救國理想的召喚下，所透露出嚶嚀求友的意向。由於種種地緣、業緣與精神契合的關係，民國7年6月底，因受新文化運動的影響和國內外政治現象的刺激，時機業已成熟，「少中」

---

[40] 同註38。

[41] 陳曉林，〈五四時代理想與現實的衝突——以「少年中國學會」為例〉，見汪榮祖編，《五四研究論文集》（台北：聯經版，民國68年5月出版），頁212。

[42] 同註35，頁16。（4月1日條）。

[43] 同註8，頁9。

即在此條件下誕生了。[44]關於這一段發起的經緯，王光祈曾有詳細的記載，他說：

「本會同人在本會未發起之前，大半先有一種精神上的契合，出處進退，互相商榷，已略具團體規模。去年留東同人歸國，首由北京會員王光祈君提出『吾黨今後進行意見書』一冊，書中歷敘同人今後進行，宜為一種有系統的有秩序的，並草擬學會規約大綱數十條。其時東京會員曾琦君等亦正有建設學會之計劃，乃先派雷寶菁君歸國接洽一切，同人意見遂歸一致。曾琦君、張尚齡君亦先後由東京歸國，乃有七年六月三十日嶽雲別墅之會議。嶽雲別墅者，本會成立史中最可紀念之發祥地也。到會者為：陳君淯、張君尚齡、周君無、曾君琦、雷君寶菁、王君光祈六人。會議結束，公推王君光祈為起草員。遂由王君光祈草擬規約數十條，復有嶽雲別墅會議修改數次，並邀同會員李君守常商榷一切。」[45]

於是本會規約七十條全部擬妥，當時列名發起者為：陳淯、張尚齡、曾琦、李大釗、周無、雷寶菁、王光祈七人也。[46]一個人的一生中，能得著一個相互信賴、而又真正可與共事的朋友，是不太容易的。[47]「少中」的組織成員，便有著如此的特性，他們皆是個

---

[44] 周策縱，《五四運動史》（台北：龍田出版社，民國 69 年 5 月初版），頁 101-102。

[45] 依曾琦的日記，當他在日本留學時，已與李大釗通信，「五四」激起留日學生救國運動，他於 6 月 8 日離東京，25 日抵北京，當晚李大釗訪他，談良久。7 月 21 日，他在日記上如此寫道：「午後潤璵、太玄來抄寫少年中國學會章程，旋以電話邀李守常來寓，約渠加入學會，縱談至晚十鐘始去，甚相愜也。」這說明李大釗是由曾琦拉入學會，未參加發起人會議。《曾慕韓先生遺著》（台北：文海出版社），頁 393。

[46] 同註 1。

[47] 左舜生，《近三十年見聞雜記》，沈雲龍主編，《中青黨史資料叢刊》(6)（台北：中國青年黨黨史委員會印行，民國 73 年 7 月出版），頁 12。

性獨特，而思想自由，情感豐富，平居生活儉約而又律己極嚴之士。[48]他們崇高進取，重視新知識，於各種新制度極感興趣，思想豁達，不受約束，所持信仰亦不一致，既有創造少年中國的抱負，又有克服種種艱難的決心，因取奮鬥、實踐、堅忍、儉樸為會員必須共同遵守的信條。[49]

會員皆少年，富於熱情，其素不相識者亦一見如故，推誠結納，平日言行務求一致，尤以虛偽、敷衍、放縱、標榜諸惡習為戒。[50]由具備這些美德，且以救國救民為職志的純潔青年，在彼此互相鼓勵進修向上，成己成物，「以文會友，以友輔仁」的精神契合下，醞釀「少中」的發起，實有其不得不然的道理。[51]

籌備時期（1918 年～1919 年）

「少中」是民國 8 年（1919）7 月 1 日在北京成立的，在正式成立前，曾有一年的籌備期，[52]主要是為了做周詳的準備。[53]籌備時期的主要工作是：（1）發展會員；（2）開始會員間的組織和學術活動；（3）刊行《會務報告》和為《少年中國月刊》的出版創造條件；（4）搜集修改規約的意見等等。[54]茲就「少中」籌備期間一

[48] 方東美，〈苦憶左舜生先生〉，《左舜生先生紀念集》（台北：中國青年黨中央執行委員會印行，民國 59 年 6 月），頁 43。

[49] 少年中國學會編，《少年中國學會週年紀念冊》（民國 9 年出版），頁 33。

[50] 黃仲蘇，〈王光祈與少年中國學會〉，《傳記文學》35 卷 2 期（民國 68 年 8 月），頁 140。

[51] 吳俊升，〈教育生涯一周甲〉，《傳記文學》27 卷 2 期（民國 64 年 8 月），頁 46。

[52] 同註 18，頁 536。

[53] 同註 49，頁 1。

[54] 同註 52。

年中的會務詳述如下：當時規約既已擬定，遂組織籌備處，設主任一人，會計文牘各一人。公推王光祈為籌備處主任兼會計，周無為文牘。[55]

其後又設臨時編譯部，公推李大釗為主任。[56]其餘會員皆歸入編譯部辦事，為臨時編譯員。籌備期中所有會務已見諸實行者有：（1）刊布圖書，8 年 1 月刊布《國體與青年》一書，為會員曾琦著，其餘在編譯中者尚有數種。[57]（2）發行雜誌，從 8 年 3 月 1 日起，創刊《會務報告》，每月發行一次，並擬於 7 月 1 日開成立會時，創刊《少年中國月刊》，將原來之《會務報告》併入月刊內。（3）舉行講演，「少中」同人散居各地，不易聚集，故每期《會務報告》皆請名人撰述一篇，以代講演。（4）供給材料討論問題，此事雖有少數會員已經履行，惟尚未如當時預期，此實由於科會進行未臻活潑之故。「少中」研究學術成績之有無，全視科會進行活潑與否為斷，故此後選舉科會主任一事，極宜注意。[58]（5）學術談話會，此條在當時規約中並未規定，惟上海會員魏嗣鑾、宗之櫆、張尚齡、曾琦、李璜、周無等，欲互相交換知識，乃有斯會之組織，所談均有筆記，成績極佳，此實為「少中」籌備期間一極好之現象。[59]（6）印刷儲金，此事由吳淞會議決定，多數會員並已實行，以養成儲蓄習慣。（7）會員人數，該會對於會員資格限制極嚴，凡入「少中」者，須有會員五人介紹，經評議部認可。在籌備期間，評議部尚未

---

55 同上註。

56 中共中央馬克斯、恩格斯、列寧、斯大林著作編譯局研究室編，《五四時期期刊介紹》第一集（上冊）（北京：三聯書局，1979 年），頁 235。

57 曾琦，《曾慕韓先生自訂年譜》（台北：中國青年黨黨史委員會出版，民國 72 年 8 月初版），頁 19。

58 同註 49，頁 39。（科會辦事規則）。

59 同上註，頁 3。

成立，須俟 7 月 1 日開成立會後，評議部正式成立，再為請求追認，方能取得會員資格。

茲將籌備處所收到之入會願意書開列如下，文科十二人：周無、魏嗣鑾、宗白華、趙曾儔、易家鉞、沈懋德、彭舉、李劼人、袁同禮、左舜生、黃日葵、許德珩。工科四人：雷寶華、趙世炯、鄭尚廉、葛澧。經濟科四人：陳淯、李璜、李大釗、王光祈。政治科四人：曾琦、張尚齡、劉正江、雷寶菁（已故）。[60]商科一人：涂開輿。[61]（8）聯絡友會，該會同人曾經決定永遠不與其他學會合併，然有宗旨相同之學會，亦可連成友會，互通聲氣。[62]目前東京、北京、湖南方面皆有宗旨相同之學會，願與「少中」連成友會，惟未經正式接洽，暫不宣布。[63]

以上所述皆係籌備期間會務進行之狀況，茲將其中重要的事件，歸納幾點略敘於後。

（1）徵求會員，籌備處成立後，主要的會務即進行徵求會員。「少中」除了對會員入會資格及要求特別嚴格外，與其他學會最大的不同之點，即會員入會之前，需與願介紹其入會的會員通信一段時間，尋求互相了解。入會之後彼此之間更常常通過聚會和通信來保持聯繫，增進友誼和討論會務與問題。[64]至於入會者，須具備以下三

60 同註 23。

61 同註 1。

62 民國 9 年 8 月 16 日，在北京陶然亭，少年中國學會北京總會曾與天津覺悟社、北京人道社、曙光社、青年互助團等 5 個團體舉行茶話會。見「歷次會議一覽表」，張允侯、殷敘彝等著，《五四時期的社團》（一）（北京：三聯書局，1962 年），頁 268。

63 同註 1。

64 曾琦於《少年中國月刊》創刊號〈會員通訊〉上說：「本會取人，抽象的條件，要有特性、特操、特長三種；具體的條件，最上者要能著書，其次要能作論，再其次要能作學術談話。」《少年中國月刊》1 卷 1 期（民國 8 年 7

個條件，且缺一不可：純潔、奮鬥、對於本會表示充分同情。[65]入會時，另需有會員五人之介紹，並經評議部認可。此外，規約上並有對會員警告及宣告除名的各種規定，退會之會員並得繳還徽章及一切證明。

（2）發起〈宣言書〉，「少中」對徵求會員既如此嚴格，籌備期間，為推行會務與廣召會員，乃有〈宣言書〉之發表，以為學會之指引。〈宣言書〉由王光祈起草，主旨為：「同人等欲集合全國有為的青年，從事專門學術，獻身社會事業，轉移末世風俗。……知改革社會之難而不可以徒托空言也，故首之以奮鬥，繼之以實踐；知養成實力之需時，而不可以無術也，故持之以堅忍，而終之以儉樸。務使全國青年志士，皆具先民敦厚之風，常懷改革社會之志，循序以進，懸的以趨。勿為無意識之犧牲，宜作有秩序之奮鬥。」[66]學會最初的四項宗旨和信條，就是根據這一宣言的精神制定的。

（3）吳淞會議，民國 8 年元月，以會員李璜及周無將赴法國籌設「巴黎通訊社」，思能在「巴黎和會」時，為國盡力，乃特電邀王光祈南下到滬籌募會務。光祈於 21 日抵滬，23 日召集上海會員在吳淞同濟學校開會，這是「少中」籌備期間非常重要的一次會議，討論的重點為主義的問題與印刷局的籌劃。[67]會中最後決定，主義仍持以「少年中國主義」為宜，至於會務的開展，則因「少中」當時會員人數仍不多，若集合一處，於發展會務殊為不利，於是決定

月 15 日），頁 41。

65 同註 49，頁 40。

66 周太玄，〈王光祈先生與少年中國學會〉，《王光祈先生紀念冊》（台北：文海出版社），頁 22。

67 〈會務紀聞〉，《少年中國學會會務報告》第 1 期（民國 8 年 3 月 1 日）。

某人出國、某人駐滬、某人駐京各派代表等。[68]此後會員間的個人行止，便為團體所規範，會員也視「少中」為第二生命，不得再加入其他團體，以王光祈為例，會中同人一致主張其再住北京一年，專心辦理會務。[69]

（4）會務報告，吳淞會後，光祈即回北京，沿途並與各處會員接洽深談，抵京後即籌備發行《會務報告》。報告採雜誌形式，每月1冊，創刊號於民國8年3月1日出版，前後共出4期，直至「少中」正式成立，改出《少年中國月刊》時，始將《會務報告》停刊，併入月刊內。《會務報告》共分八部分，即名家講壇、會員言論、會務紀聞、會員消息、會員通訊、特別記載、本會通告、會外來函等。《會務報告》甫一出版，旋即引起全國有志青年的注意，來函索閱者甚多，於是不得不每期加印數百份。[70]專供索閱之用，可見當年盛況之一斑。[71]

成立時期（1919年7月1日）

民國8年7月1日，「五四運動」發生後還不到兩個月，「少中」於是日午前10點，在北京後王公廠回回營2號陳淯宅，開正式成立大會。[72]由王光祈任主席，會中主要任務為報告籌備期間經過之情形，和討論選舉職員及今後進行方法，報告事項如下：

---

[68] 同註2，頁16。

[69] 同上註。

[70] 李璜，〈少年中國的發起與成立〉，《傳記文學》35卷1期（民國68年7月），頁12。

[71] 同註49，頁2。

[72] 范體仁，〈記五四運動前後北京若干團體〉，中國社會科學院近代史研究所編，《五四運動回憶錄》（續）（北京：新華書局，1979年11月），頁186。

（1）聯絡友會，6 月 13 日，清華學校「仁友會」與本會開第一次懇親大會，由王光祈、曾琦、袁同禮三君代表本會赴會。

（2）成立分會，成都於 6 月 15 日成立分會，有會員九人。[73]

（3）新加會員，5、6 兩月新加入會員十八人，前後共有四十二人。[74]

（4）收支狀況，籌備期間收入王光祈君捐洋 100 元、張尚齡君捐洋 20 元、陳淯君捐洋 9 元、左舜生君等入會金共 9 元，賣書收入 33 元 1 角 5 分，以上共收入 171 元 1 角 5 分。支出《國體與青年》及《會務報告》印刷費、郵費等共 178 元 1 角，收支相抵，不足 6 元 9 角 5 分。

（5）安葬雷君，本會發起人雷君寶菁旅櫬，將於 7 月 12 日午刻由東京安抵北京，在京同人擬赴站迎接，安葬陶然亭畔。[75]

此外尚有會務多種，已詳載第 3 期《會務報告》，不再贅述。至於討論事項如下：

（1）選舉職員，選舉評議員一事，因各處會員投票未齊，到會者均主張暫緩發表，一俟投票者已逾半數，再為發表。未經選出職員之前，所有會務仍由籌備主任負責辦理，月刊編輯職員，亦俟評議員選出後，再由評議部選舉，此時暫由籌備處主任兼辦。

（2）修改規約，由李大釗、王光祈、曾琦、陳淯、康白情、雷寶華六君提議，將規約第 2 條原文（本學會以振作少年精神、研究真實學術、發展社會事業、轉移末世風氣為宗旨）；修改為（本學

73　此九人為李劼人、彭雲生、周曉和、穆濟波、胡少襄、孫少荊、李哲生、何魯之、李小舫。〈會務紀聞〉見《少年中國月刊》1 卷 1 期（民國 8 年 7 月 15 日）。

74　同上註。

75　同註 49，頁 4。

會宗旨：本科學的精神、為社會的活動，以創造少年中國），詞句較為簡潔明晰。

（3）月刊內容，是日到會者議定月刊宗旨如下：本月刊宗旨，本科學的精神，為社會的活動，以創造少年中國。並議定月刊內容如下：①關於青年修養之文字。②關於討論學理之文字。③關於批評社會之文字。④少年中國學會消息。至於今後會務進行方法，到會者均主張漸進，用一種步步為營的辦法。

會議結束，大家歡宴而散，「少中」遂正式成立。是日，各地會員也都開會慶祝，事後致函本會報告開會情形。於是 7 月 1 日，乃成為所有「少中」會員記憶最深刻的日子。[76]

由上述《少年中國學會週年紀念冊》所載，除了發行月刊、叢書與成立分會；於其後的章節再敘述外，吾人可將其成立後的重要決議，歸納為兩項，略敘於下：

（1）參加會員，「少中」正式成立時，國內外會員共有四十二人，其中有十八人，是在成立前兩個月內才加入的。這四十二人名單，《少年中國月刊》及《週年紀念冊》均未刊布過。現根據研究「少中」史秦賢次先生的統計，知道其人員及省籍為：

①四川籍：王光祈、曾琦、陳淯、張尚齡、周無、雷寶菁（已故）、李璜、魏嗣鑾、雷寶華、趙世炯、劉泗英、鄭尚廉、雷國能、段子燮、葛澧、沈懋德、康白情、孟壽椿、李劼人、彭舉、胡助、李思純、何魯之、周光煦、穆濟波、李曉舫、孫少荊（以上九人屬成都分會）——共二十七人。

②湖南籍：左舜生、易君左、羅益增、涂開輿、田漢、易克嶷——共六人。

[76] 同上註，頁 5。

③河北籍：李大釗、袁同禮——共二人。

④安徽籍：黃仲蘇、趙曾儔——共二人。

⑤江蘇省：宗白華——共一人。

⑥江西籍：許德珩——共一人。

⑦山東籍：徐彥之——共一人。

⑧廣東籍：黃懺華——共一人。

⑨廣西籍：黃日葵——共一人。[77]

由上統計，我們可以窺知，如同前文所說的，在「少中」早期徵求會員時，主要仍建立在同鄉及同學的血緣與地緣之關係上。[78]這種關係在「少中」初成立時，是有其凝結共同意識、統一共同行動的裨益。但血緣與地緣的傾向太強烈，也有礙於學會的成長與會務的推展。此即學會本身的影響雖大，但不能普及全國的主因。[79]

（2）選舉職員，「少中」在開過正式成立會後，緊接著，就是選舉職員及出版月刊，以便推動會務。職員的選舉，當選名單如下：

評議部主任：曾琦。

評議員：左舜生、宗白華、雷寶華、易克嶷。

執行部主任：王光祈。

副主任：陳淯。

---

77 同註2，頁17。

78 郭正昭在〈王光祈與「少年中國學會」(1918-1936)〉一文中言：「師生與同學關係在傳統倫理社會中，往往是血緣性的意識化」，見《中央研究院近代史研究所集刊》第2期（民國60年6月），頁120。

79 陳啟天，《寄園回憶錄》(台北：商務版，民國 54 年 12 月出版），頁133-134。

編輯部主任：未選出。

編輯員：李大釗、徐彥之、袁同禮、陳淯、康白情、黃日葵、孟壽椿、蘇甲榮、王光祈。

月刊總經理：陳淯。

發行：蘇甲榮。

書記：黃日葵。

會計：王光祈。

月刊編輯主任：李大釗。

副主任：康白情。[80]

從民國 4 年（1915）到民國 8 年（1919），中國的思想界，正醞釀著一股革命的新思潮，預兆著中國社會將有一個大變動。[81]熱血愛國青年，面對著彼時的時代狂濤，自然而然會起一股強烈的反映，而思圖改變它。[82]「少中」從醞釀、籌備迄於成立，所經過的路程，即是這一連串思圖改變中國、改造社會心理下的必然結果。由此可知，這股改革風潮，背後力量之大實在驚人。

以「少中」為例，從孕育到成立的時間並不長，從事於實際工作的人數也不多，然則在當時何以能產生如此大的影響？這是因學會在成立之初，已表現得前進而蓬勃的；挽救國家民族於危亡的意願，也是比較明朗堅決的。因此它在開始時，便具有一定的號召力，對當時的青年確實能起促進的作用。[83]不僅如此，「少中」更

---

80 同註 2，頁 17。

81 劉仁靜，〈勇猛為革命而奮鬥的戰士〉，見《回憶惲代英》（北京：人民出版社，1982 年 5 月），頁 179。

82 胥端甫，〈艱苦學人王光祈〉，《暢流月刊》24 卷 8 期。

83 同註 18，頁 549。

鼓勵知識青年，在政治活動上，先紮根社會基礎，積極從事以社會活動，為救國及改造社會的遠大目標。[84]因此，誠如陳啟天所說：「這個學會對於民國七年以來的文化運動與政治運動，都有密切的關係。」[85]確為平實之論！

[84] 同註 70，頁 13。
[85] 同註 79，頁 133。

第四章　少年中國學會的活動與發展

「少中」之活動

「少中」正式成立後，所積極從事的活動計有兩方面，一為出版書刊、輿論宣傳，介紹並研討新思潮；二為倡導社會活動，主要是辦理「工讀互助團」和推展「新村運動」。現分別依次介紹如下：

（一）出版書刊

「少中」先後編印的書刊頗多，除籌備期間的《會務報告》外，最主要的是《少年中國月刊》、《少年世界月刊》、《少年社會》和《星期日週刊》；以及《少年中國學會週年紀念冊》、《少年中國學會會員通訊錄》、《少年中國學會會員終身志業調查表》等小冊子，另有「少年中國學會叢書」。[1]《會務報告》是在籌備期間發行的，每月 1 冊，自民國 8 年 3 月 1 日創刊號起至《少年中國月刊》出版時停止，共出 4 期。[2]其中以〈會務紀聞〉、〈會員消息〉、〈會員通訊〉、〈本會通告〉之類文字為要，幾佔篇幅一半，提供了研究早期學會活動和思想的珍貴史料。[3]

1　郭正昭，〈王光祈與少年中國學會（1918～1936）〉，《中央研究院近代史研究所集刊》第 2 期（民國 60 年 6 月），頁 105。

2　同上註。

3　同上註。

由於「五四」時代知識份子強烈的「學問飢渴」。[4]使得《會務報告》出版後，立即洛陽紙貴，引起全國有志青年熱烈的反響，一時來函索閱者絡繹不絕，於是乃不得不加印數百份，以便專供索閱之用。[5]又會員宗白華、魏嗣鑾的哲學論文，當時即特別受到胡適的賞識，其後也因胡適的介紹，在會報停刊後，改請當時新思潮刊物出版重鎮的上海亞東圖書館承印發行。[6]在「少中」正式宣告成立後半年，當時北大校長蔡元培在〈工讀互助團的大希望〉一文中，讚美「少中」道：「現在各種集會中，我覺得最有希望的是少年中國學會。因為他的言論、他的舉動、都質實得很，沒有一點浮動與誇張的態度。」[7]由此可見，秉持著「奮鬥、實踐、堅忍、簡樸」[8]為信條的「少中」，一出道即受到如此高的稱許與期望。

（1）《少年中國月刊》

《少年中國月刊》由北京總會負責編輯，每年出版 12 期，合為 1 卷。第 1 卷第 1 期於民國 8 年 7 月 15 日出刊，至民國 13 年 5 月，共出滿 4 卷 12 期後停刊。月刊前 4 期由「少中」自行經營印刷發行事宜，第 5 期起，改由上海亞東圖書館出版。月刊名義上雖有編輯主任及副主任，[9]然由於主任李大釗忙於自己職務，副主任康白情

---

4 梁啟超語，引自郭正昭、林瑞明合著，《王光祈的一生與少年中國學會》(台北：環宇版，民國 63 年 5 月初版），頁 25。

5 少年中國學會編，《少年中國學會週年紀念冊》(上海：亞東圖書館出版，民國 9 年），頁 2-3。

6 秦賢次，〈「少年中國學會」始末記〉，《傳記文學》35 卷 1 期（民國 68 年 7 月），頁 16。

7 蔡元培，〈工讀互助團的大希望〉，《少年中國月刊》第 1 卷第 7 期（民國 9 年 1 月 15 日），頁 1。

8 〈少年中國學會規約〉，同註 5，頁 33。

9 同註 6，頁 17。

亦忙於學生運動，所以實際上，前 7 期的編務全落在負責苦幹的王光祈身上。[10]

後王光祈離京赴滬，準備出國。故自第 8 期起，乃組織少年中國編輯部，由李大釗、康白情、張崧年、孟壽椿、黃日葵 5 人擔任編輯事宜。[11]用合議制，每月開會一次，黃日葵且兼催稿之責。〈學會消息〉一欄則由陳淯擔任編輯。民國 9 年 9 月（即 2 卷 3 期以後），因康白情已出國，張崧年亦將出國，遂改推蘇甲榮為編輯主任，黃日葵副之。2 卷 8 期後，又以編輯、印刷分屬兩地，連絡不便，乃議決將編輯部南移，自此起至終刊止，皆由左舜生挑起主編重任。[12]月刊自 3 卷 1 期起，改為每月 1 日出版，此時因會員出國者日多，稿源不繼，以致常常無法按時出版。11 年 7 月出版第 3 卷後，不得不休刊七個月。待重整旗鼓後，4 卷 1 期於 12 年 3 月出版，出完 12 期，至 13 年 5 月後停刊。[13]

《少年中國月刊》是 16 開本的大型綜合雜誌，內容大致分為兩大部分。第一部分佔刊物的主要篇幅，是關於自然科學、哲學、文學及社會學等論著與譯文。當集中討論某一問題時，則以專號的形式出版。如〈婦女號〉（1 卷 4 期）、〈詩學研究號〉（1 卷 8、9 期）、〈新唯實主義號〉（1 卷 11 期）、〈法蘭西號〉（2 卷 4 期）、〈宗教問題號〉（2 卷 8、11 期；3 卷 1 期）、〈相對論號〉（3 卷 7 期）。[14]以上這些專號，對當年學術界、知識界的影響極大。如〈宗教問題

---

10 同上註。

11 〈少年中國學會消息〉，〈會務紀聞〉，《少年中國月刊》1 卷 8 期（民國 9 年 2 月 15 日），頁 62。

12 〈左舜生先生行狀〉，《左舜生先生紀念集》（台北：中國青年黨中央執行委員會印行，民國 59 年 6 月），頁 2。

13 同註 6，頁 18。

14 同註 1，頁 106。

號〉的刊布，迸發出二〇年代反宗教運動的先聲。[15]〈詩學研究號〉的提倡，於新文學的宣導極具意義。[16]〈婦女號〉的闡揚，對婦女解放運動的鼓動宣傳，厥功甚偉。[17]

第二部分是《會務報告》的延續，包括一些闡述學會方針的文章，〈會務消息〉及〈會員通訊〉都有詳細的記載。其中值得一提的是，3 卷 2 期及 3 卷 8 期，曾分別出過兩期的〈少年中國學會問題號〉，對「少中」的分裂，會員思想的分化，提供了鮮明寶貴的資料線索。此外，3 卷以後的《少年中國月刊》〈附錄欄〉，常登載有關「留法勤工儉學會」的活動，對於了解彼時華工在歐的動態裨益良多。總之，據初步估計，《少年中國月刊》當時的行銷網廣達 9 省，近及國內，遠被日本。[18]是繼《新青年》與《新潮》之後，影響「五四」時代最重要的刊物之一。[19]

---

15 葉嘉熾，〈宗教與中國民族主義：民初知識份子反教思想的學理基礎〉，張玉法編，《中國現代史論集》，第六輯——五四運動（台北：聯經版，民國 70 年 12 月初版），頁 115。

16 周錦，《中國新文學史》（台北：長歌出版社，民國 65 年 4 月初版），頁 145。

17 同註 4，頁 31。

18 《少年中國月刊》早期收集稿件處設北京東華門北河沿宗人府東巷東口內蓬廬內，由王光祈負責實際編輯事務。總發行所設在北京馬神廟東口松公府 7 號，由蘇甲榮負責接洽。其他設有十六個代表處：國立北京大學出版部、北京清華大學出版部、北京琉璃廠中華書局、北京青雲閣富文書局、天津中華書局、上海亞東書局、成都桂王橋派報處、濟南院前 11 號齊魯通訊社、南京四象橋舒城黃宅、杭州平海路《教育潮》雜誌社、浙江嘉興烏鎮西市徐弟健文圖書館、梧州大南門通學書局、南寧《嶺表日報》館、長沙儲英源《體育週報》社、開封青雲街中間《心聲雜誌》社、東京小石川竹甲町 116 中華踐實沈懋德。《少年中國月刊》1 卷 3 期（民國 8 年 9 月 15 日）。

19 孟壽椿，〈五四運動時代王光祈先生的奮鬥生活〉，沈雲龍主編，《近代中國史料叢刊》（188），《王光祈先生紀念冊》（台北：文海出版社印行），頁 60。

表 1：《少年中國月刊》內容統計分析

少年中國（4 卷 48 期）	篇數	備註欄
少年中國運動	45	包括會員通訊及籌備時期之會務報告。
少年中國學會會務紀聞	73	
少年中國學會會員通訊	146	
附錄	25	
政治與經濟	29	
社會問題	44	
哲學思想	39	
宗教信仰	31	
文化與教育	20	
自然科學	220	
文學與藝術	33	
詩	156	
其他	19	
合計	682	

（2）《少年世界月刊》

「少中」自 9 年元旦起，又新創刊《少年世界月刊》一種，原因是由於體例的限制，《少年中國月刊》太偏重於理論性的探討，只刊登有關於哲學、文學、純粹科學的文章。[20]而會員中不少習工農、應用科學者，則以體裁不宜，而苦無門徑在月刊中發表。且平情論之，《少年中國月刊》專載理論文字而無實際調查之記錄，亦為一大缺點，所以由會員提議通過，決定再發行第 2 種月刊，即《少年世界月刊》是也。[21]這份刊物，自始即由南京分會負責編輯。[22]

---

[20] 張允侯、殷敘彝等著，《五四時期的社團》(一)(北京：三聯書店出版，1979 年），頁 249。

[21] 同註 5，頁 9。

[22] 〈少年中國學會消息——會務紀聞〉，《少年中國月刊》1 卷 6 期（民國 8 年

《少年世界月刊》創刊於民國 9 年 1 月 1 日，終刊於同年 12 月，共 1 卷 12 期。民國 10 年 4 月，又增刊「日本號」1 期，於日本之政治、經濟、教育、軍事、社會現況及民族性格和思想等，均有詳實的介紹，對國人了解此侵略我之近鄰強敵，有不少撥雲見日的澄清作用。[23]一般來說，《少年世界》是一份注重實際調查，敘述事實和應用科學的月刊。其內容分別闢有〈學生世界〉、〈教育世界〉、〈兒童世界〉、〈婦女世界〉、〈學術世界〉、〈勞動世界〉、〈學校調查〉、〈工廠調查〉、〈地方調查〉、〈森林調查〉、〈農村生活〉、〈華僑消息〉、〈社會批評〉、〈世界大勢〉、〈讀書錄〉、〈出版界〉、〈遊記〉、〈雜錄〉等欄。[24]

表 2：《少年世界月刊》內容統計分析

少年世界（1 卷 12 期）	篇數	備註欄
學術思想動態	19	除〈發刊詞〉外，另增「日本號」1 期。
學校調查	17	
報導「國內外學生動態」	10	
文教述詳	16	
婦女問題	14	
蘇俄介紹	8	
國際工人運動與社會主義運動	11	
工廠企業調查與工人生活	8	
留法勤工儉學	4	
農林問題	8	
地方調查與遊記	14	
南洋介紹與華僑動態	9	
科學技術	5	
其他	9	
合計	153	

12 月 15 日），頁 48。

[23] 同註 14。

[24] 同上註。

對於這種編印方式，於〈發刊詞〉中，該刊曾有清楚的說明：「我們以為改造中國——即是改造世界的一部份——應有三種的步驟：第一步，本科學的精神，研究現代思潮，使中國人對於現代思潮的趨勢有一個明確的觀念。第二步，詳細記載由現代思潮演成的事實，給中國人一種更深的刺激。第三步，根據思潮和事實的趨勢，草一個具體的改造中國的方案。少年中國月刊是做的第一步工夫。少年世界月刊便是要做這第二步工夫。這第三步工夫要讓中國全體青年去做。我們學會的宗旨是：本科學的精神，為社會的活動，以創造『少年中國』。

值此，這本月刊所記載的，便是各種『社會的活動』，而且他的範圍永遠限於『社會的活動』，決不會談政治。我們學會的第一個朋友便是學生，所以我們對於學生的消息特別注意。其中尤注重國內外各學校的詳細調查，給現在的中學生一個『入學指南』。我們學會的第二個朋友便是勞動家，所以我們對於華工消息、工廠調查、農村生活特別注意。我們學會第三個朋友便是華僑，所以我們對於華僑消息特闢一欄。其餘各欄的記載，或是社會上的黎明運動，或是關於各種科學的專論，可以使我們青年的參考資料。」[25]

從上述引文所標舉的旨趣來看，《少年世界》似乎比《少年中國》，在精神上更富於本土化與通俗化的一個「社會運動」的刊物。為人力資力所限，此一刊物未能持久編印，然對「少中」其後思潮取向的發展，頗有影響。最明顯的一點是，倡導的社會活動，從此因缺乏實際材料的印證，而逐漸走上理論化的道路。拋棄了本土化的社會活動之目標，而開始以接受與整理外來文化為方向。其

---

25 〈少年世界發刊詞——為什麼發行這本月刊？〉，《少年世界月刊》1 卷 1 期（上海：亞東圖書館，民國 9 年），頁 1。

後，並表現了強烈的參與政治的慾望，這不能不說是一種不幸的轉變。[26]

(3)《星期日週刊》

《星期日週刊》原是「少中」成都分會會員所編輯和發行的刊物，因每逢星期日發刊而命名。該刊於民國 8 年 7 月 13 日在成都創刊，形式和當時的《每週評論》完全相同，每期出版，間或增刊討論某一問題的專號。《星期日週刊》從創刊到停刊，為時整整一年，共出 52 期。[27]《星期日週刊》第 1 任編輯是由分會書記李劼人擔任，不久李劼人赴法勤工儉學，[28]乃改由會員孫少荊和穆濟波等人負責。

到了民國 9 年 4 月，《星期日週刊》已出版了 36 期，這時由於「少中」成都分會會員相繼離去，而編輯部在這個時期又補充不少新進人員，會員在這個組織的比重相對減少。所以《星期日週刊》嚴格言，已不再算是「少中」成都分會的刊物。因此，從這時起，乃成立一個四十多名社員的「星期日週報社」。此後，「週報社」即以一個獨立的社團來經營編輯和發行《星期日週刊》的業務，而剩下的「少中」成都分會的會員們，則以個人身份參加「週報社」的工作。該刊每期的銷售量都在三千份以上，在當時的四川，是有相當影響力的。[29]

「少中」成都分會的會員們，之所以要創辦《星期日週刊》的目的，是想在當時落後的四川傳播新思潮，展開新文化運動。關於

---

[26] 同註 1，頁 107。
[27] 中共中央馬、恩、列、史著作編譯局研究室編，《五四時期期刊介紹》第一集（上冊）（北京：三聯書店，1979 年），頁 280。
[28] 同註 6，頁 18。
[29] 同註 27。

這點，在該刊〈發刊詞〉中，作了如下的聲明：「我們為什麼要辦這個周報，因為貪污黑暗的老世界，是過去了。今後便是光明的世界！是要人人自覺的世界？可是這裡有許多人，困於眼前的拘束，一時擺脫不開，尚不能走到自覺的地步上。如其竟沒有幾個人來，大聲呼喚一下，那是很不好的。因此，我們才敢本著自家幾個少數少年人的精神，來略說一些很容易懂的道理。」[30]

這個刊物，後來由於一些思想激進的人，和帶有共產傾向的人積極參與，逐漸激烈起來。雖然有些人還是強調「修身、齊家、治國、平天下」、「凡欲改良政治，不可不先改良社會。欲改良社會，不可不先改良其本身」的傳統不易道理；或主張通過美術來陶冶人心，以改造社會的言論，但在一些反傳統的人看來，則不免認為迂腐了。如吳虞在一篇「社會問題號」中，大膽的提出「非孝」主張。[31]這對當時人心求變的社會來說，自然風靡了不少所謂思想激進，大膽解放的一干人。

此外，附帶一提的是，《星期日週刊》在 19、20、21 三期中，從《湘江評論》轉載了一篇署名澤東的〈民眾的大聯合〉之文章。[32]這是毛澤東在風雲際會的「少中」裡，少數可確定的文章之一，那時中國共產黨尚未成立。總之，《星期日週刊》雖僅有一年的壽命，但它每一期的銷行量，都多達三千份以上，這對地處內地的四川而言，於知識的傳播、思想的啟蒙，自有相當的貢獻與影響。[33]

---

30 同上註，頁 281。

31 同上註。

32 張國基，〈回憶五四運動前後的毛澤東同志〉，中國社會科學院近代史研究所編，《五四運動回憶錄》(續)（北京：中國社會科學出版社出版，1979 年 11 月 1 版），頁 306。

33 同註 27。

(4)《少年社會》雜誌

《少年社會》雜誌，創刊於民國 8 年 12 月 1 日，是南京高等師範學校的學生們主辦的。第 1 卷共出 10 期，是週刊；2 卷以後，改成半月刊，篇幅增多，冊子也加大，2 卷 1 期是民國 9 年 4 月 1 日出版的。刊物的編輯機構是「少年社會雜誌社」，它的主要負責人是王熾昌，成員最多時曾達到二十一人，社裡的活動僅限於編輯新誌。編輯工作由每兩人輪流擔任 4 期，雜誌社的社員如王克仁、邰爽秋、楊賢江、倪文宙、曹芻、金海觀等，均先後加入「少中」。所以這份雜誌雖非「少中」直接編印，但與「少中」仍有密切的關係。[34]

(5) 少年中國學會叢書

出版事業是「少中」重要事業之一，也是「少中」最主要的貢獻之一。其中以雜誌及叢書對當時的影響最大。民國9年3月，「少中」常會即已組成「叢書編輯部」，且訂有簡章十三條。[35]次月，常會又推選惲代英任編輯部專員，負責一切出版事宜。[36]唯以名譽攸關，大多會員均主張慎重其事，並嚴格選擇，故遲至 10 年夏，才出版叢書第 1 冊，即會員李璜譯的《法蘭西學術史略》，由上海亞東圖書館出版。翌年，自叢書第二種起，改由中華書局出版，至 15 年底止，共出三十三種。如以叢書的出版來看，「少中」在 15 年時，仍存在活動著。[37]現將叢書名單、作者及可能查考得出之出版年月，列張簡表，以供參考。[38]

---

34 同註 1，頁 108。
35 同註 6，頁 18。
36 〈少年中國學會消息——會務報告〉，《少年中國月刊》1 卷 11 期（民國 9 年 5 月 15 日），頁 55-56。
37 同註 35。
38 同上註。

編號	書名	譯、著者	出版年月
1.	法蘭西學術史略	李璜譯	10 年
2.	人心（莫泊桑）	李劼人譯	11 年
3.	古動物學	周太玄譯	11 年
4.	哈孟雷特（莎士比亞）	田漢譯	11 年 11 月
5.	小物件（都德）	李劼人譯	11 年 11 月
6.	法國文學史	李璜譯	11 年 12 月
7.	莎樂美（王爾德）	田漢譯	12 年 1 月
8.	國家主義的教育	余家菊、李璜著	12 年 10 月
9.	德國人的婚姻問題	王光祈著	13 年 1 月
10.	同情	李劼人著	13 年 1 月
11.	經濟學要旨（季特）	李璜譯	13 年 2 月
12.	盲音樂家（柯羅連柯）	張聞天譯	13 年 2 月
13.	婦人書簡（普累服）	李劼人譯	13 年 3 月
14.	少年中國運動	王光祈著	13 年 6 月
15.	人的研究	周太玄譯	13 年 8 月
16.	達哈士孔的狒狒（都德）	李劼人譯	13 年 8 月
17.	南洋旅行漫記	梁紹文著	13 年 10 月
18.	琪珴康陶（郭南遮）	張聞天譯	13 年 10 月
19.	青春的夢	張聞天著	13 年 12 月
20.	現代日本劇選	田漢譯	13 年 12 月
21.	羅密歐與茱麗葉（莎士比亞）	田漢譯	13 年 12 月
22.	國家主義論文集第一集	陳啓天等著	14 年 3 月
23.	應用教育社會學	陳啓天譯	14 年 3 月
24.	咖啡店之一夜	田漢著	14 年 7 月
25.	馬丹波娃利（福樓拜）	李劼人譯	14 年 11 月
26.	英國教育要覽	余家菊著	14 年 12 月
27.	正義進化與奮鬥	邰爽秋著	15 年初
28.	宋詞研究	胡雲翼著	15 年 3 月
29.	建國政策發端	陳啓天著	15 年 9 月
30.	生物學綱要	周太玄譯	15 年 9 月
31.	古生物學通論	楊鍾健編譯	15 年 9 月
32.	國家主義論文集第二集	陳啓天等著	15 年
33.	吳偉士心理學（2 冊）	謝循初譯	15 年

(6) 其他出版物

除刊物叢書外，「少中」另外還出有三種刊物，現依出版先後介紹如下：

①《少年中國學會週年紀念冊》：民國 9 年 7 月 1 日，由上海亞東圖書館出版，16 開，共 74 頁，僅印一千冊，供贈會內外人士及學術機構。書前附有七十二位會員照片，內容為會務報告、「少中」規約、科會辦事規則、供給材料辦法、本會徵求會員之標準、一年來各會員討論會務之通信、會員通信地址一覽表、附錄等。[39]

②〈少年中國學會會員終身志業調查表〉：民國 10 年 12 月出版，16 開，共 13 頁。此表係自民國 9 年 10 月起；至 10 年 11 月止，共調查六十二個會員的紀錄。調查之項目為：（甲）、終身欲研究之學術。（乙）、終身欲從事之事業。（丙）、事業著手之時日及地點。（丁）、將來終身維持生活之方法。（戊）、備考。

其中以自願從事教育工作者為最多，共計四十一人，毛澤東亦列名其中。時隔八十餘年，如細閱調查表中會員親填之志業，再對照其生平行誼，不禁令人掩卷興嘆，造化弄人。[40]

③〈少年中國學會會員通訊錄〉第 1 期：民國 11 年 5 月編印，通訊錄後且附有部份會員之間的通訊。[41]

---

[39] 同上註，頁 19。
[40] 同上註。
[41] 同上註。

（二）輿論宣傳

根據王光祈在〈少年中國之創造〉一文所言，欲改造中國必先從中國少年下手，有了新少年，然後「少年中國」的運動才會成功。而少年中國的新少年，必須要具備如下的生活：（1）要有創造的生活；（2）要了解社會的生活；（3）要合於科學的生活。以上三種生活是學會所極力提倡的，名之為「少年中國主義」。而要實現這種主義，即需積極進行革新思想與改造生活。

革新思想可經由三個途徑而致之：（1）教育事業：為勞農之貧窮子弟著想，應積極創辦平民學校及半工半讀學校，平民教育講演之類，也包括在內。（2）出版事業：創作與翻譯並重。（3）新聞事業：擬在各國籌辦通信社，一面將歐美政治社會情況介紹給國內，一面將國內青年活動狀況譯介到海外，祈求能造成一種青年的國際運動。至於改造生活，則須從改造個人的生活下手。[42]

上述引文，雖然只是王光祈個人的意見，但是早年的「少中」活動（包括會員本身），確係依此方針而行。關於教育事業，是早期北京會友最感興趣的，如「北京大學平民教育講演團」。[43]其成立於民國 8 年 3 月 27 日，發起人中之鄧中夏與康白情，不久即加入「少中」；又團員中之許德珩、陳劍翛、周炳琳、孟壽椿、易克嶷、楊鍾健、朱自清等，後來也先後加入「少中」，唯一非北大團員者，即係王光祈，該團一直維持到民國 12 年春才停止活動。

---

[42] 王光祈，〈「少年中國」之創造〉，《少年中國月刊》1 卷 11 期（民國 9 年 5 月 15 日），頁 55-56。

[43] 〈北京大學平民教育講演團〉，見張允侯、殷敘彝等著，《五四時期的社團》（二）（北京：三聯書店，1979 年），頁 135。

此外，8 年底，王光祈、李大釗、孟壽椿、徐彥之等「少中」會友聯合北大教授胡適、顧孟餘、陳獨秀等十七人於北京發起「工讀互助團」，目的在提倡「城市中的新生活」，此團體雖不久即解散，但在當時卻頗受好評。惲代英曾專程北上觀摩，然後回武漢創辦「利群織布廠」。[44]實行半工半讀制度，亦是此種試驗精神及實幹精神之延續。

在出版事業方面，學會本身的出版事業，可說是「少中」活動中，最有成就的一項。會員中致力於出版者，亦頗不乏人。民國 8 年，惲代英在武昌設有「利群書社」。9 年，毛澤東也在長沙辦有「文化書社」；謝循初、黃仲蘇在美國伊利諾州成立「中美書報代售處」。[45]10 年，陳淯、劉泗英等在四川有「二十世紀出版社」的發行。此外，「少中」會友服務於書局者更大有人在，如左舜生、張聞天、田漢、陳啟天、余家菊、曹芻、金海觀、倪文宙等，均前後在中華書局新書部服務過。[46]而舒新城更是長期擔任中華書局編輯所所長。[47]中華書局當時是全國第二大書局，其令譽，若說是由諸「少中」會友奠其基，亦不為過。

至於在新聞事業方面，也是「少中」會友最早從事之活動。七個發起人中，除雷寶菁早亡外，其餘六人均是一流報人，箇中高手。早在「少中」未發起前，部份留日的「少中」會友，即創辦「華

---

[44] 廖煥星，〈武昌利群書社始末〉，《回憶惲代英》（北京：人民出版社出版，新華書店發行，1982 年 5 月 1 版），頁 253-258。

[45] 〈少年中國學會消息——「中美書報代售處緣起」〉，《少年中國月刊》2 卷 7 期（民國 10 年 1 月 15 日），頁 56-57。

[46] 同註 6，頁 21。

[47] 劉紹唐編，《民國人物小傳》第五冊（台北：傳記文學出版社出版，民國 71 年 7 月初版），頁 360-363。

瀛通信社」。[48]隨著「留日學生救國團」之歸國，張尚齡、曾琦等也曾在上海辦過《上海日報》。[49]8 年 3 月，李璜、周無在法國成立「巴黎通訊社」。同年 9 月，徐彥之於濟南創辦「齊魯通信社」。冬，劉泗英等人又在日本設立「東京通信社」。10 年元月，梁紹文在武漢組織《武漢星期評論》。2 月，陳淯、劉泗英等在四川又有《新蜀報》的發行。

由這些新聞事業的開展，其產生的影響是不言而喻的。如「華瀛通訊社」之報導日本侵華之陰謀野心。[50]「巴黎通訊社」之揭露巴黎和會真象，及中國所受列強的欺凌歧視。舉凡這些消息的報導，均鉅細靡遺的詳加披露，對當時國內人心的震撼，實居首功。

至於所謂的改造個人生活，則方法甚多，但因無系統可言，且其主張欠成熟，所以成效不彰。例如為了訓練人民將來具備自由運用各種主義的能力，提倡團體生活和勞動習慣；覺得中國舊生活不好，提倡小組織新生活；[51]覺得中國人靜的生活毛病很大，便提倡動的生活，主張奮鬥；覺得中國人最缺乏團體的訓練，便提倡組織種種團體。

又如中國知識份子大多不習勞動，而勞動階級又無機會接受教育，便提倡半工半讀，認為「工讀互助團是新社會的胎兒，是實行我們理想的第一步……若是工讀互助團果然成功，逐漸推廣，我們

48　赤松子（張夢九），《人海滄桑六十年》（台北：五洲出版社，民國 60 年 10 月初版），頁 25。

49　〈曾慕韓先生行狀〉，《曾慕韓先生遺著》（台北：中國青年黨中央執行委員會出版，民國 43 年 12 月初版），頁 2。

50　曾琦，〈戊午日記〉，沈雲龍主編，《近代中國史料叢刊》（19），《曾慕韓（琦）先生日記選》（台北：文海出版社），頁 13。

51　〈討論小組織問題〉，《少年中國月刊》1 卷 2 期（民國 8 年 8 月 15 日），頁 35-58。

『各盡所能，各取所需』的理想逐漸實現，那麼這次工讀互助團的運動，便可以叫做『平和的經濟革命』」。[52]「又中國是農業國，勞動家中自以農民為最多，於是又提倡『新農村運動』，凡此種種均導源於『改造』及『互助』的觀念，這是早期無政府主義共有的信念」。[53]總之，這一連串的活動，雖不久即遭遇到失敗的命運，但它所代表的意義及影響卻未可忽視，它象徵著「五四」時代知識青年的思想取向，以及在腐敗政治束縛下，自我解放的悲劇意識。

新村運動與工讀互助團

（一）新村運動

「少中」的社會活動，除了上述的創辦雜誌、輿論宣傳、鼓吹新思潮外，尚表現在新村運動與工讀互助的理想主義上。新村運動原是源於克魯泡特金（kropotkin）、托爾斯泰（Tolstoy）及其他理想社會主義、人道主義的哲學基礎上。其理論與組織，在民國 8 年，曾由周氏兄弟（周樹人、周作人）及其他作家，於《新青年》、《新潮》等雜誌上為文介紹過。周作人且於民國 8 年 7 月間，親往日本東京等地的新村實地採訪；周樹人則繙譯日本作家武者小路實篤的劇本〈一個青年的夢〉，刊登在民國 8 年的《國民公報》上。

同年 10 月 25 日，因《國民公報》為北京政府查封，其譯稿遂由《新青年》繼續轉載。於是武者小路實篤一班人的夢想與行徑，

---

[52] 王光祈，〈工讀互助團〉，《少年中國月刊》1 卷 7 期（民國 9 年 1 月 15 日），頁 42。

[53] 同註 46。

遂普遍地為當時苦悶的中國知識份子所同情嚮往。[54]以王光祈為首的「少中」，本著社會活動的旨趣，又受了新村運動的影響，乃倡導新生活的小組織。《少年中國月刊》從 1 卷 2 期始，便刊登了不少討論小組織的文章，[55]及登載了不少新村運動的文字。他們理想的歸趨是：「脫離了舊社會的範圍，另向山林高曠的地方，組織一個真自由、真平等的團體，從分工合作，造成其經濟獨立與文化獨立，而完全脫離舊社會的惡勢力圈，從實業與教育去發展團體的經濟與文化，造成一個完美的新社會的模範，來改造舊社會。」[56]

他們共同見解則以為：「為了避苦尋樂，以遂行圓滿的人生，在這種惡劣的社會裏，如果要得到學術上的進步，精神上的快樂，保持高尚的人格，改善不良的生活，免除家庭的苦惱等等目的，只有由少數人去實行新生活的小組織，以勞動所得，自立互助，進而改革社會……。」[57]

這種看法，也就是王光祈所提倡的「團體生活與勞動習慣」之一貫主張。王光祈將其具體規定小組織設在都市的近郊，勞動方式是種菜園每天兩小時，翻譯書籍三小時。種菜所得可解決物質需要，讀書可滿足精神生活的需要；通過譯書可以介紹歐化，以革新一般人的思想，翻譯的書由自辦的印刷所出版，利潤一半給譯者，一半歸公；另外附設平民學校，免費教育農家子弟，並時常接近農人，使純潔的青年與農夫打成一氣，這種構想，簡直是「烏托邦」（Utopia）的雛型。[58]

---

54 《新青年》7 卷 2～5 號（東京：大安株式會社影印本，1962 年）。

55 同註 51。

56 同註 4，頁 40。

57 若愚，〈與左舜生書〉，《少年中國月刊》1 卷 2 期（民國 8 年 8 月 15 日），頁 37。

58 同註 27，頁 243。

依其思想看來，王光祈的理論似乎將人類分為三個階級：知識階級、勞動階級、資產階級。理想的無階級社會，該是「知識階級同時便是勞動階級，勞動階級同時便是資產階級。」然而該如何達到這理想呢？只有一途，知識階級中有覺悟的青年，到農村和工廠中去，把知識傳授給勞動階級。至於資產階級，尤其是華僑中有創造力、開闢力的資本家，應興教育辦實業。只有經過這個辦法，才可以消弭階級。職是之故，他為了宣傳這理想，企圖組織類似日本「新村」的團體[59]。

但是這種充滿傳統詩人「高臥南山」，自命「羲皇上人」的意境；以及彷彿亂世中退隱士大夫的「躬耕集團」。[60]畢竟經不起巨變時代的考驗，由於經費無著、不切實際，舊社會的阻力既大，改造社會的方法又嫌迂緩，[61]最終仍難逃失敗的命運。誠如周策縱在《五四運動史》書中，檢討「新村運動」失敗時指出，「在現存的經濟社會之下，沒有工人或資本家的合作（或兩者合一），知識份子是不可能創造烏托邦的。」[62]真是一針見血，透徹之論！

（二）工讀互助團

由於受了「新村運動」及勤工儉學留法風氣的鼓舞，且又得到教育文化界的名流蔡元培、胡適、周作人等的熱心支持，王光祈進

---

59 鄭學稼，《中共興亡史》第一卷（下）（台北：帕米爾書店出版，民國 73 年 6 月再版），頁 490。

60 同註 56。

61 黃紹谷，〈新村的討論〉，《批評》第 5 期「新村號」（民國 9 年 12 月 26 日）。引自張允侯、殷敘彝等著，《五四時期的社團》（三）（北京：三聯書店，1979 年），頁 195-196。

62 周策縱原著，楊默夫編譯，《五四運動史》（台北：龍田出版社，民國 69 年 5 月初版），頁 297。

而把小組織的主張具體化，且付諸行動，而創辦「工讀互助團」。由於王光祈出身窮苦，向來以半工半讀為生，為使貧寒子弟也能讀書，[63]他計劃在每一個城市裏，組織一個男女生活的互助社，以幫助青年脫離家庭的壓力與束縛，培養其獨立生活的能力與互助勞動的習慣，並給予讀書上進的機會。[64]

王光祈為了倡辦「工讀互助團」，多方奔走的結果，募得了一筆基金，先在北京試辦，隨後得到上海、南京、武漢及湖南等地「少中」會友的支持，各地也紛紛創立同樣組織。當時規定入團者，每天至少必須工作四小時，所得悉數歸公，其生活及上學、醫藥、住宿、衣服、書籍等費用，均由互助團供給。他們舉辦的事業包括開書店、印刷廠、廉價飯館、洗衣店、以及手工藝的製銷店等。其後又試辦農村生活計劃，讓團員下鄉，半耕半讀。[65]

但至民國 9 年 2、3 月間，北京「工讀互助團」漸陷入窘境。[66]王光祈檢討原因，認為「是人的問題，不是經濟的問題。」[67]因為「工讀互助團」發起的時候，報名的有數百人之多，發起人對於團員雖曾經過一番審慎的選擇，但是團員中果能具備這八個字（既能

---

63 秦夢群，〈夜台長伴貝多芬〉，《王光祈傳記資料》(一)(台北：天一出版社，民國 74 年初版)，頁 58。

64 據孟壽椿在〈五四運動時代王光祈先生的奮鬥生活〉一文中追憶說：「他對一般貧寒子弟最為同情，一次在李晟女士的追悼會裏(李女士係女高師高材生，因受家庭的經濟壓迫而自殺者)，他帶著很興奮的樣子向我說道：『我已想得一法，使寒士能夠讀書』，回寓後，即草擬工讀互助團的辦法，次日即四出奔走，開始組織，不一月而招得男女團員數百人，織布織襪以自給……。」同註 19，頁 61。

65 王光祈，〈為什麼不能實行工讀互助主義〉，《新青年》7 卷 5 號(民國 9 年 4 月 1 日)(東京：大安株式會社影印本，1962 年)。

66 同註 1，頁 110。

67 同註 65。

了解，又能實行）的資格，實不多見。」[68]雖然王光祈對這種困難相信有解決的辦法，還持相當樂觀的態度，認為仍有試行成功的希望，但當時持悲觀的看法，並寫文章批評者，已不乏其人。

戴季陶認為：「在資本家的生產方法，以世界的強力，壓迫著自由勞動者的時代，無論什麼人，沒有不受這一個強力的支配，而威迫各人的社會生活，妨礙學生的自由思想，為主的並不是家庭、不是官廳、不是學校，只是資本家生產法所代表的財產私有制。在這一種社會組織的下面，要想用很小一部份人的能力，一面作生產的工，一面達求學的目的，在事實上是作不到的。而且以不熟練的工作能力，不完全的幼稚的生產機關，要想獨立回復資本家生產制所侵蝕的『剩餘勞動時間』，更是作不到的。」

因此他提出的意見是：「有改造社會的熱誠和決心而又肯耐苦冒險的青年，既不願意附隨著惡社會過生活；又不能夠達工讀互助的目的；便應該拿定普遍救濟的目的；捨去一切獨善的觀念；投向資本家生產制下的工場去」。他認為這是訓練與試驗的唯一方法，「倘若失敗了，也可以對世界上供給一個研究材料。」[69]

此外，胡適也曾分別發表〈非個人主義的新生活〉、〈工讀主義的試行觀察〉二文，對這個運動的失敗，有平情的分析和深銳的批評。他認為這種獨善的個人主義，只「承認這個現社會沒有法子挽救的了」，所以「要想在現社會之外另尋一種獨善的理想生活」，這是格外危險而應該反對的。因為「這種生活是避世的，是避開現社會的。這就是讓步，這便不是奮鬥。」

---

[68] 同上註。

[69] 戴季陶，〈工讀互助團與資本家的生產制〉，《新青年》7卷5號（民國9年4月1日）（東京：大安株式會社影印本，1962年）。

他指責在泛勞動主義信仰支配下的新村生活，「使人人都要盡製造衣食住的資料的義務，根本上否認分工進化的道理，增加生活的奮鬥，是很不經濟的」。而且「這種獨善的個人主義，把改造個人與改造社會分作兩截，這個觀念，是根本錯誤了。改造個人也是要一點一滴的改造，那些造成個人的種種社會勢力。不站在這個社會裏來做這種一點一滴的社會改造，卻跳出這個社會去『完全發展自己的個性，這便是放棄現社會。』」[70]

接著，胡適又進一步批評「工讀互助團」的不切實際，他指出其所觀察的兩件事實：（1）工作的時間太多，每人七小時以上，十時以下，只有工作的時間，沒有做學問的機會；（2）做的工作，大都是粗笨的、簡單的、機械的、不能引起做工之人精神上的反應。只有做工的苦趣，沒有工讀的樂趣。我也是北京發起人之一，但我是見慣半工半讀的學生生活的，覺得『工讀主義』，乃是極平平無奇的東西，用不著掛什麼金字招牌。……現在有許多人把工讀主義看作一種高超的新生活。「北京互助團」的指啟上還說：「幫助北京的青年實行半工半讀主義，庶幾可以達教育和職業合一的理想。」

「上海互助團」的指啟更老實說：「使上海一般有新思想的青年男女可以解除舊社會舊家庭種種經濟上意志上的束縛，而另外產生一種新生活新組織來。」新生活和新組織也許都是很該提倡的東西，但是我很誠懇的希望我的朋友們不要借工讀主義來提倡新生活新組織。他敦勸「提倡工讀主義的人，與其先替團員規定共產互助的章程，不如早點替他們計劃怎樣才可以做自修的學問的方法。」[71]

---

[70] 胡適，〈非個人主義的新生活〉，《胡適文存》第一集（台北：遠東圖書公司，民國 42 年），頁 743-754。

[71] 胡適，〈工讀主義試行的觀察〉，《胡適文存》第一集（台北：遠東圖書公

儘管如此，王光祈仍然堅持其一貫理念，他認為「工讀互助團」的性質是一個：「人人作工，人人讀書，各盡所能，各取所需的組織。」[72]它不僅可以創造出新社會，且可以免除掉一場流血的革命。可是由於外部經濟的壓迫，內部能力的薄弱，[73]兼以缺乏堅強的意志[74]，使得這個運動終遭失敗的命運。誠如施存統所言：「凡是在資本主義的社會組織底下，不管你有怎樣的能力，都是直接、間接受經濟的壓迫，工讀互助團沒有資本，而且鑽不進社會，當然失敗了。」[75]而這也告訴我們，要改造社會，須從根本上謀全體的改造，枝枝節節地一部分改造是沒有用的，且社會沒有根本改造以前，不能試驗新生活，不論工讀互助團或新村。76在無此前提下，一切的努力均屬枉然。所以「少中」的「新村運動」及「工讀互助團」之失敗，是傳統落後的中國社會結構下，一項知識份子枉拋心力的悲劇活動！

「少中」之發展

（一）成立分會

關於「少中」之發展，會員左舜生曾有一段記載道：「民國七年少中的成立，經過了民八的五四運動，便一天一天的擴大起來。

司，民國 42 年），頁 737-742。

72 同註 52。

73 存統，〈「工讀互助團」底實驗和教訓〉，《星期評論》「勞動紀念號」第 7 張（民國 9 年 5 月 1 日）。

74 陳獨秀，〈工讀互助失敗底原因在那裏？〉，《新青年》7 卷 5 號（民國 9 年 4 月 1 日）（東京：大安株式會社影印本，1962 年）。

75 同註 73。

76 彭璜，〈復嶽僧的信〉，《時事新報》（上海版）副刊《學燈》（民國 9 年 6 月 8 日）。

因為五四一幕，有不少的新少年應運而生，而各地的青年組織，也有如風起雲湧，少中既已有了相當的歷史，而少年中國月刊，也頗能予人一種清新的印象，因之各地會員的輾轉介紹，加入的乃漸多。」[77]這種現象，具體的表現在「少中」各個分會的成立上，現分別敘述如下：

（1）成都分會

根據「少中」規約第 26 條：「本學會設總會於北京，綜理全國及外埠分會事務。各省外埠有會員五人以上者，得設分會。」[78]「少中」的幾個分會中，成立最早的是「成都分會」。民國 8 年 6 月 15 日，成都分會已先北京總會而成立，當時共有會員九個，即李劼人、李思純、穆濟波、彭舉、周光煦、李珩、何魯之、孫少荊、胡助。[79]由會員公選李劼人為書記兼保管員，辦理分會事務。其中李劼人、胡助於清末與王光祈、曾琦等同學。[80]周曉和為周無之兄；李曉舫為李璜之弟；胡助、穆濟波、周曉和三人，於民國 7 年夏，又同時從成都高師畢業；何魯之與李璜亦於清末均曾肄業於「英法文官學堂」。[81]由此可知，成都分會的成立，自始即含有濃厚的地緣、業緣關係，探索「少中」初期的地緣、業緣性，「成都分會」無疑提供了一個很好的個案研究。至於「成都分會」如何成立？根據該分會的實際負責人李劼人回憶道：

---

[77] 左舜生，《近卅年見聞雜記》，沈雲龍主編，《中青黨史資料叢刊》(6)（台北：中國青年黨黨史委員會印行，民國 73 年 7 月出版），頁 9。

[78] 同註 5，頁 35。

[79] 同上註，頁 16-17。

[80] 秦賢次，〈曾琦先生與少年中國學會〉，《傳記文學》29 卷 2 期（民國 65 年 8 月），頁 34。

[81] 同註 6，頁 19。

「五四運動後不久，王光祈與曾琦聯名寫信給我說，他們八個人（按：恐誤，疑為七個人）在北京發起一個少年中國學會，宗旨是本科學之精神，作社會之活動，約我入會，並要我在成都發展會員。……當時發展會員並不怎麼嚴格，大抵只要贊成學會宗旨，不專事于個人私利作打算，志趣略高的人，都可介紹。因此，我在短短半月內就介紹幾個人。當然，所介紹之人，都是平日比較接近，年齡都差不多的，二十三歲至三十一歲，並且都經總會審核認可。李思純、孫少荊、胡助、周光煦、何魯之、彭舉、李珩、穆濟波。……少年中國學會成都分會因為距北京較遠，彼此通一封信動輒要十六七天，個別聯繫又非常不便，因請于總會，允准在成都成立分會，公推我為負責聯絡人。這樣，成都分會得以成立，而成都的會員除了經常讀書、讀報、集會討論之外，也才能夠創辦『星期日』這個刊物。」[82]

關於《星期日》這個刊物，它影響可不小，在它之前，成都甚至說全四川省，都還沒有如此的刊物。所以它一問世，便極受重視，發行不到幾期，就由一千份增印至三千份，訂戶也由成都附近而達四川以外幾省，對於舊制度的批判、新文化的提倡、新思潮的傳播，貢獻卓著。[83]

（2）南京分會

「少中」第二個成立的分會，即南京分會，時間為民國 8 年 11 月 1 日，當時會員共有十二人。入會的先後，係左舜生、黃仲蘇、

---

82 李劼人，〈回憶少年中國學會成都分會之所由成立〉，張允侯、殷敘彝等著，《五四時期的社團》(一)（北京：三聯書店，1979 年），頁 550-553。

83 何魯之，〈五四追求的是心的自由〉，《何魯之先生文存》(台北：青城出版社，民國 67 年 4 月出版），頁 236。

黃懺華、趙叔愚、沈澤民、蔣錫昌、阮真、楊賢江、王克仁、謝循初、方東美、王德熙。不久，邰爽秋接著加入，而黃懺華則從東京致書原介紹人評議員宗白華言：「近來很抱悲觀，此後擬不問世事，恐與會中宗旨信條牴觸，自請出會」。這是「少中」會員中，自請出會的第一人。[84]

南京分會除了負責主編《少年世界》外，會中也曾舉行多次的「學術座談會」，其中較成功的有謝循初的「群眾心理」、方東美的「唯實派的生之哲學」、蔣錫昌的「對於自殺之研究」、楊賢江的「我今後的生活」。[85]南京分會會員主要來之於「金陵大學」及「南京高等師範學校」兩校。成立當時，肄業「金大」的有黃仲蘇、趙叔愚、謝循初、方東美四人，後來陸續加入的有劉國鈞、李儒勉、及唐啟宇三人。肄業於「南高」的有蔣錫昌、阮真、王克仁、王德熙、邰爽秋等五人；後來又加入的有楊效春、沈昌、唐轂、金海觀、曹芻、倪文宙、吳俊升、古楳、李祖蔭等九人。又楊賢江原畢業浙江杭州一師，南京分會成立時，僅係南高職員。陳啟天原於8年夏，在武昌加入「少中」，10年春，入學「南高」，其後成為南京分會的主要活動份子。

「少中」總會原設北京，後以北京會員出國及離校者日多，且後繼無人，以致會務鬆散。根據「少中」12年10月之「蘇州年會」議決，將總會由北京移至當時會員最多的南京。[86]從此，「南京分會」的會員在「少中」末期，扮演一股主導的力量。

---

[84] 秦賢次，〈關於「少年中國學會」會員名錄〉，《傳記文學》35卷2期（民國68年8月），頁137。

[85] 同註81。

[86] 〈會員通訊〉，《少年中國月刊》4卷7期（民國12年9月），頁1-3。

(3) 巴黎分會

巴黎分會成立於民國 10 年 3 月 27 日，它的成立，雖較上述兩個分會為晚，但其孕育的時間，早自民國 8 年便已開始，而其影響，更非上述兩個分會所能望其項背。民國 8 年 3 月，「少中」會員李璜、周無到法留學，同年 10 月，學會領袖之一的曾琦，亦到法學社會學，先此到法的已有日後「少中」會員的段子燮。羅益增則在赴法前，因行為觸犯規約，而由黃仲蘇提議評議部開除。其後李劼人、李思純、何魯之、胡助等四位成都分會的會員，也連袂於 9 年 1 月到法，李劼人學文學，李思純、何魯之兩人學史學、胡助攻讀數學；不久許德珩也於 3 月到法，攻社會學；趙世炎於 5 月到法，後加入共產黨，且任巴黎「少年中國共產團」主席。[87]

陳登恪也於 9 年赴法，陳在國內原已加入「少中」，後因旨趣不合而申請退會，到法後，復因會友的邀請又重新入會。分會成立時，且膺書記之職。其後在法新加入的會員，還有羅世嶷。黃仲蘇與周炳琳則是先留學美國，再赴巴黎深造而加入者。由上述諸多會員的赴法留學，巴黎分會照理說來，早該可以成立，其所以遲至 10 年 3 月始成立，主要的原因係會員初到異地，語言生疏，各自加強語言訓練，一心求學，無暇展開會務，這也是「少中」國外會員的一般通病。[88]

巴黎分會雖至民國 10 年 3 月才成立，但在成立前，留法的「少中」會員，早已積極的展開各項活動，其中尤以成立「巴黎通訊社」和幫助華工最有貢獻。早在民國 8 年 3 月，李璜、周無抵法後，旋

---

[87] 同註 6，頁 20。

[88] 同上註。

即成立「巴黎通訊社」。[89]以傳播海外消息，供國內各大報社刊載為職志，不久曾琦來法，亦隨即加入。時值歐戰結束，「巴黎和會」即將召開，「巴黎通訊社」自不可能放棄此風雲際會的大好時機。關於「巴黎通訊社」對於「巴黎和會」的報導，通訊社成立者之一的周無回憶道：

「巴黎和會將於五月在巴黎召開，……北洋軍閥政府派去的是以陸徵祥為首的一個代表團，南方國民黨政府派出一個以伍朝樞為首的南方軍政府代表團（按：疑誤，應為王正廷）。全國人民都希望通過這次和會能阻止日本帝國主義對我國的侵略；尤其切盼能收回由日本占領的青島膠州灣。在這種蓬勃的形勢和熱烈的願望下，『少中』的發起人和一部分會員在京滬討論會務時，便自然地把重點放在巴黎，決定要配合這一形勢展開具體活動，發揮奮鬥實踐的精神。當時確定把重心放在通訊組織和聯絡工作上。……這一通訊社在形勢的要求下還想發展電訊。但還未準備好，巴黎和會便結束了。可是當最為國內關心的青島歸還問題剛在和會中決定遷就美代表團的意見不歸還我國時，巴黎通訊社已經得到消息，便連夜奔走籌款，超過英、美、日通訊社，第一個把這一消息電傳到國內各報館。這是這一通訊社事業發展的頂點。」[90]

其後，由於「五四」以後，國人對於國內情勢和遠東事件特別重視，對歐美消息漸不重視，且會員間思想的分歧亦日益明顯，兼以經費短缺，捉襟見肘，通訊社遂無疾而終。

至於說到幫助華工，歐戰期間，中國亦為協約國一員，為履行參戰義務，中國雖未直接派兵介入歐戰，但卻派遣了二十萬以上的

---

[89] 周太玄，〈關于參加發起少年中國學會的回憶〉，同註 83，頁 545。
[90] 同上註，頁 546。

華工赴歐助戰。[91]這一批赴歐的華工，紛赴英法等國，其中尤以法國為大本營。因此，為了教育這批祖國來的同胞，照顧這批同流華冑血液的中國子民，在法的「少中」，責無旁貸的又扛起了這個任務。他們協助當地的機關團體，如「法華教育會」、「留法勤工儉學會」、「華僑協社」和「華工工會」等，創辦和編輯《旅歐周刊》、《華工雜誌》、《華工旬刊》等定期刊物。[92]對華工生活的照顧、知識的傳授、教育的啟發貢獻不小。

總之，「巴黎分會」可說是「少中」在海外活動的重心，分會的活動，一直維持到何魯之於 14 年冬，離法回國始完全停止。是時，國內總會業已分崩離析，毫無生氣了。在分會成立前，《少年中國月刊》2 卷 4 期，曾刊登出巴黎會員曾琦致函評議部，提議介紹女會員。[93]提案雖經全體通過，然而截至目前，吾人尚未在其名冊發現有女會員。復次，同期中又刊出巴黎同人提議：「凡有宗教信仰者，不得介紹為本會會員。」[94]案子亦經評議部通過，豈料後來卻引起軒然大波，留日會員田漢的抗議，張滌非的退會。

這個議案，後來在「少中」第 1 屆南京大會中被取消，但是為了徹底研究宗教問題，《少年中國月刊》仍在 2 卷 8 期、11 期；3 卷 1 期，刊出 3 期的「宗教問題」號。其中，3 卷 1 期的「宗教問題」號（下），於民國 10 年 8 月 1 日出版，而此期正是由巴黎分會所負責編輯的。毫無疑問地，「少中」是二〇年代初期，中國反宗

---

[91] 陳三井，《華工與歐戰》（台北：中央研究院近代史研究所專刊 52，該所出版，民國 75 年 6 月），頁 6。

[92] 同註 89，頁 547。

[93] 〈少年中國學會消息——會務報告〉，《少年中國月刊》2 卷 4 期（民國 9 年 10 月 15 日），頁 87。

[94] 同上註。

教運動的急先鋒；而巴黎分會，又是促成「少中」反教的催生者。在這方面，是沒有任何其他團體，能比得上「少中」所做的貢獻。

另一重大影響是，隨著國內政情的急劇變化，民國 10 年，「中國共產黨」在上海成立；不少「少中」會友加入。其後，美國加州會友康白情、孟壽椿、康紀鴻等亦組織「新中國黨」，[95]邀巴黎分會同人參加。巴黎分會中，素來抱持國家主義思想的會友，如曾琦、李璜、何魯之及德國會員張尚齡等人，在這種情況下，不得不於民國 12 年 12 月 2 日，在巴黎成立「中國青年黨」，以與共產主義者抗衡。[96]

(4) 上海分會

根據《少年中國月刊》2 卷 10 期〈學會消息〉記載，「民國十年三月二十七日，旅居於上海的『少中』會員如沈澤民、張聞天、楊賢江、惲震、吳保豐、王崇植、左舜生等曾齊集南洋公學，醞釀成立上海分會，是日天氣尚冷，但桃花已開，他們同赴龍華觀桃，由王崇植引路，選擇桃花最盛的一段，即在樹下細談，所談結果大致如下」：

①南京 7 月 10 日大會，上海會員全體到會。

②決定 7 月 15 日前後，組織上海分會。

③俟惲、吳、王三君今年暑假在南洋畢業後，即在寶山路靜安寺路之間找房子一所，實行同居；以後凡本會會員在上海久居者，均可加入此種共同生活。

---

95 曾琦，〈旅歐日記〉，同註 50，頁 59。

96 同上註，頁 76-77。

④決定將來各人的圖書，都歸入上海分會圖書閱覽室，並每人酌量經濟能力，按月購入新書。

⑤暫時決不創辦何種新會務，但就現在的會務量力分擔，一面力求生活讀書的有秩序。[97]

但是由於「少中」南京年會思想的分歧，隱然已播下學會分裂的種子，所以年會以後，原先欲成立的「上海分會」，遂胎死腹中。

97 〈少年中國學會消息——會務報告〉，《少年中國月刊》2 卷 10 期（民國 10 年 4 月 15 日），頁 63-64。

第五章　少年中國學會之分裂

分裂之背景

（一）轉型文化的常態

近代中國所處的環境，是一個大轉型的時代，由於受到歐風東漸的影響，傳統的文化逐漸解體，而新的文化系統尚未建立。處在這文化真空的時期，敏感的知識份子在新思潮猛烈的衝擊下，開始對舊有的一切由懷疑到疏離，由疏離至挑戰，進而演變到一種背叛的心態。他們置身於間不容緩的民族憂患及社會心理的激情當中，沒有沉思和迴旋的餘地，於是浪漫的衝力湧現了。他們所標示的企願，無論是良心的覺醒、停滯社會的推進，或群體生活方式的徹底改革，都往往只是基於一種「改變的野心」（ambition for change）。[1]

這種改變的野心，特別是在社會劇烈變動，或國家民族遭遇到存亡絕續的關頭時，更能彰顯其重大意義。「五四運動」中的新改革者，其所懷抱的理想，即係此種理念的結果與展現。就「五四」時代的知識份子而言，他們的改變野心，目的是在創造一新中國，而所使用的方法，乃是以新思想代替舊思想與舊傳統。[2]自《新青

1　郭正昭，〈王光祈與少年中國學會（1918～1936）〉，《中央研究院近代史研究所集刊》第2期（民國60年6月），頁141。

2　周策縱原著，楊默夫編譯，《五四運動史》（台北：龍田出版社，民國69年

年》雜誌創刊以來，知識份子便以熱衷介紹新思潮為職志，這種觀念，對於鬧「學問飢荒」的「五四」時代固有其正面的貢獻。[3]

但從另一角度而言，亦有其「飢不擇食」(omnivorous curiosity)的弊病。[4]由於各種學說、主義的紛至沓來，年輕的一代只知吸收而不加批評，只談主義而不論其適用與否，因而在吸收與排斥之間，常常引起混淆的狀況，而無法理出清晰的思路，這雖然是變局裡常有的通病，亦是轉型文化的心態使然。[5]作為「五四」時期最大社團的「少中」，其分裂的背景，正象徵著此一意義的表象化。「少中」的成立，是一群知識青年於「五四」前夜，目睹內憂外患日甚一日，亡國之禍迫在眉睫，而國內的一切黨系皆不足有為，過去人物又使人失望，於是救亡圖存的歷史重任，自然責無旁貸的落到年輕一代身上。[6]

因此，他們要團結同輩，組織學會，探求救國救民的真理，進行社會改革，為中國創造新生命，為東亞闢一新紀元。[7]昔日馬志尼創造「少年意大利」的歷史令他們嚮往，他們立志在東方要創造一個「少年中國」。其理想之高遠，識見之宏大，令人動容，但是創造「少年中國」的理想雖一，如何實現的方法卻分歧。本科學之精神，為社會之活動，以創造少年中國的宗旨，既空泛又籠統，既

---

5 月初版），頁 431。

3 梁啟超語，見郭正昭、林瑞明合著，《王光祈的一生與少年中國學會》(台北：環宇版，民國 63 年 5 月初版），頁 25。

4 同註 1，頁 149。

5 沈文隆譯，〈五四運動的闡釋和評價〉，周陽山編，《五四與中國》(台北：時報版，民國 68 年 5 月初版），頁 234。

6 李義彬，〈少年中國學會內部的鬥爭〉，《近代史研究》(北京) 2 期 (1980年）。

7 王光祈，〈本會發起之旨趣及其經過情形〉，《少年中國學會會務報告》第 3 期 (1919 年 5 月 1 日）。

沒有規定共同之主義，又未說明「少年中國」之性質。甲會員的理想少年中國，容或是過去的德意志；乙會員理想的少年中國，容或是當時之俄羅斯。[8]認識不一致，自然無法引起統一會員思想的作用，也必然導致行動的不統一與組織的渙散無力。[9]

兼以當時「少中」會員，絕大多數均為意氣風發主觀極強的個人主義者，他們能說善道，學養豐富，堅持己見，不肯讓步的個性，使其對如何創造少年中國的正確途徑，各人持之甚堅，不肯妥協。由於這種情形，「少中」成立伊始，內部實早已埋下分裂的種子。[10]早期雖因理想高於一切而勉強結合，民10以後，隨著形勢的推移，南京大會上，終於迸出了分裂的火花。

（二）思想意識的混淆

「五四」時代的知識份子，他們正處於觀念和思想大激盪與解放的時代。[11]國內政局的黑暗如故，俄國革命的成功、馬克斯學說的引進，在在鼓舞了知識份子澎湃的心田。羅素、杜威的來華講學，理性主義、實用主義、自由主義、懷疑主義等思想的衝擊，更使知識份子處於一種情意高昂的巔峰。[12]在這樣的巔峰上，每個知識份子均希冀自己所信仰的主義學說，能成為推動改革的理論依據。因此乃自然而然的形成了思想意識的混淆。這種混淆，以政治活動為例，便可見其端倪。

---

[8] 邰爽秋，〈少年中國學會問題〉，見「少年中國學會問題號」，《少年中國月刊》3卷2期（民國10年9月1日），頁7。

[9] 同註6，頁119。

[10] 楊鍾健，〈關於少年中國學會的回憶〉，見張允侯、殷敘彝等編，《五四時期的社團》（一）（北京：三聯書店出版，1979年），頁558-559。

[11] 殷海光，〈五四的再認識〉，同註5，頁455。

[12] 同註5。

談到政治活動，根據李璜的說法，在「五四」前後，關於政治的解放，發生了三派的主張，在採取的手段上容或有異，但在政治解放的目的上則一。它們分別是：

（1）社會活動派：以發起並主持「少中」的王光祈為首，他不但在「少中」宗旨上標明，「為社會之活動」，而且在招收會友的公約上，也明訂會友「不請謁當道，不依附官僚，不利用已成勢力，不寄望過去人物」，學有所長時，大家相期於社會之努力，以求一步一步創造少年中國。

（2）革命政治派：初以會友李大釗倡始從事民族革命而以俄為師，而會友曾琦反對之，曾琦認為中國國情不適於共產革命，而俄國又是歷來侵略中國，吞去中國領土最大的國家，故其偽善絕不可靠，且應對其偽善加以防範，萬不可墮入莫斯科第三共產國際的圈套。因此他提出了自強自立的國家主義與全民合作的民主政治來反擊國際主義者的階級鬥爭。這一爭論在民 8、9 年間開始以來，遂演變成中國革命政治的兩大主流，而「少中」也因此分裂為共產主義與國家主義截然相反的兩派，最後且使學會遭致解體的命運。

（3）第三派則以胡適的「少談主義，多談問題」為代表，因與「少中」牽涉不多，暫不贅述。[13]

綜上所言，吾人可知，由於傳統文化的解紐，兼以西方各種學說的輸入，使得當時的中國，蔚為思想界的大觀園。時代的激盪、腐敗的政局、混淆的意識、理想與現實的衝突，迫使知識份子不能只做社會活動的理想家，而必須為政治活動的實行者。因為無論如何堅壁清野，人總是無法與政治完全絕緣。[14]因此在共產主義播施

13 李璜，〈我所經歷的五四時代的人文演變〉，同註 5，頁 667-668。
14 沈怡，〈五四運動與少年中國學會〉，《沈怡自述》（台北：傳記文學出版社，民國 74 年 6 月初版），頁 39。

中國後，一般青年因好新求奇的緣故，在思想上不免盲目的承受。[15] 這種「左傾幼稚病」的心態，[16]更加劇思想意識的混淆，民國 10 年，「少中」的分裂，即是在此背景下肇始的。

（三）國內政局的黑暗

「少中」是在「五四」前夜，中國社會的基本矛盾進一步深化，新文化運動蓬勃發展的時候，由一群對現狀不滿，主張社會改造的知識青年所組織的一個進步社團。[17]依據他們所訂的宗旨，是要先改造自己，具備真實的學術與修養，再圖改造社會。他們認定個人改造是社會改造的下手方法，社會改造是政治改造的下手方法，而反對捨卻個人改造與社會改造去急切的從事政治活動。[18]其目的欲將中國改造成像少年一樣生氣蓬勃的國家。可是學會甫經成立不久，就因中共之產生，而在主張上有了分歧的徵兆。[19]

除此之外，造成「少中」的分裂，也與彼時國內政局的黑暗有關。「少中」的成立，原係以研究學術，從事教育實業為鵠的，思圖以從事社會活動來達到改造中國之目的。但是自「五四」以後，由於國情愈益惡化，軍閥愈益猖獗，喪權辱國，昏庸無能，內政不修，外患日亟。全國青年革命情緒激昂，早已有操刀立割，仗劍頓揮之勢。處此危局，知識份子愛國心切，亦益各依其所信，轉求效

15 陳啟天，〈近代中國國家主義運動小史〉，《世界國家主義運動史》（台北：冬青出版社，民國 64 年 12 月出版），頁 46。

16 鄭學稼，〈少年中國學會的分化〉，《中共興亡史》第二卷（上）（台北：帕米爾書店，民國 73 年 6 月再版），頁 69。

17 同註 6，頁 116。

18 陳啟天，〈政治生涯的回憶〉，《寄園回憶錄》（台北：商務版，民國 54 年 12 月初版），頁 133-134。

19 沈雲龍，《中國共產黨之來源》（台北：中國青年黨黨史委員會印行，民國 76 年 5 月出版），頁 92。

率最快之政治路線，期以達成救國之目的，大勢所趨，有如江流赴海，莫之能遏。[20]

軍政界的混亂，國際勢力的壓迫，現實政治變本加厲的腐敗，衝破了一般年輕人為學問而學問的迷夢，也搗碎了以社會活動來行改革的幻想。[21]「少中」的會員，既以創造「少年中國」為職志，對於這種情勢和局面，自然不能坐視不理。[22]因此會員當中的急進份子，如李大釗等人，便在「少中」裡頭，宣揚俄國革命的偉大意義，開始稱道俄國式的共產革命，[23]企圖以政治活動來達到革命的成功。民國 9 年 8 月，李大釗等會友，更假北京同仁在「來今雨軒」開茶話會的機會，公開提議學會對內對外應有標明主義的必要。[24]這標明主義的提案，不僅為明年的南京大會埋下分裂的伏筆，也造成了「少中」分化的先聲。揆其因，都是因為政局的劣窳黑暗，與知識份子謀國心切的態度使然。

（四）社會活動的挫敗

「少中」的成立，最初目的是思圖以社會改革的成功來促進政治運動的革新，所以早期學會所定的宗旨「振作少年精神，研究真

---

[20] 方東美，〈苦憶左舜生先生——因及少年中國學會二三事〉，《左舜生先生紀念集》（台北：中國青年黨中央執行委員會印行，民國 59 年 6 月出版），頁 44。

[21] 舒新城，《我和教育》（上海：中華書局出版，民國 34 年 11 月初版），頁 267-268。

[22] 左舜生，〈王光祈先生事略〉，見《王光祈先生紀念冊》（台北：文海出版社），頁 8-9。

[23] 張靜如、馬模貞等編，《李大釗生平史料編年》（上海：新華書店發行，1984 年 8 月 1 版），頁 61-62。

[24] 見〈少年中國學會消息〉，《少年中國月刊》2 卷 3 期（民國 9 年 9 月 15 日），頁 57-60。

實學術，發展社會事業，轉移末世風俗」；其後的「本科學的精神，為社會的活動，以創造少年中國」。[25]都可以明顯的看出「少中」是一個以社會活動為主體的學會。王光祈在《少年中國學會會務報告》第 1 期中曾言：「現在中國一切腐敗，皆待吾人改革，其所以獨對於社會事業特別注意者，因同人等認為一切不良，皆原因於社會不良，故注意改革社會。所謂社會事業者，不過教育與實業而已。」[26]

其後在學會〈宣言書〉中，又有一段重要的聲明，最足以表現王光祈此種心思與理想。他說：「同人等欲集合全國有為的青年，從事專門學術，獻身社會事業，轉移末世風俗。……知改革社會之難而不可以徒託空言也，故言之以奮鬥，繼之以實踐；知養成實力之需時而不可以無術也，故持之以堅忍，而終之以簡樸。務使全國青年志士，皆具先民敦厚之風，常懷改革社會之志，循序以進，懸的以趨。勿為無意識之犧牲，宜作有秩序之奮鬥。……」[27]

是故，「少中」成立後，便積極的展開社會活動，及辦理「工讀互助團」和倡導「新村運動」為主要工作。但是這種獨善其身，脫離現實社會的「新村運動」；及自立更生勞動互助，烏托邦式的「工讀互助」。[28]因為資金短缺，不切實際，不合乎當時急遽的國情與青年強烈參與政治的熱望，終歸得不到知識份子與青年的支持而逐漸式微，風流雲散[29]。「新村」與工讀試行失敗的現實經驗，

---

25 少年中國學會編，《少年中國學會週年紀念冊》（上海：亞東圖書館出版，民國 9 年），頁 33。

26 王光祈報告，〈會務紀聞〉，《少年中國學會會務報告》第 1 期（民國 8 年 3 月 1 日）。

27 周太玄，〈王光祈先生與少年中國學會〉，《王光祈先生紀念冊》（台北：文海出版社），頁 22。

28 中共中央馬、恩、列、史著作編譯局研究室編，《五四時期期刊介紹》第一集（上冊）（北京：三聯書店印行，1979 年），頁 243。

29 胡適，〈非個人主義的新生活〉，《胡適文存》（台北：星河圖書公司），

影響到「少中」會員對社會問題的看法。這一運動的失敗，使他們體認到如果都市的勞工者與資本家間沒有合作，則想要在社會經濟的改造中去創造一個烏托邦是不可能的。[30]而且要想以緩不濟急的社會活動來達到解救中國之目的，無疑亦是一種幻想。因此唯有從事政治活動，高舉革命主義，才是救國的不二法門。「少中」會員間認知的紛歧與思想的分化，也因社會活動試行的挫敗而肇其端。

（五）組織結構之鬆散

「少中」並非一個綱紀嚴整，規律詳密，服從某一領袖，遵守某一主義之集團。[31]相反的，它是一個無共同領袖，組織鬆散、會員不受拘束、崇尚自由、尊重知識的學術團體。兼以會員們各個均是一時之選的秀異之士，自信強、能力好、堅持原則，先天上已具有不易妥協的個性。民 8 以後，由於出國會員日多，國外會員無法直接參與國內會務，各人且均以學業、事業為重，亦無暇參加，使得原本已鬆弛的組織更加渙散。[32]

民 10 南京年會後，因參與份子政見的差異，「少中」已亮起了分裂的紅燈，有份紀錄可說明此種現象。民國 10 年 11 月 1 日，《少年中國月刊》3 卷 4 期，有一張通告寫出當時會員已交會費或未交會費的名單，由這名單中略可反映出當時會員間的關係已由疏離而淡漠了。彼時會員八十三人中，已交會費者僅十七人，而未交會費者竟多達六十六人，其中留學或旅居國外者三十七人。另有執行部

頁 743-754。

30 周策縱，《五四運動史》，同註 2，頁 297。

31 黃仲蘇，〈王光祈與少年中國學會〉，《傳記文學》35 卷 2 期（民國 68 年 8 月），頁 140。

32 同註 1，頁 115-116。

通告兩張，顯示當時未簽交「入會意願書」者二十三人，未填寫「終身志業表」者二十七人。[33]這些紀錄無意中已透露出組織型態的鬆散無力，造成了活動功能的減退，「少中」結合理想的幻滅，想必不僅是由於思想分化一端而已！

分裂之開端——第一屆南京年會

民國 8 年的「五四運動」，是近代中國知識份子，在民族情感與浪漫情懷交迭影響下，所爆發的一次大規模的愛國狂飆運動。這運動的本身，雖因愛國理想的一致而結合，然揆其實際亦含有若干不甚調和，乃至尖銳衝突的因素在裡頭。當愛國情緒高漲的時候，受到共同遙遠理想——建造一個全新的中國的鼓舞，一切的矛盾與牴牾，似乎顯得毫不重要。然而，理想是需要落實的，情緒是不能持久的，當日久天長之後，當理想與現實碰頭之後，當現實調整了原始的理想，乃至吞噬了原始的理想之後，一切潛在的矛盾與牴牾便逐漸浮現出來了。

於是，作為一個波瀾壯闊的政治革新、社會改造，與文化重估運動，「五四」到了後期，在理想與現實的衝突，在現實與現實的衝突，乃至在理想與理想的衝突之下，不可避免地走上了分裂的途徑。[34]「少中」的分裂，正提供了「五四」後期這種悲劇意識的最佳樣本。早在「少中」成立未久，因受世界思潮的影響，除少數會員仍

---

[33] 〈少年中國學會消息〉，《少年中國月刊》3 卷 4 期（民國 10 年 11 月 1 日），頁 46-48。

[34] 陳曉林，〈五四時代理想與現實的衝突——以「少年中國學會」為例〉，汪榮祖編，《五四研究論文集》（台北：聯經版，民國 68 年 5 月出版），頁 210-211。

抱不問政治，專攻學術的態度，如王光祈、周無等人外；大多數的會員均因對改造中國觀點的不同，而有了分歧。這種分歧，最早見於李大釗與曾琦的通信討論，李主張中國問題為一世界問題，欲救中國，須先參加世界革命；曾以為世界革命，以現刻國際形勢而言，絕不可能，中國須求自強自救，國際主義只是理想，絕不可靠。[35]

由於雙方堅持己見，兼以各有會員支持兩者，分裂的陰霾早已籠罩其間。民國 10 年 1 月，於南京大會召開之前，惲代英便發表了〈少年中國學會的問題〉一文，對學會的渙散和脫離實際等缺點，提出猛烈批評。[36]並建議於是年 7 月，學會成立兩周年時，召開全體大會，討論會務。這一建議得到了會員們的響應和評議部的同意，各地會員也紛紛醞釀意見，準備參加發表討論。[37]其後於 2 月間，北京總會方面就由鄧中夏提出擬選擇一種「主義」以取代學會空泛的宗旨，鄧等人更希望各個會員，先將各種主義精心研究清楚，以備在南京大會開會時提出。[38]

這一提案，無疑已注定南京大會分裂的預兆。6 月 17 日，於南京大會召開前，北京的會員為了準備大會提案，又召集了一次談話會，會中著重討論本學會應否採用某種「主義」的問題。會上的意見，歸納起來有四點：（1）學會有採用一種主義的必要，而且不可

---

35 柳下編著，〈中青創立以前的國家主義運動〉，《十八年來之中國青年黨》（成都：國魂書店發行，民國 30 年 12 月出版），頁 10。

36 惲代英言：「我不怕學會真個分裂，但我想分裂是把沒有生機的分子排泄出去的作用，倘若分裂了仍可以各有生機，我想那便不應容他分裂……總而言之，我總覺得今天我們的學會，還遠不夠談真正擔任創造少年中國。」，〈少年中國學會的問題〉，《少年中國月刊》2 卷 7 期（民國 10 年 1 月 15 日），頁 6。

37 同上註。

38 〈少年中國學會消息〉，《少年中國月刊》2 卷 9 期（民國 10 年 3 月 15 日），頁 59-61。

不為社會主義，質言之，這問題只是本學會能否為社會主義的團體。（2）本會不是無主義的，創造少年中國就是本會的主義。（3）為會員入會標準起見，就一般主義中定一最低及最高限度，也未嘗不可。（4）我們學會既然是一個學會，所有一切主義，均在我們研究討論之列。[39]

由此可見，在南京大會未召開前，會員間已就主義及政治問題，有了充分的溝通與探討。7 月 1 日，「少中」的第一屆年會終於在南京正式召開，會期自 7 月 1 日起至 4 日止，開會時間共三天半。參加的會員有王克仁、郈爽秋、楊效春、方東美、陳啟天、惲代英、楊賢江、蔣錫昌、李儒勉、陳愚生、高君宇、趙叔愚、沈怡、劉國鈞、陳政、沈澤民、張聞天、左舜生、阮真、劉仁靜、鄧中夏、穆濟波、黃日葵等二十三人。[40]會中的主要議題是討論「主義」與學會及政治活動等問題。換言之，是探討學會應否採取某種主義及會員們可否能自由從事政治活動的問題。[41]

時值國內政潮激盪，十月革命的影響已逐漸深入知識份子，初步具有共產主義思想的急進份子，正醞釀籌備組織中國共產黨。[42]而李大釗等人更早已在「少中」內部鼓吹宣傳共產主義，會員間受其影響者不少。[43]另一方面，以曾琦、李璜、陳啟天、左舜生為首

[39] 〈少年中國學會消息〉，《少年中國月刊》3 卷 1 期（民國 10 年 8 月 1 日），頁 81-84。

[40] 〈南京大會紀略〉，〈少年中國學會問題號〉，《少年中國月刊》3 卷 2 期（民國 10 年 9 月 1 日），頁 44-60。

[41] 秦賢次，〈「少年中國學會」始末記〉，《傳記文學》35 卷 1 期（民國 68 年 7 月），頁 22。

[42] 舒新城，〈「少年中國學會」的幾次年會〉，中華人民政治協商會議全國委員會文史資料研究委員會編，《文史集萃》第 1 輯（北京：文史資料出版社出版，1983 年 10 月），頁 78。

[43] 朱鏡宙言：「然而很不幸，自李大釗加入少中後不久，即對會友開始宣傳共

的會員，卻堅決反對之。[44]因此雙方一接觸，便當仁不讓的唇槍舌劍起來。當時與會的會員，對這兩個問題大體持三種看法：贊成、反對、或慢慢討論三種意見。其中北京會員多主張要主義及參加政治活動，南京會員則多主張不要主義，暫緩參與實際政治，當中顯然呈現著地域色彩。[45]

為求詳細了解雙方爭執所在，現分別將與會會員討論之意見，略述於下：

（一）宗旨主義問題

鄧中夏是主張採用主義最熱烈的人，他說：「學會須講學行兼重。但為決定二者緩急先後，全會應有共同的目的以為標準，故必採取或創造一種主義以為學會的主義。」[46]沈澤民則說：「少年中國學會果是學會，思想不統一不成問題，若少年中國學會果然還有事業的性質，那麼非思想統一不可。因此，必須確定主義。」[47]

惲代英則打圓場的說：「我們不能盼望大家有一致的主義。只可在大家中求個最小限度的一致，以求可能的最多互助。」[48]經過一陣往來辯論後，鄧中夏說：「中國內亂的最大原因，都生於經濟

產主義。並公開歌頌蘇俄十月革命運動的成功……當時被其蠱惑而加入共產黨的會友，已有毛澤東、鄧康、張聞天、黃日葵、劉仁靜、張崧年、楊賢江、惲代英、趙世炎、鄭伯奇、高君宇、沈澤民、侯紹裘等。」朱鏡宙，〈李大釗埋葬了少年中國學會〉，《傳記文學》23卷2期（民國62年8月），頁42-43。

44 同註18，頁137。

45 秦賢次，〈方東美先生與「少年中國學會」〉，《哲學與文化》4卷8期，頁29。

46 〈少年中國學會問題號〉，《少年中國月刊》3卷2期（民國10年9月1日），頁1-60。

47 同上註。

48 同上註。

紊亂，故必須早解決經濟問題。這所以亟須於經濟方面求一種共同主義。這為創造少年中國必要的第一步。我以為學會決非僅是八十餘人修養的保險團體。」[49]

鄧接著說：「學會以往的對社會無甚效力，都因無共同主義之故。必須規定了主義，大家求學做事才不誤入歧途，才便於分工互助；向外活動才旗幟鮮明，易結同志團體；所謂失節墮落，亦才有個標準，於人格的保險能真有效力。這都是有了共同主義的好處。」[50]

黃日葵也附和說：「主義是時代的產物，今日為中國的改革，實覺須有一種主義的必要。」[51]高君宇亦站起說道：「人不可無一種主義，是無疑的。學會會員為創造少年中國便於分工互助，不可無一種共同主義，這亦是無疑的。」[52]鄧中夏繼續說：「但能決定一種主義，那便係為第三階級或第四階級主張私產或共產態度具體的表明了。」[53]

民國 10 年的這個時候，正值中國共產黨積極活動的時候，鄧中夏的這段話，自不難了解他的態度與傾向。劉仁靜亦以為：「我們苟有具體的理想少年中國組織形式，及創造他的方法，由這中間便可抽出共同的主義。能有共同的主義，然後便於分工互助，使成為一個完全的機體。」由上所述，可知贊成採用主義的，大都是思想比較激進，且無疑是受到共產主義影響的會員。而反對採用某一種主義的，一部份是後來中國青年黨的一批人。[54]當時壁壘分明的

---

[49] 同上註。

[50] 〈少年中國學會問題號〉，《少年中國月刊》3 卷 2 期（民國 10 年 9 月 1 日），頁 1-60。

[51] 同上註。

[52] 同上註。

[53] 同上註。

[54] 同註 3，頁 88。

情勢已顯然可見，另外一些政治趣味較淡的會員，則採取稍微緩和的態度。穆濟波發言時說：「最好取王光祈提議之意，於月刊中設創造少年中國問題欄，以商榷決定學會的主義，及實現主義的具體方法。」[55]

邰爽秋亦認為：「會既以學為名，則與只以『少年中國會』為名的政治團體有別，本無規定一種共同主義的必要。且一人所信的主義，是或他人或全體所能了解同意？強定一種共同主義，必致因大家意見不同，引起分裂。」[56]李儒勉則說：「不規定共同主義，固似嫌空泛一點，但學會會員在初既非因信同主義而結合，今天強欲大家信同主義，結果必致學會解散。我以為不如把學會原定宗旨及信條稍加深刻的規定，則旗幟較明顯，漸能求得一種共同趨向了。」[57]

左舜生亦說道：「學會係學行兼顧的團體，即欲實現一種主義，總少不了一般為學的人。故學者即不談主義，不必定須分裂出會。」[58]方東美語重心長的指出：「北京會員多半因受惡刺激太深，為保持人格，故力爭要規定共同主義。但規定共同主義，將採用外來一種主義麼？那便難望得全會公認，其勢只有學會破裂。將自創一種麼？求創一種主義不能忽略各個會員的自己主張，要於此得一種共同的主義，殊不易言。」[59]

鄧中夏對於方東美「學會破裂」的憂慮則答以：「我想苟於創造少年中國有益，即破裂亦何妨？」[60]劉衡如較緩和的說：「其實

---

55 同註 46。
56 同上註。
57 同上註。
58 同上註。
59 同上註。
60 同上註。

仲澥所謂主義，只是說對政治經濟上決定一種甚麼態度。」[61]趙叔愚則堅決主張：「反對資本主義，反對國家主義，這已是我們共同已有的態度。」[62]趙的態度彷彿有點不達目的，絕不中止的氣慨。

楊賢江看如此局面，有的贊成，有的反對，於是說：「今日發言者北京同人多主張要主義，南京同人多主張不要主義。顯然呈地方色彩。這可見環境，勢力的影響。外界事實變了，規定的主義亦要變，那使求主義的一致是不可能的。」[63]陳淯是原始發起人，他當然有所感觸，他說：「中國只是指一個地方，其中並無國家主義意思。在最初組織時原不求大家主義相同。自去年與其他團體接洽，他們都有一定主義，於是我們遂發生需要共同主義的要求。我的意思，亦信此共同主義必須自創，非可採取已成的主義。」[64]

陳淯的主義自創，實際上就是湯騰漢所說的：「各種主義各有優缺點，吾人須據科學的方法，採集各種主義的精神，而成一少年中國主義。」[65]方東美最後說道：「黃仲蘇、謝循初來信，都主張絕對不要主義。今大會到會只有二十三人，即大會表決要主義，亦不能算學會大家的意思。」[66]經過這樣一再爭論，主席左舜生付之表決的結果是，主張不要主義的有六人，主張要主義的有十七人。而這十七人中，有的係主張研究主義的，有的係主張規定最小限度的一致的，意見也不盡相同，後來這問題就擱下來，決定以後在月刊中詳細討論。

---

61 同上註。
62 同上註。
63 同上註。
64 同上註。
65 同上註。
66 同上註。

（二）政治活動問題

主義宗旨問題，經過了熱烈的討論，決定暫時擱置，往後再從長計議。接下來的另一重大議題，就是討論是否可以容許會員自由從事政治活動的問題。鄧中夏首先說：「我以為受學會幹部指揮以從事政治活動則可。」[67]劉衡如則具體的說：「政治既一樣可於社會有益，無禁止會員從事政治活動之理。且政治活動好多地方與社會活動難分，所以應容許會員為政治活動。」[68]邰爽秋則認為：「有人怕會員入政界便會為惡，但會員為惡，本不定要入政治界，各界都是一樣。所以我以為會員的政治活動只問正當與否，不能遇事受學會監督。」[69]

惲代英此時又流露出信仰共產思想的味道來了，他說：「老說受幹部指揮，必須有列寧一類人，做執行部主任，怕事實不能做到。政治活動，應受容許。革命後更應容許會員為政治活動。」[70]後來問題討論又集中到應否加入舊政界這上面，鄧中夏認為加入舊政界有限制的必要。黃日葵則說：「入舊政界亦是可以容許的事。因必入舊政界，然後可以調查他的內容，以便求個切實改革方法。」[71]陳啟天則斷然反對，他說：「我絕對反對加入舊政界，因受舊政界同化而壞的，不一其例了。說加入舊政界以去調查，猶從前人說入妓院以去調查下等社會一樣的話。」[72]

---

67 同上註。
68 同上註。
69 同上註。
70 同上註。
71 同上註。
72 同上註。

高君宇則抱另一種態度說：「我贊成有使命的加入政界，不贊成無使命的加入。」[73]邰爽秋則站在純粹個人的角度思量，他說：「我以為凡願加入政界的，須自視可以改造與否，如他自以為有改造的把握，而他人不信，只可與以諷議監視。如必自信不誤，事敗只有請其出會。」[74]左舜生則說：「我對學會唯一的希望，只是望她成一革命的團體。革命後是否從事政治活動，可由各人自決，或取決全體。在今日無準備、無辦法，三五零星的加入舊政界，我絕對反對。」[75]

穆濟波則冷靜問道：「要解決這問題，須先決學會是否到了參與政治活動的時候？會員是否有參預政治活動的能力？」[76]王克仁則針對他的問題回答說：「若必待有很好的政治，然後加入政界，真不知俟至何日，我以為加入政界是各人的自由。」[77]方東美就理論和事實兩方面發表意見，他說：「就純理說，我亦不贊成對現政治全無反抗，故主張加入政界。但就事實說，舊政界內幕複雜，政治活動，局外人說什麼監視，實則只是空談。故我亦信舊政治除打破無二法。」[78]

討論的結果，認為直接加入現在政界者為狹義的政治活動；不僅加入現政界，凡打破現在政治組織從事革命者，亦為廣義的政治活動。最後以「社會活動」應包括廣義的政治活動，付之表決。贊成者有十九人，反對者僅有三人，陳淯因故未到，這問題至此算是告一段落。

---

[73] 同上註。
[74] 同上註。
[75] 同上註。
[76] 同上註。
[77] 同上註。
[78] 同上註。

南京年會「少中」內部所呈現的分化和鬥爭，由上述觀之，首先是圍繞在要不要確定共同信仰的主義，要不要從事政治活動展開的。這場鬥爭的實質，是要把學會改造成一個信仰馬克斯主義，從事政治革命的群眾團體，還是讓它成為一個只從事「社會活動」的純組織團體。易言之，是要革命，還是要改良。學會中的這場爭論，是馬克斯主義傳入中國後，與改良主義進行論戰的組成部分，是社會上無產階級與資產階級之間思想鬥爭在學會的反映。這場爭論從學會的籌備期間即已開始，持續了將近四年，到民國10年7月學會召開南京年會前後，雙方鬥爭得更為激烈，不僅是會員間思想的紛歧，而且已經發展成為馬克斯主義革命路線與資產階級改良主義路線之間的對立和鬥爭。[79]

分裂之爭執

民國10年以後，「少中」會員因參加政治活動問題涉及學會宗旨解釋問題，而有社會活動應包含政治活動與不包含政治活動之爭。11年後，政團的分野漸顯，學會會員有因自己參加政見相反之政團，而各思以其主張融合學會。[80]因此學會中顯然已分成兩派，這兩派的政見和主張雖有不同，但平心而論，其圖謀改造中國根本思想與社會結構之目的則一。[81]當時左右兩翼的爭執，仍是延續著南京大會所未了的主義宗旨與政治活動之爭。由於雙方僵持不下，

---

79 同註6，頁120。

80 舒新城，〈哭王光祈兄〉，《王光祈先生紀念冊》，沈雲龍主編，近代中國史料叢刊第19輯（台北：文海出版社），頁45。

81 周謙沖，〈王光祈與現代中國文藝復興運動〉，《王光祈先生紀念冊》，同上註，頁69。

另一部分中間派的會員，為了避免學會分裂，保持學會兼容並包的局面，乃紛紛提出他們的看法，希望大家冷靜，從長計議，以求一個完整的解決之道。

（一）主義宗旨問題之探討

針對南京大會上的主義問題，此時遠在歐洲的學會主要發起人王光祈，仍一本其民國 8 年的主張，他對主義宗旨的見解是：「我們學會會員對於各種主義的態度極不一致，而且各會員對於他們自己所信仰的主義非常堅決，非常澈底，這是有目共睹的。但是我們有一個共同的趨向，就是承認現在中國人的思想行為，無論在什麼主義之下都是不成功的。若要現在的中國人能有應用各種主義的能力，必先使中國人的思想習慣非常徹底的改革一番不可，非經過一番預備工夫不可。少年中國學會的目的，就是努力從事這種預備工夫。……我不是反對鼓吹主義，我是反對專鼓吹主義而不同時設法訓練，……少年中國學會的任務，便是從事各種主義共同必需的預備工夫。」[82]

由這篇擲地有聲，義正詞嚴的文章看來，王光祈的想法和胡適一樣，穩紮穩打，「多談問題，少談主義」。[83]他早已看出與其高喊美麗的口號，倒不如腳踏實地的去幹，他不是不要主義，也並非說主義不好，而是覺得中國人此時還沒有實行主義的能力，要談主義，先把中國人管好、教好、訓練好再說。王光祈穩健的想法，對當時那些高喊主義而乏行動的人，無疑是有暮鼓晨鐘之效。因此，

---

[82] 王光祈，〈少年中國學會之精神及其進行計劃〉，《少年中國月刊》1 卷 6 期（民國 8 年 12 月 15 日），頁 1-9。

[83] 胡適，〈介紹我自己的思想〉，《胡適文存》第四集（台北：春風研究社，出版日期不詳），頁 610。

王光祈堅持保有學會兼容並蓄的原狀，為創造少年中國和確定主義作預備工夫。是故，對南京大會的主義之爭，他做了如下具體的聲明：

「我們會員中當初尚有少數信仰狹義國家主義的，現在多已改向新潮流的方面了，但是從前相信社會主義，無政府主義的，現在又多入於懷疑了，這是我們相信真理不固執成見的確證，在這種彼此共同懷疑的時代，很可產生一種較好的主義或較宜於中國的主義。因此之故，我甚反對現在學會標出一種主義之虛名。」[84]他接著強調「學會不標某種主義之籠統名稱，而對於將來之政治組織、經濟組織、社會組織及其進行步驟運動方法，皆加以極具體之描寫。如果此種具體描寫之組織及方法已為同人所贊成，將來即以此種組織及方法作為本會對於某項事業進行之方針，換言之即本會主義。」[85]

王光祈的這些提議，都是秉持他對學會的一貫原則，可是形勢比人強，在主義高唱雲霄之際，他的見解終究孤掌難鳴。儘管如此，學會中附和王光祈看法的亦有其人，巴黎同人便是一例。早在南京大會開會前，巴黎同人即已來函表示了他們的看法，由於其在法國的關係，且又與王光祈聯絡有其地利之便，故意見頗為類似。「對於學會標明主義一層，巴黎同人皆視為非必要，因此時定一主義在事實上既甚困難，且與吾會作預備工夫之精神相反，吾人固以為無論何種主義制度，皆非有充分之預備不可。」[86]

張尚齡以為：「規定主義有兩難，（1）新陳不繼；（2）種類複雜，而且舊主義既已破產，新主義又尚未產生，此時而言規定主

[84] 同註 3，頁 54。
[85] 王光祈對南京大會之提議，同註 46。
[86] 同註 46。

義，究竟規定啥呢？」[87]李璜亦認為，確定主義應留意中國的空間（中國社會）和時間（與資本權力衝突），故主張慎重。他接著引用法國社會主義者蒲魯東在巴黎實行他的主義失敗時所說的話說：「從今以後，沒有一種改革能夠是盛行的，如果一種改良的公民教育還不能變成為他的後盾。」因此李璜主張，我們應該按住情感退一步設想，在鼓吹主義、實行主義之前，我們應該有許多預備的工夫。我們這一輩人員的預備責任比鼓吹主義的責任來的更重要。

所以他希望我們至少要做到兩點預備的工夫，一是使中國的多數人民能有適合改革的能力；二是使中國的改革能與世界的改革為一致的進行，而在此時，中國尚未具備如上的兩點條件。因之，他贊成少談主義，多做一些實際的準備工作。[88]在這點上，李璜和王光祈的觀點，可謂不謀而同。

此外，另一會員鄭伯奇則以為，此次南京大會論爭的要點，不在主義而在實現主義之手段。換言之，就是為達到創造少年中國的目的，我們應該如何去實行我們所奉行的主義呢？這點大家很不一致。[89]但是鄭伯奇最後的意見仍是以社會主義為唯一手段，這點似有武斷之嫌。邰爽秋則以學會「學」的觀點立論，他說：「本會各會員所抱的主義非常複雜，彼此爭執必不相讓，徒然鬧得四分五裂，不如不標共同主義之為妙。後來我個人又覺得沒有結合的共同事業，精神上終久不能滿足，因此寫了一封信給全體同志，提倡不以主義為結合的要素，而以『學』為結合的要素。」[90]

---

[87] 張夢九，〈主義問題與活動問題〉，《少年中國月刊》3 卷 8 期（民國 11 年 3 月 1 日）。

[88] 李璜，〈破壞與建設及其預備工夫〉，《少年中國月刊》3 卷 8 期（民國 11 年 3 月 1 日）。

[89] 同註 46。

[90] 同上註。

總之，南京大會之後，宗旨與主義問題，始終困擾著「少中」，「少中」也因此一紛爭無法解決，而逐漸走向分裂瓦解的命運。[91]

（二）政治活動與社會活動之爭

「少中」的發起，原本係基於抗日的愛國情緒，而欲集結有志青年，為根本救國之圖，故其宗旨的最後目標在「創造少年中國」。因此「少中」並非單純的學術團體，而略帶有政治的色彩在裡頭。且「少中」怕同人既熱心於社會活動，則社會活動如果真做起來，與政治活動的關係也是分不開的。但是「少中」會友們既沒有地盤如張謇（季直）的南通，而欲在政治秩序不安定、地方勢力打不通之下，去實現「小組織」的新生活，則真是書生之見，理想主義者而已。故實行「工讀互助」不成功之後，「少中」便發生了政治活動與社會活動之爭。其時正值中國共產黨成立的前夕，會友李大釗已接近第三國際代表，且在「少中」會友間從事宣傳共產主義，成立「社會主義研究會」，會友毛澤東、鄧中夏、黃日葵、高君宇、劉仁靜等皆參加之，由是「少中」對於政治活動與社會活動的爭辯乃日益激烈。[92]

在「少中」思想分化的過程中，王光祈始終不贊成以任何政治活動為創造「少年中國」的方法，他之所以一再堅持社會活動，可由他的一段痛心話整個看出：「吾人不能再以畢生百分之九十九之光陰，為爭奪政權而謀改革中國之用；吾人須從今日起，即以畢生精力投之於社會事業。若思想不革新、物質不發達、社會不改造、平民不崛起，所有一切其他政治改革，皆是虛想！」[93]

---

[91] 同註 3，頁 146。

[92] 同上註，頁 148-149。

[93] 王光祈，〈政治活動與社會活動〉，《少年中國月刊》3 卷 8 期（民國 11

所以在〈社會的政治改革與社會的社會改革〉一文裡，他說：「脫爾斯泰者，則吾只有歌之、詠之，以表其崇拜信仰熱忱，奉為吾黨社會活動惟一無二之良師也。」[94]他又說：「今日列寧之所以有此政治改革成績者，皆脫爾斯泰昔日社會活動之力也。吾中國今日青年中，以列寧自負者，吾屢聞其人矣，而以脫爾斯泰自命者，則吾未之聞也，吾黨之責其在斯乎？」[95]從這裡我們可以清楚的看到，王光祈像脫爾斯泰一樣，是個熱烈的人道主義者，他所期待於「少中」的，也是負起這個責任。他對那些熱衷政治活動，喜歡高喊主義口號的人，報以諷刺的說：「現在吾輩之信仰主義，自謂不敢後於他人，若欲舖張門面，何妨亦效其他團體，寫上某某主義幾個大字，然而國內標明主義之團體雖多，而吾至今未見熱烈宣揚之舉，吾更未聞手槍炸彈之聲也，如此於主義何益？於國民生活又何益？」[96]

在當時黑暗的軍閥時代，他是希望「少中」發揮脫爾斯泰精神的，他不願「少中」介入現實政治，而寧可「發展社會事業」，要不然則需「聞手槍炸彈之聲」，否則一切都是空談罷了。因此，他對那些強調政治活動者，再加以剴切的陳述，比較其得失利害。他說：「今之從事政治活動者，大抵皆主張『政治改革』。換言之，即以政治手段改革政治，政治一旦改革，則其志願畢矣。其較為思深慮遠者，則主張『政治的社會改革』。換言之，即以政治手段改革社會，社會一旦改革，前其目的達矣。」[97]

年 3 月 1 日）。

94 王光祈，〈社會的政治改革與社會的社會改革〉，《少年中國運動》(上海：中華書局出版，民國 13 年 6 月出版），頁 148。

95 同上註。

96 同註 93。

97 同註 94，頁 121。

王光祈批評前者眼光短小，不足有為；後者方法錯誤，不足有成，皆為吾輩所不取。他所承認的是「社會的政治改革」，即以社會的勢力促進政治。他所從事的，則為「社會的社會改革」，即以社會的自力促進社會。基於上述理由，他明確的表明其主張有二：（1）就政治改革論，則為「社會的政治改革」，而反對「政治的政治改革」；（2）就社會改革論，則為「社會的社會改革」，而反對「政治的社會改革」。為證明其說起見，他還舉了中外的一些例子以為註腳。他以為知第一義者，在今日之在野人物有二人，一為黃炎培；二為胡適；知之而不能守者，亦有二人，分別是梁啟超和汪兆銘。至於知第二義者，他說其求之鄰國者亦有四例，一為創造帝國基礎的福澤諭吉和嘉納治五郎；另一則為樹立勞農根基的脫爾斯泰與俄國大學生。[98]

因此，他鼓勵國人及會友，對政治活動要步步為營，慢慢來，他幽默的比喻政治活動是一種「跳」的運動，社會活動是一種「走」的運動。跳的運動固然可以引起國民暴跳一陣，但是一步也未前進，且跳來跳去終究未離原地，不能持久繼續的，因此與其暴跳一陣，倒不如腳踏實地的「走」，這「走」的運動，唯一的條件就是努力促進各種社會事業，使國民精神上、物質上都可得著一種安慰與滿足。[99]

由於他對社會活動的堅定信仰，所以其對南京大會上主張政治活動的份子不稍寬貸的說：「本會主張社會活動，反對政治活動，為本會精神之所在。今年大會時須加以極明確之規定，倘有違背此項精神者，即作為違背學會宗旨，請其出會。」[100]由此看來其態度

[98] 同上註，頁 135-136。

[99] 王光祈，〈社會活動的真義〉，《少年中國月刊》4 卷 10 期（民國 13 年 2 月 1 日）。

[100] 同註 85。

之執著於一般了。然而，儘管如此，學會裡頭的共產主義份子，仍希望通過「少中」來進行革命運動，以圖擴大馬克斯主義的影響，和積極從事政治鬥爭與群眾運動。[101]

民國 11 年，以李大釗為首的北京同人，提出了〈為革命的德莫克拉西〉提案，強調政治鬥爭是改革社會，挽救頹風的最好工具，他們譏諷王光祈等人欲以社會活動教育全體人民，待全體人民覺悟後再謀政治活動，推翻惡政府的想法，無異是緣木求魚，永不可能實現的幻想。[102]這時李璜在法國，他也看出了「少中」問題的關鍵所在，他寫信給左舜生說：「我們同志討論社會革命，未免太馬克斯派一點，太偏於經濟生活一方面了。我願意大家向思想上留意，不先從思想革命下手，政治和社會的革命都是不穩當的。」[103]

曾琦則以政治活動與社會活動得失之比較來立論，他臚列了十點結論以作為其堅持社會革命的佐證：（1）政治改革在從前雖有可能，而在今日實已絕望。（2）部分的政治改革雖較易於全體的政治改革，然亦必須與惡勢力為緣，成效不可豫期，而人格先有危險。（3）就大多數自好之青年而論，性質絕對不宜於政治活動。（4）社會活動為世界潮流之所趨，而在中國社會百廢待興之際，尤為時勢之所最需要。（5）抱政治改革之目的者，亦宜築基礎於社會事業；抱社會改革之目的者更當從事社會活動。（6）歷來政治改革之失敗，皆由社會進步之停滯。（7）由社會改良政治為自下而上，其勢順而易；以政治改良社會自上而下，其勢逆而難。（8）政治改革必須取得權位，因人成事；社會改革不必取得權位，亦可獨立創

---

[101] 同註 10，頁 2。

[102] 北京同人提案，〈為革命的德莫克拉西（民主主義）〉，〈少年中國學會消息〉，《少年中國月刊》3 卷 11 期（民國 11 年 6 月 1 日）。

[103] 李璜之意見，同註 46。

造。（9）政治活動宜就全體改革，社會活動可從部分著手。（10）政治活動害多而利少；社會活動有利而無弊。[104]

因此他希望，「少中」同人應該從事社會事業，絕對不為政治活動，不利用已成勢力，不依賴過去人物。他並列舉在中國以從事政治活動而失敗的人物，如康有為、章炳麟、梁啟超、汪兆銘等人為例，證明其四人之失敗並非力有未逮，乃因其實踐方法錯誤。因此成效反不及以社會活動而成功者，如嚴修、張謇、蔡元培、李煜瀛等人。[105]所以，曾琦的意見是與王光祈互為表裡的。他自認為「苟非多數之平民覺悟，起而再演一次流血大革命，吾未見政治上有和平改革之可能也。」[106]所以對於南京大會的決議，他奇怪的問道：「今也本會成立未及三載，忽焉變更斯旨，舉團體之根本信條而打銷之，吾誠不解主張者用意何在？」[107]

我們今天檢討此段史實，當然可以明白，那是共產黨別有用心的欲利用「少中」為其共產黨的外圍組織，甚且更進一步想將「少中」變成共產黨。由於他們是秘密的活動，難怪曾琦要有「吾誠不解主張者用意何在」之嘆了。共產黨雖在「少中」興風作浪，但畢竟大多數的會員並不為其所惑，在政治活動與社會活動之爭時，絕大多數「少中」裡頭的穩健份子，仍支持「少中」原先既定的宗旨。

如「少中」創始者之一的周無在〈學會的四種特性〉文中，開宗明義就指出，不為政治活動，注重個人道德，從事社會事業，努力思想學術四點，是「少中」既定且不變的特性。他進而指出：「我

---

104 曾琦，〈政治運動之前車與社會活動之先導〉，《少年中國月刊》3卷8期（民國11年3月1日）。
105 同上註。
106 同註3，頁180。
107 同上註。

們決不肯、不敢存凡中國現在或將來重要必須的事都由我們包辦，所以即使政治活動竟確是重要必需，我們也不必將他劃在我們範圍內，同其他誠意的特宜於政治活動的人都走在一條路上。」[108]這是非常開明的見解。

誠然，誰也沒有能力包辦任何事的，愛國是每一個人的權利和義務，而不是少數人的特權，大家都有能力貢獻一己之得，從事社會活動的，固然不必把政治活動劃到他的圈內；相對的，政治也應尊重多數人的社會活動，而不是壓在每一個人的頭上，這是民主政治的第一要義，否則一切高談主義都是口號，空談罷了。

另一「少中」創始人張尚齡也以為：「從現在中國的環境看，從過去中國的效果，無論就那方看來，政治活動都是今日我輩青年，不必為、不能為、不可為、不應為、不許為的活動……何以故？因為政治活動本是狡猾官僚的亡國長技，塌冗官僚的謀生護符故；因為改造中國政治，並無政治活動的必要故，因為現在青年就加入政治活動，也不足以改造中國政治故？」[109]所以他鼓勵青年從事社會活動，最起碼尚可做到「國無廢人；人無廢事」兩點積極的影響。可是腐敗的政局，情勢的推移，使得理想的幻滅，在現實主義抬頭之際，一切的理想均已置諸腦後。南京大會後，鄧中夏因信仰共產主義而擬在「少中」成立「社會主義研究會」。[110]

張崧年因堅持無產階級社會主義，要求絕對信奉共產主義而自請退會。[111]惲代英則希望學會成為波歇維式的團體。[112]他要同志不

[108] 周太玄，〈學會的四種特性〉，《少年中國月刊》3卷8期（民國11年3月1日）。

[109] 張夢九，〈主義問題與活動問題〉，《少年中國月刊》3卷8期（民國11年3月1日）。

[110] 〈少年中國學會消息〉，《少年中國月刊》3卷6期（民國11年1月1日）。

[111] 張崧年退會令，其理由為：「我的根本主張是廢國滅產，絕婚姻。感受資本制度的惡果，痛恨幾於不可終日，對於社會主義，自然要絕對信奉。共產

要去做那些無實效的慈善家、教育家，而要去做那些為聯合群眾革命運動的鬥士。[113]這一切都說明了政治形勢和會員思想的兩極化，已到積不相容的地步。學會的發展和分裂過程，清楚地表現了「五四」時期，中國知識份子所走的不同道路。[114]

分裂與瓦解

（一）歷屆年會之爭

從民國 8 年的「五四」運動，到 14 年的「五卅慘案」發生，這六年是中國政治醞釀的轉變時期。此六年中，共產黨、青年黨分別成立、國民黨的改組，帝國主義的侵略，使得「少中」欲想在此大時代中堅持原則更為不易。因而自南京大會後，每一屆的年會，其中心議題都是延續著南京年會的餘波，爭執辯論不已。民國 11 年

主義是社會的精華，對於共產主義更要絕對的信奉。……吾現在很覺得，對於少年中國學會，有許多地方，不能同意。吾不是不本科學的精神，吾不是不為社會的活動。自然以生地的關係，吾也很想創造一個少年的地方，叫做少年中國。只是吾想創造的少年中國，絕不是泛泛的少年中國，絕不是像少年意大利一類的少年中國。吾想創造的少年中國，乃是無產階級的少年中國，乃是有充分的少年精神（進取、切實求是、赤裸裸、隨順自然、活潑潑地無絲毫之束縛）的，以勞農為主的少年中國。不把這形容詞擷要標出來，吾以萬分不能忍受。如再說『所謂少年中國，決不是社會主義的少年中國』，吾更萬萬分不能忍受。」《新青年》9 卷 6 號（民國 11 年 9 月 20 日）（東京：大安株式會社影印本，1962 年）。

[112] 惲代英致鍾健，「我私意近來並很望學會為波歇維式的團體，這是年會後思想的大改變，總之，我意學會非破裂不可。我在南京態度和緩，其實是已失望，不得已而求其次的表示。其次又不可得，終於令我想到破裂以達到最高的希望。」《少年中國學會會員通訊錄》第 1 期。

[113] 惲代英，〈為少年中國學會同人進一解〉，《少年中國月刊》3 卷 11 期（民國 11 年 6 月 1 日）。

[114] 同註 28，頁 236。

夏，「少中」在杭州召開年會，出席會員雖僅十人，但因共產黨人楊賢江、高君宇等主張「少中」宜注重政治活動，引起爭論甚烈。這種辯論，表面上雖是政治活動與社會活動之爭，實際上卻是共產與反共產之爭的前奏。[115]

共產黨既在「少中」會內展開政治活動，於是部份非共產黨的「少中」會友，漸次警覺到共產運動的禍害，宜即早預防。為未雨綢繆計，便提出國家主義與之對抗。因此，「少中」會內社會活動與政治活動之爭，遂於民國 12 年起，轉變為國家主義與共產主義之爭。[116]這一鬥爭使「少中」左右兩派的意識形態起了根本的變化。就內容言：以前主要是爭論學會要不要確定主義、要不要從事政治活動；以後則主要是共產主義同國家主義的論戰了。就性質講：以前如果說是屬於革命與改良兩條路線之爭的話，那麼以後就成了革命與反革命的敵對鬥爭了。[117]

此後，「少中」的會務雖仍繼續進行，但演變越來越激烈。民國 12、3 年，以社會活動為職志的「少中」，終於正式分化成兩種對立的政治活動。民國 14 年 7 月 17 日至 20 日，「少中」又在南京召開第五次年會，出席的會員只有十八人，但共產黨、青年黨、超然於黨派之外的中堅份子都到了，討論數天，無法解決問題。另一些無所偏袒的會員，深深憂慮團體破裂至無可收拾，於是黃仲蘇提出緊急動議，開始停止介紹新會員，並設立改組委員會，選出舒新城、李儒勉、金海觀、曹芻及黃仲蘇等五人為改組委員會委員，負責辦理調查和改組事宜。

---

[115] 赤松子（張夢九），《人海滄桑六十年》（台北：五洲出版社，民國 60 年 10 月初版），頁 29。

[116] 同註 18，頁 137。

[117] 同註 6，頁 135。

民國15年春，調查期限已滿，改組委員會於3月某日在南京網巾市第6號開會審查各項檔卷，紀錄如下：（1）自14年7月21日起至同年 29 日止，陸續分別掛號由郵政局寄出至國內外各地會員調查表格正副兩張，共計一百零二份，時會員死亡及自請退會者已有六人。（2）因國內外會員住址更改，無法投遞，而陸續退回之調查表格計四十九份。（3）確已收到表格而逾期未填報者計十九人。（4）確已收到表格而來函說明不願填報者計一人。（5）填具表格寄回審查者計三十三人。

三十三份表格的不同意見如下：（1）對於目前內憂外患交迫的中國究抱何種主義？信仰三民主義者吳保豐等三人。共產主義者毛澤東等五人。國家主義者曾琦等十二人。其他如少年中國主義、新國家主義、民族主義、大同主義者王光祈等十三人。（2）對於少年中國學會會務之改進究抱何種態度？①主張凡屬信仰某種主義，組織政黨，或已加入某種集團，實際參加政治活動之會員皆應自請退出，俾少年中國學會得保持原有宗旨，成為一純粹研究學會之組織。簡言之，主張少年中國學會應保持為無黨派會員之集團者，計宗白華等十七人。②表示對少年中國學會至為愛護，並希望大家目前勿談主義，仍當攜手合作，以準備救國工作者，計沈怡等七人。③提議將少年中國學會澈底澄清，改組成為某一種主義之集團者，計李璜等五人。④贊成將少年中國學會解散，以免為某一黨派所挾以自重者，計鄧中夏等三人。⑤確認少年中國學會是社會活動的團體，不能開除政治意見不同之會員，並提出具體方案，以改進會務者，僅有一人，此一人即王光祈。

改組委員會，為慎重起見，面對如此紛紜複雜的意見，乃決定暫不採取行動，僅將業已收到之調查表分別紀錄，留待下次年會再予討論。[118]由會員住址更改無從投遞者，計有四十九人之多，幾占全會員的一半，可見「少中」此時已失去以前的親密聯繫了。而《少年中國月刊》亦早於民國 13 年 5 月，印行至第 4 卷第 12 期後停刊，此後第 6 屆年會也始終未見召開，從此會務陷於停頓，形同解散了。

（二）國家主義與共產主義之爭

民國 12、3 年間，是中國政治史上一個關鍵時刻，帝國主義的侵略日亟，國內政局的混亂如故，隨著共產黨的成立，反共的青年黨亦於民國 12 年 12 月 2 日成立於巴黎[119]。這兩個一成立即敵對的政黨之成員，很諷刺；也是很遺憾的，都是原先「少中」的骨幹份子。屬於共產黨的有惲代英、楊賢江、沈澤民、鄧中夏、毛澤東、高君宇、黃日葵、張聞天、侯紹裘、趙世炎、劉仁靜、李大釗等人；屬於青年黨的有曾琦、左舜生、李璜、陳啟天、余家菊等人[120]。

由於均是屬於兩黨的領袖菁英，且又都是各持己見，各行其是的知識份子，使得分裂後的「少中」，鬥爭得更白熱化了。這期間不僅是國家主義與共產主義之爭，且是共產黨與青年黨的暗中較勁。當時兩派鬥爭之激烈，可由方東美、吳俊升、左舜生、陳啟天諸人的回憶可見一斑。方東美回憶其時的情形說：「民國十三年冬，李幼椿及余各乘武昌師大寒假之便赴滬訪舜生，一日，舜生約集少中同人在滬者於其寓，意在協商如何重振少年中國學會之旗鼓。孰料醒獅與猛虎相值，初時尚作客氣姿態。辯論政策問題，隨

---

[118] 同註 31，頁 141-142。

[119] 中國青年黨中央宣傳組輯印，《中國青年黨黨史．政綱》（台北：中國青年黨中央黨部發行，民國 74 年 6 月出版），頁 13-17。

[120] 李璜，《學鈍室回憶錄》，沈雲龍主編，《中青黨史資料叢刊》(8)（台北：中國青年黨黨史委員會印行，民國 74 年 10 月出版），頁 23-24。

即野性發作，各自張牙舞爪，直欲攫取對方皮肉骨髓吞噬之以為快。」[121]

是日兩派參加者，共產主義派的有惲代英、張聞天、沈澤民、楊賢江諸人，國家主義派則有曾琦、李璜、陳啟天、張尚齡等人。兩派爭至激烈時，方東美說：「拳不停揮、口沫四濺，各以殺頭相威脅，當時如有手槍，恐已血流成河矣。」[122]身為當天會議主人的左舜生也於事後回憶道：「雙方辯論一整天而無結果，深夜臨別時共產黨人鄧中夏在門外向我握手說：『好，舜生，我們以後在疆場相見吧！』。」[123]由此可見，共產主義派敵視國家主義派之深，已完全不顧「少中」情誼，為達目的，不擇手段的猙獰面目也展現無遺。

關於這一點，共產黨自己亦不諱言，惲代英曾致函柳亞子說到：「少年中國學會開會時，醒獅派諸君用種種方法貫徹彼等之目的……我輩不過姑與相持，能拉若干份子過來，便拉若干過來也。」[124]競爭之激烈，不言可喻。又在《回憶惲代英》一書中，共產黨人更大言不慚的吹噓說：「當時國家主義派和我們爭奪青年，在上海、南京一帶活動很厲害，我們和他們的鬥爭非常激烈，我們作了大量準備。凡是曾琦、李璜、余家菊、左舜生常去活動的地方，我們也在那裏作好布置，和他們唱對台戲。他們的人一講完，我們就立即有人接上去講，針鋒相對，逐條批駁。」[125]

---

[121] 同註 20，頁 45。

[122] 同上註。

[123] 左舜生，《近卅年見聞雜記》，沈雲龍主編，《中青黨史資料叢刊》(6)（台北：中國青年黨黨史委員會印行，民國 73 年 7 月出版），頁 13。

[124] 〈惲代英致柳亞子函〉，同註 10，頁 534-535。

[125] 陽翰笙，〈照耀我革命征途的第一盞明燈〉，《回憶惲代英》（北京：人民出版社，1982 年），頁 19。

當時兩派的分歧點大概有三，一是國家主義以國家為前提，共產主義以階級為前提；二是國家主義主張物心並重，共產主義主張唯物史觀；三是國家主義主張本國政治革命，共產主義主張世界經濟革命。[126]國家主義者批評共產黨受蘇俄及第三國際的指揮，不是純粹的中國政黨，其加入國民黨，是陰謀赤化國民黨，有違政黨道德，更何況馬克斯的理論，共產主義須在工業發達後的國家始能實行，而中國工業尚未發達，顯然沒有具備實行共產的前提條件。[127]

共產主義派則指責國家主義者為反動、反革命的小資產階級份子，惡意的污蔑社會主義，醜化共產黨，反對中國人民反帝、反封建的革命鬥爭。[128]由於雙方立場的南轅北轍，兩黨的勢同水火，遂使原先為親密的會友，如今成勢不兩立的政敵，再也無集合的可能。[129]學會的命運，也因共產與反共產之爭的不能調和，而走上了分裂的結局。[130]

這種結局不僅使「少中」瓦解崩潰，而且更種下了往後三十年來，中國政治演變的基本軌跡，直到現在，這種意識形態還在繼續發展著。[131]從民國 7 年 6 月 30 日，北京嶽雲別墅的七人聚會，至 14 年 7 月 20 日，十八人出席的南京第五屆年會止，「少中」的壽命，共計七年又十天。經歷了輝煌的「五四」時代，目睹山雨欲來

---

[126] 陳啟天，〈國家主義與共產主義的分歧點〉，《國家主義論叢》第一集（台北：冬青出版社，民國 62 年 12 月出版），頁 171-176。

[127] 同註 18，頁 139。

[128] 同註 10，頁 495。

[129] 吳俊升，〈教育生涯一周甲〉，《傳記文學》27 卷 2 期（民國 64 年 8 月），頁 46-47。

[130] 余家菊，《余家菊回憶錄》，沈雲龍主編，《中青黨史資料叢刊》（10）（台北：中國青年黨黨史委員會印行，民國 75 年 7 月出版），頁 21。

[131] 張葆恩，〈關於「少年中國學會」〉，《人與人生外篇》（香港：海天文化服務社出版，1962 年 3 月），頁 105-107。

的緊張情勢，共產黨、青年黨的誕生，以及國民黨的改組，軍閥統治的時期，逐漸面臨尾聲了，但從此中國也走進了更艱苦、更激烈、更坎坷的遙遠長途。學會的分化顯示了一幅悲劇性的歷史圖像，象徵「五四」時代的趨於結束，「少中」是那個風風雨雨的時代見證！但是理想中的「少年中國」，到那天才能實現呢？[132]

分裂之意義

（一）理想與現實的衝突

「少中」的成立，早期凝結的因素，無疑是以理想主義為結合的基線，當時會員之間，雖亦有主義思想的不同，但在創造「少年中國」的前提下，這些差異的觀點暫時擺在一邊。誠如王光祈所說的：「戰後世界潮流是變遷最烈的，因之青年思想不是一種變遷銳進的，故本會會員有偏重國家主義的、有偏重世界主義的、亦有偏重安那奇主義的，是不能一致的，亦不能強同的，惟本會既形成一個團體，大體上是完全相同的。譬如本會宗旨……根本既完全相同，所謂主義者不過末節而已。」[133]

可是當時這股「振作少年精神、研究真實學問、發展社會事業、轉移末世風俗。」[134]的熱情隨著時勢的推移而遞減時，理想與現實衝突的矛盾立刻顯現出來。民國 10 年的南京大會，當時有人提出「要加入政界，才能改造政界」的主張時，[135]「少中」的分裂

[132] 同註 3，頁 198-200。
[133] 王光祈，《少年中國學會會務報告》第 1 期。
[134] 〈本會通告〉，《少年中國月刊》1 卷 1 期（民國 8 年 7 月 15 日）。
[135] 邰爽秋，〈少年中國學會問題〉，《少年中國月刊》2 卷 7 期（民國 10 年 1

亦正式開始，其後當現實逐漸浮現的時候，純理想便相對地逐漸隱逝，而主要由現實出發的各種主張或主義，也開始取代了原始理想的位置，寖假而將原始的理想完全逐出思考的領域，或者對原始的理想提出根本的質疑。此時，理想的火燄既已熄滅，現實的疏離又自難避免，理想與現實之間，既已發生了正面的衝突，尤其是現實的考慮已凌駕理想的契合後，則一切的彌縫與挽救，往往均屬徒勞。「少中」的離合多少反映了「五四」的盛衰。「少中」的動向多少透示了「五四」的功過，而「少中」在理想與現實的衝突下掙扎追求，乃至分裂解體的情形，也多少可以呈現出「五四」時代知識份子共同遭遇的悲劇命運。[136]

赫佛爾在《真實信徒》一書中曾說：「群眾運動到了行動人物的手中，就變成了野心家追求自我表現的工具，對於專力營求個人事業的人而言，這種運動實具有強烈的吸引力，於是，十分明白地，此時運動的性質將有急劇的改變，它甚至會與現實取得妥協。」[137]「少中」的崩潰解體，正是說明了這種群眾運動的悲劇收場。

（二）知識份子的悲劇心態

近代中國知識份子，對現實政治和社會所採取的態度，不外是抗議（protest）離心（alienation）和退隱（withdrawal）三種。當他們不滿現實時，則抗議要求改革；抗議不遂，則產生離心，進而獨樹一幟，從事理想的政治社會運動。如果抗議與離心運動均不獲實現，往往頓萌退隱之念，走向逃避的路上去。「少中」的成立，其

月 15 日）。

[136] 同註 34，頁 219。

[137] Eric Hoffer，“The True Believer” (New York, Harper & Row, 1957) p.244。

創始人均屬抗議的一型，他們辦雜誌，對社會某些不合理的現狀，有所針砭建白。

但是他們後來漸漸發現抗議一途緩不濟急，是行不通的，這才逐漸走向離心的道路，於是而有共產主義派與國家主義派的醞釀，以及後來的分道揚鑣。[138]這分裂的出現，一方面告訴我們，理想主義是用來激起多數人的熱情，由於熱情，運動方可蓬勃展開，但是到了後期，現實主義的行動人物出現，就變成野心家表現的時候了[139]。另一方面則無形中示意我們，中國知識份子群是有力量改造社會的！但由於中國知識份子長期地被壓抑和散漫，缺少持久性的奮鬥精神；再因舊社會的根基太深太厚，積習不容易因幾次運動而根本改變。於是，知識份子常因此而陷於消極或憤懣。消極者流入個人主義，或求獨善其身、或慨慨而自求痲醉！憤懣者流於偏激，趨向共產主義。[140]

這種知識份子的悲劇意識，就是殷海光所謂的「文化份子的性格分裂」。殷海光說：「文化份子的性格一分裂，觀念的變化會愈來愈快，觀念的變化愈來愈快，心靈的失落可能愈來愈厲害。這時，重新調整性格並且整合生活方式也愈來愈困難；但也愈來愈重要。我們試看中國文化在這一段轉形期所經歷的調整性格之痛苦，以及為求思想出路所受苦悶與掙扎，就可明瞭這類實情。在這種情形裏，大家的心靈毫無防禦地暴露在各種各色的『主義』說詞之下，很少知識份子不是『狂想曲』的俘虜，而『革命去』則是自我徬徨的崇高解救。」[141]「少中」的分裂，不僅可以具體地、生動地，見

---

[138] 同註 3，頁 45-46

[139] 李玉瑛，〈評介《五四研究論文集》〉，張玉法編，《中國現代史論集》第六輯——五四運動（台北，聯經版，民國 70 年 12 月初版），頁 47。

[140] 馬彬，《轉形期的知識份子》（出版地點年月不詳），頁 104。

[141] 殷海光，《中國文化的展望》（上）（台北，龍泉書局，出版年月不詳），頁 63。

到「五四」以來中國青年思想的複雜性、矛盾性。[142]同時也標示了「五四」時代中國知識份子受各種新思想、新潮流影響下，那股蒼涼的悲劇心態。[143]

（三）領袖群之分析

由於中國傳統「非會社」基礎結構的強固，由於泛政治主義慣性力的支配，由於本身教育背景中專業訓練的薄弱，加上該一時期軍閥割據、列強交侵，政治環境與社會秩序又極端混亂，學會領袖群想推展專業化運動，實缺乏有利的主觀與客觀條件。一旦受到外來思潮的猛烈衝擊，專業化的組合便呈支離的現象，學會分化亦發端於此。

是故，在時代的大轉形期，新舊中西的文化因素紛然雜存，同時交互發生作用，學會領袖群身處其間，最不易確立共同的認同（identity）。他們往往為動亂的時勢所驅迫，從非專業的道路上，去尋求生存的意義與價值。抱持某種絕對的教條，參加狂熱的、盲目的群眾運動；同時在組織上、手段上，把學會變成一種強制的機關，失去了自由結合的意義，漸趨於政黨的形成，感染上濃厚的政治色彩，導致了酷烈的黨爭局面。[144]

（四）政黨政治發展的縮影

「少中」的分化過程，也足以提供政黨政治發展的縮影。此一學會的會員，從民國 13 年以後，因為國內政治社會的急劇變化，

[142] 宗白華，〈少年中國學會回憶點滴〉，同註 10，頁 555。
[143] 同註 3，頁 48。
[144] 同註 1，頁 120-121。

分化成若干派別：國民黨、青年黨、共產黨、新中國黨。[145]另一部分則在學術及教育界專心研究，超然於黨派之外。[146]但從思想的基本型態看來，僅有三種勢力：共產主義派是「激進的」（radical）、國家主義派是「保守的」（conservative），超然於黨派之外的王光祈與國民黨中的周佛海等人則屬「自由的」（liberal）中間勢力。

當一個社會面臨新舊思想勢力尖銳對立，將急劇變化的時候，全賴有一中間勢力折衝緩和其間，把保守勢力的進步成分加以吸引，將激進的溫和份子加以安撫，使兩者均不致各走極端，而成為保守與激進間的中流砥柱，則民主政治的發展才有穩固的基礎。「少中」在思想分裂過程中，中間勢力的自由派，似未發揮左提右挈的協調功能，遂使激進、保守各趨極端，而終至分裂。[147]

---

[145] 曾琦，〈旅歐日記〉，《曾慕韓（琦）先生日記選》，沈雲龍編，《近代中國史料叢刊》第 2 輯，（台北，文海出版社），頁 59。
[146] 如王光祈、魏時珍、宗白華、楊鍾健、周太玄等人。
[147] 同註 1，頁 147。

第六章　少年中國學會與反宗教運動

前言

國史上，反宗教的活動，屢見不鮮，遠從北魏時代就有逼害宗教的事件發生，唐朝也有迫害佛教的事，佛家所謂的「三武之禍」即為顯例。[1]明朝宮廷內對天主教耶穌會的抗拒，前清年間所發生的儀禮之爭，晚清末年朝野的仇外政策，到民初中國知識份子大規模的反宗教運動；這一切均在在證明中國人對於舶來品的宗教缺乏好感。[2]這種反教的意識形態，西方的研究學者，常常將之歸因於中國歷來的反異端傳統。[3]而不深思是由於列強的侵略，引起中國知識份子的危機意識與反抗心理。[4]是宗教（尤指基督教）與傳統文化的衝突[5]；及其傳教方式的不當所緣起的排斥心態。[6]

---

1 指北魏太武帝、北周武帝及唐武宗三次排佛之事。見余又蓀，《中國通史綱要》（台北：商務版，民國 69 年 10 月），頁 421。

2 林榮洪，《風潮中奮起的中國教會》（香港：天道書樓出版，民國 69 年 5 月），頁 10。

3 指中國有一個維護正道反異端的傳統。見 Paul A.Cohen：China and Christianity, The Missionary Movement and Growth of Chinese Anti-foreignism 1860-1870（Cambridge,Mass 1963）。

4 呂實強，〈民初知識份子反基督教思想之分析〉，《中華民國建國史討論集》第二冊（民國 70 年 10 月），頁 114。

5 王文杰，〈緒言〉，《中國近世史上的教案》（福建：私立福建協和大學中國文化研究會出版，民國 36 年）。

6 李時岳，〈甲午戰爭前三十年間反洋教運動〉，《歷史研究》第 6 號（1958

民初的反教運動，在心理上仍沿襲著晚清的傳統。[7]但在思想上，則遠比晚清來得複雜得多；民初知識份子反教思想主要來源於西方。[8]其與清季最大的不同，在其範圍的擴大，幾乎包括了所有的宗教，甚至連儒家傳統也並列其中，而所據以批駁宗教的理論，包含了理想主義、國家主義、科學主義和馬克思主義、無政府主義。[9]這些理論均千篇一律的認為宗教全是迷信、阻止學術、妨礙科學發展、養成人的依賴性。[10]

所以對宗教都持以反對的態度，由於這些西洋新思潮的引進，使得新知識份子的反教運動，在理論上更增加了不少學理上的依據。[11]這種現象，早在民初便已開始，民初袁世凱擬將「儒教」、「孔教」作為中國的國教。[12]遂引起了宗教問題的討論，其後新文

年）。

7 呂實強在〈儒家傳統與反教〉文中說：「民初知識份子的反教言論實已算不得新鮮的事，早在清末中國士紳即已從儒家傳統，國家民族的利益作出發點，由華夷之辨、人禽之別及基督教本身的教理與教徒相互攻擊等方面進行反教運動。」見呂實強，《中國官紳反教的原因（1860-1874）》第一章（台北：中央研究院近代史研究所專刊——16，民國74年2月3版），頁12-53。

8 邵玉銘言：「二十世紀之反教，則除了繼續反對帝國主義這個因素以外，尚包括中國知識份子受了西方反宗教潮流的影響，尤其是五四運動前後，西方世界正因第一次世界大戰之殘酷現實而對所謂『基督教文明』發生懷疑，再加上理性主義、科學主義、馬克斯主義、無政府主義等等的流行，基督教在西方已呈挨打狀態，故中國知識份子在求新求變及趕上時髦等等心理上，亦展開了反教運動。」見魏外揚編，《宣教事業與近代中國》（台北：宇宙光出版社，民國67年），頁9。

9 呂實強，〈近代中國知識份子反基督教問題的檢討〉，林治平主編，《基督教入華百七十年紀念集》（台北：宇宙光出版社，民國66年12月2版），頁285。

10 張玉法，《中國現代史》（台北：東華版，民國75年11月7版），頁343-344。

11 呂芳上，〈朱執信與新文化運動〉，汪榮祖編，《五四研究論文集》（台北：聯經版，民國68年5月出版），頁352。

12 Chow Tse-tsung, “The Anti-Confucian Movement in Early Republican China” in the Confucian Persuasion, ed, A, F, Wright（Stanford：Stanford University Press

化時期，以西方的理論抨擊宗教已見端倪了；當時陳獨秀闡揚唯物主義[13]、胡適闡述實驗哲學[14]、錢玄同的懷疑思想[15]、蔡元培的美育代替宗教說[16]；再加上來華講學的杜威和羅素都持反宗教的態度，使得當時的知識青年對宗教大表懷疑。[17]

而此時巴黎和會的失敗，更加深刺激中國民族主義的高漲。[18]這一股氣勢磅礴的民族主義，是中國近代歷史發展的主流；也是近代歷史的一個重要特徵。葉嘉熾在〈宗教與中國民族主義〉一文曾說：

「中國近代民族主義的突起，可以說是中國知識份子對外國控制及支配中國命運的一個反動，而他們認為要使中國富強，唯有採取『現代化』一途。從同治中興的採取西方器物，到甲午戰後之推崇立憲或民主制度，新文化運動的思想改革和吸收西方文明，都是知識份子搜尋使中國『現代化』的嘗試。方法雖然不同，但都知識份子受民族主義思想衝擊下的覺醒的表現。」[19]

1960）PP.288-292。

13 陳獨秀，〈基督教與基督教會〉，《獨秀文存》卷一（上海：亞東圖書館，民國 23 年 3 月 10 版），頁 659-662。

14 胡適，〈介紹我自己的思想〉，《胡適文存》卷四（台北：春風研究社出版），頁 607-624。

15 錢秉雄、錢三強、錢德充，〈回憶我們的父親——錢玄同〉，《新文學史料》第 3 輯（1979 年 5 月）。

16 蔡元培，〈以美育代宗教說〉，張欽士編，《國內近十年來之宗教思潮》（北京：燕京華文學校出版，民國 16 年），頁 1-9。

17 周億孚，《基督教與中國》（香港：基督教輔僑出版社，1965 年 7 月初版），頁 1。

18 王治心說：「反宗教運動，其背景簡單的說；即新思潮的運動、與外交上的反應。」按：指北大自由學風，與巴黎和會的失敗。王治心，《中國基督教史綱》，沈雲龍主編，近代中國史料叢刊 635（台北：文海出版社），頁 257-275。

19 葉嘉熾著，李雲漢譯，〈宗教與中國民族主義：民初知識份子反教思想的學

誠然如此，二〇年代中國知識份子的反教運動，就是在這種對宗教存疑的內顯性，及外來環境刺激的外鑠下，雙管齊下而一併爆發，在這種時代背景的孕育下，首先扛起反宗教大纛的，就是「少中」。

「少中」的反教運動

二〇年代的反教運動，首次有組織、有規模的反教運動，就是由「少中」所發起。[20]「少中」是「五四」新文化運動時期的主要社團之一，該學會的宗旨是：「本科學之精神，為社會之活動，以創造少年中國」。[21]學會於民國 9 年 8 月間，北京的執行委員會通過了一項議案，決定接納法國巴黎分會李璜的提議，只准沒有任何宗教信仰的人加入為會員，而已有宗教信仰的會員即應開除會籍出會。[22]這個決定立即引起了會員間不少的爭執，形成了論戰，尤其是留學日本的劇作家田漢，堅決的反對執委會之決議，他認為宗教自由既載於國家憲法，為甚麼學會有此行動，且宗教信仰並不妨害社會的發展與文化的交流。[23]

田漢的見解，獲得了不少同情者的支持；儘管如此，但是強調反教者也不甘示弱，在李璜的領導下，民國10年2月，他們致函巴

理基礎〉，《中國現代史專題研究報告》第二輯（台北：中華民國史料研究中心編印，民國 71 年 6 月再版），頁 263-313。

20 周策縱，《五四運動史》(台北：龍田出版社，民國 69 年 5 月初版），頁 465-467。

21 少年中國學會編，《少年中國學會週年紀念冊》(上海：亞東圖書館，民國 9 年出版），頁 33。

22 張欽士編，《國內近十年來之宗教思潮》(北京：燕京華文學校出版，民國 16 年），頁 184。

23 田漢，〈少年中國與宗教問題〉，《少年中國》月刊 2 卷 8 期（民國 10 年 2 月 15 日），頁 57-61。

黎的大學教授，請教以下幾個問題：（1）人是否宗教的動物？（2）新舊宗教是否還有存在的價值？（3）新中國是否還要宗教？[24]教授們的答覆全部都是否定的，梭旁大學（Sorbonne）文科教授馬色爾·格蘭（Marcel, 1884～1940）指出，一個國家要成立宗教是一件矯揉造作的事，如果模仿別人的宗教，更是沒有好處。傳統中國社會並沒有濃厚的宗教意識，它的民族精神不是靠宗教教義或迷信傳統來維繫，而是基於道德原則和人際關係。

著名作家，中國史教授巴爾比斯（Henvi Bardusse, 1873～1935）也批評在中國的宣教工作對國家並沒有甚麼利益，它只不過是一種政治上和商業上奪取的工具。[25]名小說家、社會學及社會哲學教授克利斯汀·柏格（Celestin Bougle, 1870～1940）亦認為歐洲的宗教已不能再擔任傳播西方新思想或道德的角色，如果要救國，中國青年必須獨立自主，同時與國際間的新潮流聯合一致。[26]由於會員間彼此的態度堅決，雙方對宗教信仰的辯論更是你來我往，唇槍舌劍，喋喋不休，因此為了對宗教信仰問題有進一步的探討與了解，民國 9、10 年之交，「少中」在北京、南京等地，舉行有關宗教問題的演說集會。[27]他們邀請了許多中外知名學者發表演說，其後由《少年中國》月刊，將這些討論宗教問題演說與文章，彙輯成 3 冊專刊。[28]

---

24 李璜，〈法蘭西學者的通信〉，《少年中國》月刊 3 卷 1 期（民國 10 年 8 月 1 日），頁 37。

25 Tsi C.Wang “The Youth Movement in China”（New york：New Republic, Inc,1928,）PP.197-198。

26 同註 24。

27 郭正昭，〈王光祈與少年中國學會（1918～1936）〉，《中央研究院近代史研究所集刊》第 2 期（民國 60 年 6 月），頁 125。

28 楊翠華，〈非宗教教育與收回教育權運動〉（台北：政大史研所碩士論文，民國 67 年），頁 47。

茲將其內容列序於下，宗教問題號(上)：王星拱先生的講演、梁漱溟先生的講演、屠孝實先生的講演、李煜瀛先生的講演、羅素先生的講演（章廷謙筆記）、惲代英，〈我的宗教觀〉、田漢，〈少年中國與宗教問題〉（以上俱見《少年中國》月刊 2 卷 8 期）。[29]宗教問題號（中）：劉伯明，〈宗教哲學〉、周作人先生講演、陸志韋，〈宗教與科學〉、方東美，〈詹姆士底宗教哲學〉、劉國鈞，〈海甫定宗教經驗觀〉、李達譯，〈唯物史的宗教觀〉、雁冰，〈羅曼羅蘭的宗教觀〉、太朴，〈時代觀之宗教〉（以上俱見《少年中國》月刊 2 卷 11 期）。[30]宗教問題號（下）：周太玄，〈宗教與人類之將來〉、周太玄，〈宗教與中國之將來〉、李璜譯，〈法蘭西學者的通信〉、李璜譯，〈該當要一個宗教為平民麼〉、李璜，〈社會主義與宗教〉、李璜，〈社會學與宗教〉、李潤章，〈宗教與科學〉、周太玄，〈宗教與進化原理〉、李思純，〈宗教問題雜評〉、李思純，〈信仰與宗教〉、周太玄記，〈蔡孑民先生關於宗教問題之譚話〉、汪頌魯，〈我從未見過上帝〉（小說）（以上俱見《少年中國》月刊 3 卷 1 期）。[31]

以上二十七篇討論宗教的文字中，只有四篇是為宗教辯護，其餘二十三篇均是否定宗教的人生價值，田漢是個泛神論者[32]；梁漱溟、屠孝實、劉伯明、周作人等人的理論基礎是科學與價值間的二元論者。[33]現分別將他們個人贊同宗教或反對宗教的觀點敘述於下：王星拱在「少中」的演說，給予日後支持反宗教運動的知識青

---

29 見《少年中國》月刊 2 卷 8 期（民國 10 年 2 月 15 日）〈目錄〉。

30 見《少年中國》月刊 2 卷 11 期（民國 10 年 5 月 15 日）〈目錄〉。

31 見《少年中國》月刊 3 卷 1 期（民國 10 年 8 月 1 日）〈目錄〉。

32 同註 28，頁 50。

33 趙天恩、李柏雄，〈新文化時期中國知識份子對基督教態度〉，《校園雜誌》21 卷 5 期，頁 24-30。

年很大幫助，他認為宗教上最難被人接受的事，就是宗教信仰的理論無法證實；它處理人生和社會的問題，未免太過簡單，只祈求神靈的恩典，而不做合理的思想來謀求解決的方法，這種避世而武斷的態度是不負責任的。[34]

因此在王星拱看來，宗教的崇拜，無論是儀式的或心理的，凡是不經研究、不經證明而就信仰的態度，都是不合乎科學的精神。[35]在王氏的思想裡，只有「未可知」而沒有「不可知」的事物，因為後者根本不會存在，例如神、鬼、天使之類的東西，都是經驗上所不可證明的。人類的知識與時俱增，人生的奧秘亦慢慢得以明瞭；科學上的發現愈多，宗教的範圍和功用便愈少。王氏批評宗教人士所謂主觀而神秘的經歷，實在經不起科學方法的評估，亦不能給我們可靠的觀念知識。[36]

李煜瀛亦是反對宗教的，他認為宗教在科學界已經失敗，科學已把宗教驅逐到迷信的王國裡去，而社會道德可以替代宗教，因此宗教也就毫無存在的理由與價值。[37]另一位反宗教的大將，是來華講學的英國哲學家羅素（Bertrand Russell）；羅素說：「宗教者，是有幾個條件來管束人的行為的，並且規定人生行為的準則，硬要人去信仰，其輸入為人心的勢力和人對於他的信仰，是感情的和威迫的，並且是有理性的信仰。」[38]

---

34 王星拱，《科學方法論》（台北：水牛出版社，1966 年），頁 141-154。

35 王星拱，〈宗教問題演講之一〉，《少年中國》月刊 2 卷 8 期（民國 10 年 2 月 15 日），頁 8。

36 同上註。

37 李石曾，〈宗教問題演講之一〉，《少年中國》月刊 2 卷 8 期（民國 10 年 2 月 15 日），頁 34。

38 羅素演講，章廷謙筆記，〈宗教問題演講之一〉，《少年中國》月刊 2 卷 8 期（民國 10 年 2 月 15 日），頁 41。

在羅素的觀念中，他把宗教分為制度的（institutional religion）與個人的（individual religion）兩種，來評論宗教有無存在的必要？在人類社會中有沒有用處？答案是否定的，對羅素而言，宗教的定義只是主觀的、教條的，和盲目信仰的結果。[39]因此他認為，當時中國青年既已揚棄了土迷信，自然不會再要已為外國進步人士所唾棄的洋迷信。[40]羅素的思想，對當時中國的反教運動，無疑是有推波助瀾之功。[41]

此外，還有一派中國學者，從另一個角度去探討宗教的問題，他們認為在人心內存著一種傾向，就是盼望超越時空的限制，脫離今世生活的纏累，而宗教的本質便是這種內在的超意識。在人類經驗中，它的存在是無疑的。[42]東南大學教授劉伯明即持此種看法之人，他在辯論宗教問題時指出，人本性有天賦的宗教本能，幫助他應付現實與理想之間不協調的矛盾。劉氏說：假使對於現實世界，非常滿足，自然沒有甚麼宗教。[43]

但是人世間又有幾人對現實世界感到滿足呢？既然不能滿足，就有需要宗教的必要。對於宗教的看法，他引用了古希臘哲學家柏拉圖對宗教的分析，認為人類的生存有兩種不同的境界；人生的目的不應受制於自然現實的世界，乃是要超脫人生桎梏，追尋精神理想的價值。此種價值是客觀性的，它的根本並不在物質界或自然界，而是人心中共同的精神趨向。有此理想，方可支持我們貢獻於

---

39 同註28，頁49。
40 Bertrand Russell,“The Problem of China”（London, 1922,）PP.224。
41 同註33，頁28。
42 同註2，頁22。
43 劉伯明，〈宗教哲學〉，《少年中國》月刊2卷11期（民國10年5月15日），頁3。

社會之勇氣，而求人類之進化。[44]因此按照劉伯明的觀察，人何時需要宗教？就是當他不滿足屬世生活之際，力求超脫進入另一種精神的領域。

劉氏批評蔡元培的「美育栽培」，說藝術雖能暫時減輕心靈的衝突，使人寄情於山水或音樂，但它缺乏一個精神上的對象，給予人生更高的價值觀念。[45]他也批評那些非教人士對宗教的誤解，說他們的反教是「囿於一曲」、「限於一時」，既不明白宗教為何物，又不清楚其性質、沿革、種類即妄加非難，是一種武斷而不是一種批評的態度。[46]

另外三人支持宗教的是梁漱溟、周作人和屠孝實；梁漱溟承認宗教是超絕於人類知識作用之外的，是非理性的，但是為了求得感情方面的安慰與勗勉，宗教在人類生活中還是必須的。[47]周作人則認為宗教無論如何受科學的排斥，在文藝方面還是有其地位的，因為宗教與文學在根本精神上是相合的。[48]屠孝實以為，宗教與科學並非絕對衝突的，因為宗教的本質，是在於它的具體經驗，具體經驗卻是不能否定的。[49]而且人類對於宇宙全體的態度，不能只以一種為限，科學與宗教，各有其特色，不容互相排擠，否則就是一種偏見，就是一種偏枯不全的人生。

44 同上註，頁 5。
45 同註 2，頁 23。
46 劉伯明，〈非宗教運動平議〉，《創新周刊》76、77 合期，頁 36-42。
47 梁漱溟，《東西文化及其哲學》（台北：問學出版社，民國 66 年），頁 90-110。
48 周作人，〈宗教問題〉，《少年中國》月刊 2 卷 11 期（民國 10 年 5 月 15 日），頁 7。
49 屠孝實，〈屠孝實先生的演講〉，《少年中國》月刊 2 卷 8 期（民國 10 年 2 月 15 日），頁 23-32。

上述一連串的宗教討論，雙方的論點，都反映出不同的思想背景和哲學假定，他們的立場和意見，為二〇年代的反教運動奠定了基礎，造成了一種對壘的思想風氣，深深影響一般關心宗教的知識份子。民國 10 年 7 月，「少中」在南京召開會議，原因之一，就是順應這個情勢而召開的。在會中，會員們對去年的不許教徒入會的問題，又展開了激烈的辯論。除田漢外，張聞天也以為，不許宗教徒做「少中」會員是完全沒有理由的，他說：

「有宗教信仰的人不應該入會嗎？那麼這宗教心是精神上的東西，那裡能去阻止他、管束他呢？難道有了宗教信仰心，就不是好的人嗎？就不配和我們攜手嗎？其實世界上無論那一個人，都有一種信仰心，沒有信仰心就不能生活。其次說守宗教的規律者，如基督教徒之受過洗禮者，不得入會，那末我更不懂了，難道行了這種儀式，一個人就腐敗了嗎？既沒有理由反對宗教信仰心，那末，反對有宗教信仰心後而實行宗教之規戒者，當然也沒有理由。」[50]

王克仁也認為，歐美各國並不禁止宗教信仰，也不禁止其人民為宗教徒，而其國仍有大科學家產生，且有宗教信仰的人就壞嗎？沒學問嗎？無人格嗎？吾少年中國學會又何必杞人憂天？容量又何其小哉呢？[51]此外，鄭伯奇也提議，會員雖信教，只要他不想把學會教會化，不在學會中傳教，學會便無須干涉他。[52]由於贊成與反對的會員僵持不下，對宗教問題的看法就形成了兩派；最後折衷的

---

[50] 郭正昭、林瑞明合著，《王光祈的一生與少年中國學會》（台北：環宇版，民國 63 年 5 月初版），頁 115-116。

[51] 同上註，頁 111。

[52] 鄭伯奇，〈鄭伯奇提議〉，《少年中國》月刊 3 卷 11 期（民國 11 年 6 月 1 日），〈學會消息〉。

意見是，宗教問題的論爭，並不是個人的信仰之爭，而是學會的精神之爭。

換言之，反對「少中」不許教徒入會者，其本身亦不是贊成宗教，而是反對這樣的一條規定，妨害了個人的自由；主張「少中」限制教徒入會者，自身亦非蔑視宗教或輕視教徒人格，不過認為教徒加入「少中」，妨害了「少中」固有之精神。這根本的癥結，在於有些人認為宗教的信仰，妨害了科學的精神。另一個潛在的原因，是中國原本是廣義的無宗教的民族，這些人都或多或少的受了這種影響，尤其在當時深信「科學萬能」的時代，自然大家的宗教心就更加薄弱而近乎零了。[53]

最後經過辯論，表決的結果，終於還是取消了評議部先前的「不許教徒入會及已入會為教徒者須出會」的規定。[54]理由是「或有某種教徒，不拘祈禱的儀式，而又是可為的青年，不妨用極其慎重的方法，暫且容忍入會，或者使少年中國的改造更易成功，故暫不特別規定，以便隨時斟酌。」[55]僅從這個議案的處理看來，反教的氣勢仍是壓倒性的，證諸其後有不少「少中」會員加入「非基督教大同盟」，便可看出當時知識份子對宗教的懷疑及反對於一般了。[56]

---

53 林治平，《基督教與中國》(台北：宇宙光出版社，1977 年 5 月 4 版)，頁 16。

54 張允侯、殷敘彝等編，《五四時期的社團》(一)(北京：三聯書店，1979 年)，頁 362。

55 Kiang Wen-han “The Chinese Student Movement” (New york press, 1948,) P.54。

56 加入「非宗教運動大同盟」的少中會員有李大釗、鄧中夏、楊鍾健、高尚德、黃日葵、劉仁靜等。范體仁，〈記五四運動前後北京若干團體〉，《五四運動回憶錄》(續)(北京：中國社會科學出版社出版，1979 年 11 月)，頁 191-192。

「少中」的反教思想

（一）以科學主義反教者——曾琦

民初的反教運動，隨著民主自由平等的新思潮輸入，賽先生當陽稱盛，遽目為科學萬能，而據以為反宗教的理論。[57]這股科學萬能的潮流，來勢洶洶，有如怒濤排壑，不可遏抑。「少中」所標示的宗旨：「科學之精神」就是深受此一思想的影響；其後拒絕任何宗教組織成員入會，更是承受此一思潮支配的具體表徵。[58]一般而言，所謂科學主義是來自某種傳統的信仰形式，在此傳統內科學定理被普遍地應用，而成為該文化假設與公理。更嚴格地說，科學主義是將所有實體（reality）放入一個自然秩序，而認為此秩序內的所有生物、社會、物理或心理等各方面，只有經由科學方法才可認知。[59]

換言之，科學主義乃係指人類與社會的各種現象與問題，都可以用科學的方法來解釋或解決。它否認自然之上還有一超自然的存在，而主張理性與科學，它不僅可以使人脫離宗教與迷信的束縛，而且能夠協調人際間的關係，增加人對物質的控制與利用，以促進幸福，因此其功用遠超過宗教的能力。[60]

---

[57] 謝扶雅，《謝扶雅晚年文錄》（台北：傳記文學出版社，民國 66 年），頁 131。

[58] 同註 27，頁 132。

[59] D. W. Y. Kwok,"Scientism in Chinese Thought1900-1950"（New Haven, Yale University press, 1965）PP.21。

[60] 同註 9，頁 287。

近代中國對科學與科學主義的提倡，有一值得吾人注意的特徵，即其形成並非本土自生的，而是經由一外鑠的過程，此外鑠過程的原動力，肇因於積弱的中國覓尋富強的強烈需求，亦是西方科技文化衝擊的結果。[61]這股非源自本土的科學主義，有如狂飆般席捲整個「五四」知識份子的心坎，籠罩著新時代知識青年的思維，它的影響力和殺傷力，誠如胡適所說的：「已到無上尊嚴的地位，任何人都不敢公然對他表示輕視或戲侮的態度。」[62]

也因為如此，它抨擊宗教，重估傳統，儼然形成思想界的一種新宗教。[63]二〇年代爆發的反教運動，就是在如此風潮下形成的。[64]當時有不少知識青年，將科學主義當做利器，積極的抨擊宗教信仰，其中最著名的，就是民國 11 年 3 月，在北京成立的「非宗教大同盟」，他們在發出的通電中敘述其成立目的為「依良心之知覺，掃人群之障霧，本科學之精神，吐進化之光華。」[65]其宣言對宗教更是攻擊的不遺餘力；他們說：

「我們自誓要為人類社會掃除宗教的毒害，我們深惡痛絕宗教之流毒於人類社會，十百千倍於洪水猛獸，有宗教可無人類，有人

[61] 劉紀曜，〈五四時代的科學與科學主義〉，張玉法編，《中國現代史論集》第六輯——五四運動（台北：聯經版，民國 70 年 12 月初版），頁 89。

[62] 胡適，〈科學與人生觀〉序，汪孟鄒編，《科學與人生觀之論戰》（香港：中文大學出版社，1973 年），頁 2-3。

[63] 郭正昭，〈中國科學社與中國近代科學化運動（1914～1935）——民國學會個案探討之一〉，《中國現代史專題研究報告》第一輯（台北：中華民國史料研究中心編印，民國 60 年），頁 259。

[64] 謝扶雅，〈五四與基督教學生運動——紀念中國基督教學生運動發起人顧子仁博士（1887～1971）〉，《傳記文學》20 卷 5 期（民國 61 年 5 月），頁 8。

[65] 張亦鏡編，《批評非基督教言論彙刊全編》（上海：美華浸會，1927 年）。轉引自林榮洪，《風潮中奮起的中國教會》（香港：天道書樓出版，1985 年 4 月再版），頁 29。

類應無宗教，宗教與人類，不能兩立。」[66]觀其通電、宣言中所敘述宗教的罪惡，我們可以知道，其是採取科學的立場而非難之。這種以科學來反宗教的現象，在二〇年代是相當普遍而有效的。

「少中」的反宗教態度也是如此，我們可由其響應「非宗教大同盟」的通電看出，它說：「二十世紀科學昌明，宗教勢力何能存在，本會宗旨乃『本科學的精神』，對於此非科學的而滿帶迷信臭味之宗教，自在反對之列。非宗教大同盟登高一呼，誓破迷毒。本會聞之，不勝欣喜。自當力盡棉薄，誓為後盾，以期障霧掃盡，文化昌明，尚祈國內外同志一致奮起，共圖進行，無任盼禱。」[67]

至於論及「少中」會員裡頭，持這種科學態度反教者，委實不在少數，其中以發起人之一的曾琦最具代表性。曾琦在解釋少年中國學會規章第 1 條即揭明：「本會之不主張宗教，其理由本極明顯，蓋章程上之規定，劈頭第一語即曰：『本科學的精神』。夫宗教者，科學之仇也，二者不能並立。……亦以創造少年中國不容有此障礙進化之物耳。」[68]他進而分析宗教之利弊，在利的一方面，他以為宗教「能予人以無聊之慰藉；能使人聽天安命而少所憂疑；有獎善懲惡之作用，能統一思想，範圍群眾。」[69]

在弊的一方面；則為「束縛自由思想而妨礙真理之發見，使人趨於迷信而不能開拓命運；供君主貴族愚民之用，因信仰之各別，易起殺人流血之宗教戰爭；因思想之統一而學問難有進步；以天堂地獄之說，誘人為善去惡，而使人失其自動的為善去惡之良知，使

---

[66] 林治平，《基督教與中國近代化論集》(台北：商務版，民國 59 年 4 月)，頁 28。
[67] 《少年中國》月刊 3 卷 7 期（民國 11 年 2 月 1 日）。
[68] 同註 4，頁 126。
[69] 曾琦，〈學會問題雜談〉，《少年中國》月刊 3 卷 8 期（民國 11 年 3 月 1 日）。

人以現實為罪惡而喪其樂生之心，使人夢想天國而生其僥倖之念，養成僧侶坐食而為民上之一種階級，使人強不知為知，而失其推理之作用。」[70]

兩相比較，曾氏顯然認為「宗教之害，遠逾於利」。因此，他非常堅決的認同「少中」標示的科學精神，即所以擯斥宗教。民國 9 年，學會的議決禁止有任何宗教信仰者為其會員。[71]曾氏亦是大力贊助者，他致函左舜生曾說：「凡不學無術及有宗教上迷信之人，皆不得介紹入會。」[72]由此可知其反教意志之強烈，實已達無法搖撼的地步。

（二）以國家主義反教者——陳啟天

國家主義是近代發源於歐洲的一種政治現象，19 世紀時，它漸漸在西方社會流行，後來透過多方面的文化接觸亦蔓延到中國。在本質上而言，國家主義有兩個基本的成份：第一是由普遍言語、文化習慣和歷代遺傳所形成的民族自覺性；其次是一種愛國的決志心。海斯（Carlton J. H. Hayes）曾給國家主義下定義，說它是：「一種意念，就是對國家的理想或其現實狀況的效忠，勝過一切對任何其他事物。並未對個人的國籍感到驕傲，深信它本質的優越和承擔對它的任務，這些都是構成該意志的因素。」[73]

---

[70] 同上註。

[71] 山本達郎、山本澄子合撰，〈中國的反基督教運動（1922～1927）〉，張玉法編，《中國現代史論集》第六輯——五四運動（台北：聯經版，民國 70 年 12 月初版），頁 196。

[72] 曾琦，〈曾琦致舜生〉，《少年中國》月刊 2 卷 3 期（民國 9 年 9 月 15 日），〈會員通訊〉。

[73] Carlton J. H. Hayes,“Nationalism: A Religion”（New york: Macmillan Co, 1960.）PP.1-5。

近代中國的國家主義運動，淵源於晚清，盛行於民初，到二〇年代臻於顛峰。因此，二〇年代的反教運動，國家主義是一股相當龐大的政治力量。[74]我們知道，二〇年代是一個滿懷希望的年代，因為它帶來了新的挑戰與機會，可是國內不穩定的政治，紊亂的社會和分歧的思想，使年青的一代感到迷惘。他們滿腔熱誠，願意為國出力，但眼見國內天天處在內憂外患中，而列強又虎視眈眈，為了挽救國家命運和改造社會的責任，知識青年勇敢的扛下這歷史的重擔。「五四」運動期間，國家主義的浪潮高張，驅使青年人為了救國而表現了同一的意志。[75]

這種意志使青年們的精神團結起來，他們參加了各種不同的政治團體，其目的就是為了要效忠國家。[76]在此期間，任何涉與國家不利或阻礙社會建設的事，都很容易成為民眾的公敵。探究其原因，乃是二〇年代初期的青年學生，他們經歷了由「五四」變革的失敗，而導致政治與社會停滯的挫折與不滿。[77]這種國內政治、社會改革的失敗，他們將之歸因於係受帝國主義侵略所致，而宗教（尤其是基督教），乃被視其為帝國主義的急先鋒，而成眾矢之的。[78]

因此在知識青年尋求有助於國家政治統一與社會改革的目標中，他們宣稱宗教是反功能的，是阻礙中國走向現代化的絆腳石。[79]

---

[74] Maurice Meisner, "Li Ta-Chao and the Origins of Chinese Marxism"（Cambridge: Harvard University press, 1967.）PP.263。

[75] Chow, Tse-tsung,"The May Fourth Movement: Intellectual Revolution in Modern China"（Cambridge: Harvard University press, 1960.）PP.84-116。

[76] 同註 2，頁 93。

[77] Kenneth Keniston, "Young Radicals: Notes on Committed Youth"（New york, press, 1968）。

[78] 楊森富編，《中國基督教史》（台北：商務版，民國 67 年 4 月 3 版），頁 283-287。

[79] 羅滋，〈中國民族主義與一九二〇年代之反基督教運動〉，張玉法編，《中

所以站在國家主義的角度來看，為求國家民族的富強，徹底堅決的反宗教是其必定的途徑。[80]陳啟天的反教思想，就是在這樣的時代背景中產生的。陳啟天說：

「曷言乎新國家主義與宗教主義相反也？宗教在以一種神的信仰拘束人的思想，是吾人所當反對者也，而宗教利用政治之勢力以圖擴張，尤為吾人所當反對者。歐洲自教會在政治上之勢力墜落，而後國家乃得發揚光大以增進國家之地位與貢獻，歷史垂示，昭昭在人耳目。國人早知政教混合之弊，與宗教壟斷國民思想之害，不惜激烈攻擊與中國文化最有關係之孔教矣，不圖孔教之勢力甫衰，而耶教之勢力轉大，在昔日以吃教誘致流氓而貽禍鄉曲者，今日以學校誘致青年而摧殘國性矣；在昔西洋之教士鼓肆簧舌於教堂者，今以中國之宗教職業家奔走於青年會矣，昔為個人之宣傳者，今為團體之運動矣，昔日在社會傳教者，今漸入於干涉政治之途矣。推其極也，至有所謂『中華歸主運動』（The movement of China For Christ）將使國性喪失殆盡，舉國而成外國之順民，而猶美其名曰『宗教救國』、『人格救國』，吾實不知其居心若何也？」[81]

由這段激烈的話看來，不難曉得陳氏堅決反教的因素何在？而其反教的動機，又植因於國家主義的思想。蓋陳氏根本認定中國今後無任何宗教運動的必要；中國今後的問題，在從科學、教育、經濟三方面力求解決，而不是去乞靈於有名無實的末流宗教，更不當借助於在宗教中佔地位最低的耶教。[82]而且中國數千年來信教本極

國現代史論集》第六輯——五四運動（台北：聯經版，民國 70 年 12 月初版），頁 211-213。

80 同註 2，頁 203。

81 陳啟天，〈國家主義與中國前途〉，沈雲龍主編，近代中國史料叢刊 902，《國家主義論文集》第一集（台北：文海出版社），頁 39-40。

82 同註 4，頁 128。

自由，因此，他強調：「我們今後的急務，就是要一面打破宗教的一切制度——如教會，廢除宗教的一切名稱，斷絕宗教的一切宣傳，以保持個人精神上純粹的信仰；而一面還要致力於科學的研究，精神的修養，和美術的欣賞，以促進社會的文化。」[83]

（三）以社會主義反教者——李璜

李璜為「少中」早期會員，其對宗教的反對，與曾琦等一樣堅強，他曾與會友周太玄在巴黎合編《少年中國》月刊「宗教問題」專號，並且翻譯撰寫過許多篇討論與批評宗教的文章。[84]他的反教思想源自於社會主義，從社會進化的角度去否定宗教。他認為：現代社會已從宗教時代進化到非宗教時代，所以不再需要宗教，且宗教阻礙了人類朝社會主義方面進展，故需否定之。同時，道德已從宗教中分裂出來，故拋棄宗教後，道德仍可獨存。[85]

李璜在〈社會主義與宗教〉一文中，開頭便強烈表示：「蒲魯東『秩序的創造』書中第十篇上說：宗教是科學和進化的仇敵，用殘忍和仇視這兩個字，我們相信可以解釋宗教條這個名辭。」[86]他繼而解釋說，18 世紀西方哲學的反宗教，是基於基督教義的思想束縛，以及科學的日見昌明，歷史的往事，到那時候，已明顯的證明，宇宙並非神造的，天演淘汰的公律，是由人的力量可以勝過的。個人生來是自由平等的，是負得有創造能力的，因此大家都已覺悟，與其悲憫的祈求上帝，倒不如靠自己的能力去努力、去創造。[87]

---

[83] 陳啟天，〈我們不該反對耶教與其運動嗎？〉，《少年中國》月刊 3 卷 9 期（民國 11 年 4 月 1 日）。

[84] 同註 4，頁 127。

[85] 同註 33，頁 28。

[86] 李璜，〈社會主義與宗教〉，《少年中國》月刊 3 卷 1 期（民國 10 年 8 月 1 日）。

[87] 同上註。

李氏強調「我們該當極力把我們這兩手一腦貢獻在社會改造上，去謀他的進步，我們不該當背著手，向著天，對那不識不知的上帝去說話。」[88]由這段略帶嘲弄諷刺的話，我們可以知道，李璜反宗教的理由，不僅因宗教不符合科學原理，且其更深一層的意義，還含有改造社會的企圖在裡頭。李璜以為，社會主義的精神全放在這世界，它是現世的，而宗教的精神則全放在天堂，是出世、避世的；人類生存的目的，應該是積極的去改造社會，增進福利，而不是一昧的逃避自己的責任，只求神的庇蔭。

所以最後他嘲蔑的說：「宗教家如果願意棄卻天堂的懸想，耶穌的偶像，永住的信仰，特別的靈感，來完全用自己的理解去實行社會主義，社會主義當然是不拒絕他的。如果還是坐在教堂，抱本聖經，用那悲天憫人的態度，說那大而無當的陳話，社會主義裡實在用不著他，不但用不著他，而且大大是社會主義一個障礙。」[89]由此可知，李璜反教的根本因素有二：其一、是李璜認為研究人類行為是理性和科學，不是神秘的宗教；其二、是李璜以為宗教信仰天國和不朽的觀念，是社會進步的障礙，他強調的是人們需要對改進世界多做努力。[90]

（四）以理性主義反教者——余家菊

余家菊是「少中」會員之一，「少中」的反教思想，很多都發自於激烈的國家主義思想，余氏的反教思想亦受其影響。但是他不僅有強烈的國家主義思想，而且還有一套他自己對宗教及基督教的看法，在「少中」裡頭，以他對宗教和基督教的評論最有系統，那

---

[88] 同上註。

[89] 同上註。

[90] 同上註。

就是他的理性主義的批判。在民國 11 年反教運動的中期，余氏發表〈基督教與感情生活〉的長文，文中他談到了三大問題：（1）為何基督教成為反宗教運動的首號目標；（2）宗教信仰的本質和宗教感情的內容與影響；（3）如何建立一美滿人生。[91]

關於為何基督教成為反宗教的第一目標，余認為中國本土宗教，若非假宗教就是腐敗的宗教，因此基督教是唯一可供攻擊的目標；其次論及宗教信仰，余首先懷疑神的存在，他認為神是人想像出來的，他又懷疑神的全善與全能，神若是，為何世界充塞罪惡？否則，神就不配稱為世界至尊主宰。余認為審判、不朽等教義是假設的應許，以對付人間不公平的現象，解答人生短暫存在的事實而已。他在談論宗教情緒的內涵和影響，余認為它有三大內涵，崇敬、畏懼、虔誠。

人產生崇敬心，是因人自感卑下無助，甘願承認自然界一切無法解釋的現象是神的作為，人也就不去運用智慧，以了解這些現象。崇敬心使人更依賴神！凡事持宿命看法，宗教上天堂地獄，最後審判等畏懼情緒更不足取，它使人還不曾享受信仰的效果前，就先憂愁焦慮，至於禱告時虔誠之心更是可笑。神是人的造物，人禱告是自說自話。余氏輕蔑的認為宗教情緒於人無益，不合常理。

余主張宗教是人幻想的產物，宗教感情是自我欺騙的情緒，人怎樣獲完滿的人生？方法就是讓理智控制感情，用修養之道代替宗教。余認為科學增長人的理性，人深入了解人的心理作用，即能掌握個人情緒變化，人應該每天藉省察、修養來平衡思想，恆久持續

---

[91] 邵玉銘著、周如歡譯，〈二十世紀初期中國知識份子對宗教和基督教的反應〉，林治平主編，《近代中國與基督教論文集》（台北：宇宙光出版社，民國 74 年 9 月 3 版），頁 157。

下來，人的思想品性就完全，生活不必再依賴宗教。因此，余氏最後大聲疾呼，要力促禁止傳教活動，要消滅宗教。[92]

（五）以懷疑主義反教者——惲代英

惲代英為一馬克斯主義的信徒，共產黨員，亦是早期「少中」的活躍份子之一。在民初的反教期間，馬克斯主義以其唯物論的觀點，認為物質宇宙是一切事物的本體，神不過為人所虛構，根本就沒有神的存在。宗教的地位，也只不過是憑藉著某種神聖權威的形式，以其使社會秩序趨於穩定而已。宗教是一個對未來世界的幻想，用來安撫被壓迫者的痛苦，因此，他們把宗教稱之為被壓迫人民的鴉片煙，為「廢除被認為是人們虛幻幸福的宗教，實為他們獲得真正幸福的必要條件。」[93]

因此，為了他們要實行共產主義，宗教必需要消滅。[94]但奇怪的是，惲代英雖為一堅定的馬克斯主義信仰者，然其反教言論，卻較少具馬克斯主義的成分，反而深具儒家色彩。[95]在〈論信仰〉一文中，他將道德上之大動力分為三項：為「信」、為「愛」、為「智」。於信仰，他分析說：「有智識之人，初不須假藉信仰之力，更不須假藉宗教之力，自動竭力實踐道德上之義務。雖有時信仰與智識一致，足以增加其實踐道德之力量，然如不幸而不與智識一致，則徒為其勇猛進德之妨害。……故知信仰雖有若干之利益，然利不勝弊，絕對無保存之價值也。」[96]

92　余家菊，〈基督教與感情生活〉，張欽士編，《國內近十年來之宗教思潮》（北京：燕京華文學校出版，民國 16 年），頁 273-304。

93　同註 9。

94　同註 19，頁 278-279。

95　同註 4，頁 122。

96　惲代英，〈論信仰〉，《新青年》3 卷 5 號（上海：亞東圖書館，求益書社

民國 10 年，「少中」在討論宗教信仰問題時，惲氏又發表了一篇〈我的宗教觀〉，先引述康德的話說：「看宇宙的結構，這樣巧合，令人不能不想這是出於上帝經營。因為這樣美麗完備的佈置，說是由偶然構成，非我們心中推理能力所許。這必然是有大智慧者設此計劃，他亦必是有大能力者，乃能成這計劃。宇宙一切運行，都準定律而一致無違，這都是足以證明其同出於一個大主宰。」[97]

接著他再表示自己的見解，他認為這個大主宰，只能說是一個主宰這法則的 unseen power，卻不能一定就是一個 unseen being。換言之，宗教家既不能證明上帝的存在，我們也不能證明其不存在，那便只好存疑了。於是他說：「我對於神的存在，是取我所謂『懷疑論』的態度。宗教家肯定神的存在，是我所謂『信』；反宗教家否定神的存在，是我所謂的『不信』；我自己在這二者之間，所謂『懷疑』。」[98]他既然懷疑，自然便無法相信，但反對的態度，倒是相當溫和的。

（六）以實用主義反教者——周無

周無為一生物地質學家，為「少中」發起人之一，他對宗教問題曾下過一番研究。周無在其〈宗教與人類的將來〉一文中，將宗教的定義、起源、神話及靈魂不死的起源、徵象物與儀式之來源、信仰及其本質、宗教信仰之起源及其本質、神、靈魂之本質、生命

印行）。

[97] 惲代英，〈我的宗教觀〉，《少年中國》月刊 2 卷 8 期（民國 10 年 2 月 15 日）。

[98] 同上註。

的本義等等，均加以探討。而最終周無認定宗教並非出自人的本能，亦非人生所必需，人類將來自是無宗教。[99]

在另一文〈宗教與中國之將來〉，周無也談到，中國民族是文學、美術、樂天、堅忍的民族。在天性上便與宗教不十分投契，因為思想上自來靈活，知識份子一般均有較通達的生死觀，鄉野愚人，雖有鬼神輪迴之說，但不以其為惟一之信仰。且中國人自古以來最敬重者乃為天、地、祖先；以其人從祖先來，而祖先又從天地化育而出，祭祀它；因慎終追遠之故，並非將其擬為一宗教膜拜也。

因此，周無結論道：「宗教在未來將失去對人類的控制，同時在中國也將沒有地位，因為中國需要的是現代化、理性化、真理、平等與自由，而這些基本上是與宗教相反的。」[100]所以周無十分肯定的表示，一句話說完，中國的將來沒有宗教，周無以實用主義的觀點，來反對宗教的用心已昭然若揭了。

除了上述六人外，「少中」會員反宗教的仍不乏其人，如李大釗、王光祈等人。李大釗於民國 11 年 4 月，在日文《北京周報》第 12 號曾發表〈宗教妨礙進步〉一文，指出宗教是向人宣傳廉價的妥協性，它妨礙徹底探出真理的精神，對人類進步是非常有害的，因而我們要竭力加以反對。[101]而王光祈主張用科學的方法，將固有的「禮樂」整理培植起來，用以喚醒我們中華民族的根本思想，完成我們文化復興運動。[102]雖沒有明顯的反教思想，然端倪已在其中。

---

[99] 周太玄，〈宗教與人類的將來〉，《少年中國》月刊 3 卷 1 期（民國 10 年 8 月 1 日）。

[100] 周太玄，〈宗教與中國的將來〉，《少年中國》月刊 3 卷 1 期（民國 10 年 8 月 1 日）。

[101] 張靜如、馬模貞等編，《李大釗生平史料編年》（上海：人民出版社印行，1984 年），頁 171。

[102] 王光祈，《少年中國運動》（上海：中華書局出版，民國 13 年 6 月出版），

結論——「少中」反教之影響與貢獻

由以上這些反宗教或維護宗教的文字，我們可以看出，這次宗教問題論爭的特點是「不帶激動的情緒作用，表現出一種容忍的態度與開闊的胸襟。」[103]揆其因，乃是反對主體的社會階層與教育背景改變了，反教運動所採的途徑也變了。反教者為高級知識份子，其言論是說理的，態度是理性的，方法是溫和的，至少做到了情緒理性化、思想客觀化的境地。他們把爭執昇華到大傳統的文化層面，相當具備學術研究的精神，無怪乎，梁啟超說：這是國民思想活躍的表徵。[104]職此之故，這次發自學術界的反教運動，也就影響特別深遠。[105]茲舉三點論述於下：

(1)造成中國教會本色化：在近代中國教會史，本色教會運動是由中國基督徒所發起；那是自覺的運動，乃應當時二〇年代，反宗教、反基督教運動而產生，由於這一班知識份子的抨擊宗教、基督教，造成了中國教會的本色化。[106]

(2)促進收回教育權運動：平心而論，二〇年代的反教運動中所含的三個問題即：非宗教、非基督教、非基督教會是也。此次之非教運動，名義上是非宗教，內容上其實是衝著基督教而來的，尤其是針對基督教會在中國各地的設立教會學校，危害中國教育自主

頁 18-19。

103 同註 19，頁 283。

104 梁啟超，〈評非宗教同盟〉，《東方雜誌》19 卷 8 號，頁 133。

105 同註 66，頁 15。

106 李景雄，〈本色神學——舊耕抑新墾〉，邵玉銘編，《二十世紀中國基督教問題》(台北：正中版，民國 69 年)，頁 251。

權之反彈。[107]而由於這次大規模的反宗教運動，兼以國家主義思潮的高漲，終於促進了收回教育權的局部成就。[108]

（3）提高民族主義的意識：無可諱言，這次的反教運動，背後的主要動力，是民族主義的浪潮。這股浪潮起自清季，成長於民初，至「五四」迄於二〇年代愈臻成熟高張。此其中反教運動功不可沒，它和民族主義可說是相輔為用的，這一搭配的結果，不僅使帝國主義者有所忌憚，更是造成日後北伐統一，及廢除不平等條約的主要力量。[109]

除了上述的影響與貢獻外，還有一項重要的影響，是這次的爭論，促使中國知識份子重新體認宗教的真實性質，並使中國人的宗教思想，提昇到更高的知識水準。[110]這些貢獻都要歸功於「少中」所奠下的基礎，所以我想謝扶雅說：「少中」的反教，多少遺留一點義和團式的排外心理，是不夠持平之論的。[111]

---

107 一葦，〈再論宗教問題〉，《學衡月刊》第6期（台北：學生書局影印，民國60年7月），頁776。

108 楊翠華，〈非宗教教育與收回教育權運動〉，《思與言》17卷3期（1979年9月）。

109 同註2，頁217。

110 Chan, Wing-tsit, "Religious Trends in Modern China"（New york: Columbia University press, 1953.）PP.228。

111 謝扶雅，《基督教與中國思想》（香港：基督教文藝出版社出版，1971年2月初版），頁293。

第七章　少年中國學會與收回教育權運動

前言

所謂教育權，乃是指國家的教育行政主權而言，舉凡教育的創制、監督、處決等權力；創校之允准、旨趣之釐定、教材之規劃等，無不屬之。[1]這些權力，都是獨立國家所應享有的教育主權，絕對不容許外人置喙或干涉。[2]至於收回教育權，係指收回已喪失於外人的教育自主權力；中國的喪失教育權，一般咸以為清光緒32年10月，學部對於外人在華設學，令其「無庸立案」的咨文，為我國教育權喪失之嚆矢。[3]

由於國人對外人在華興學，一直採取放任政策，遂使外人在華教育事業，於我國教育體系外別樹一幟。兼以國人昧於主權觀念，也一直未予重視。[4]迨至民國建立，孫中山先生改行新教育，德智

---

1 China Educational Commision,"Christian Education in China"（New York, 1922.）PP.21。

2 古楳，〈論國人應注意收回教育權運動〉，《醒獅週報》第25號（民國14年3月28日）。（台北：中國青年黨黨史委員會影印，民國72年10月出版）。

3 清光緒32年10月，學部發給各省的咨文云：「至外國人在內地設立學堂，『奏定章程』並無允許之文，除已設學堂暫聽設置，無庸立案外，嗣後如有外國人呈請在內地開設學堂者，亦均毋庸立案，所有學生概不給予獎勵。」，見舒新城，《收回教育權運動》（上海：中華書局，民國16年出版），頁15。

4 葉健馨，《抗戰前中國中等教育之研究》（台北：文史哲出版社印行，民國

體群並重，並使政教分離，於約法中列宗教自由。首任教育總長蔡元培辭卸時，曾薦次長范源廉以自代。范氏前後三度接掌教育部，一意在促使未經立案之中外人士所辦私立學校納入政府監督系統。補救辦法亦一再佈告，惜未竟全功。

益當「五四運動」前後，教長十數易，政局動盪不安。[5]收回教育權問題，當蔡元培就任教育總長未久，即有莊俞於民國元年 6 月 10 日發論於《教育雜誌》第 4 卷第 3 期，力促當局重視。由於以後之數年間教會學校興起，而問題亦增多。蔡氏於民國 6 年 4 月發表〈以美育代宗教說〉，至民國 12 年 2 月，又在《新教育》第 4 卷第 3 期發表〈教育獨立議〉，主取法「大學區制」，向教會收回教育權。因此教會教育家謝扶雅與劉湛恩等，認為其後連年出現的非宗教與收回教育權運動實皆導源於此。[6]

民國 11 年，基督教教育事業調查團所做的報告書，揭露了教會教育龐大的組織與勢力，益發引起知識份子覺察到教會教育的弊害，及其對國家教育的嚴重威脅，因此收回教育權運動乃因應而生。[7]

「五四」後提出收回教育權運動，且具啟發意義者，首推少年中國學會（以下簡稱「少中」）。此其因，一方面因「少中」是反宗教，尤其是反基督教的急先鋒；另一方面則為「少中」的組成份子，

---

71 年 2 月出版），頁 48。

5 陶英惠，〈蔡元培與民國新教育〉，《近代中國》雙月刊第 84 期，頁 144-154。及〈辛亥以來十七年職官年表〉（教育部），民國元年起各年份年表。

6 〈言論〉，《教育雜誌》第 4 卷第 3 期，頁 33-37。孫常煒，〈蔡元培先生年譜傳記〉（中冊），頁 30-35、572-574、586-588。《中華基督教會年鑑》第 8 期，〈通論〉，謝文，頁 17-18。劉文，頁 122-124。

7 楊翠華，〈非宗教教育與收回教育權運動（1922～1930）〉（台北：政大歷史研究所碩士論文，民國 67 年 6 月），頁 3。

多是對教育有興趣，甚且欲終身從事者，所以他們對國家教育向極重視與關懷；進而付之行動。民國 10 年 6 月，《少年中國》月刊第 3 卷第 1 期，首先刊登了會員李璜、周太玄兩人在巴黎所編的「宗教問題」專號發其端，後來復由李璜約同在英國研究教育哲學的余家菊，在巴黎合著《國家主義的教育》一書，於民國 12 年秋，交上海中華書局出版。

該書大意為主張教會不能以教育為其傳教的工具、不能違背我國家教育立國的宗旨、不能在本校內排斥異端，而有妨害自由思想與自由講學的行為。最後要求國內所有的教會學校，都須向我政府立案；由教育部、教育廳加以監督；校長由中國人擔任；教授不得專限於外國傳教士，應多聘中國人充之。[8]此書發行後，果真竟然引起了當時教育界知識份子的注意與討論，於是乃有「國家教育協會」的誕生，作為鼓吹收回教育權運動的司令台。[9]

北京政府於民國 11 年 3 月 1 日籌辦「退款（庚款）興學委員會」。[10]而此時孫中山先生在廣東領導的革命政府致力興學保權亦已有年，如在里昂成立的中法大學，當時已籌辦的革命文武學府（廣東大學與黃埔軍校），與教會學校的良性接觸，在在顯示收回教育權的一種有效步伐。[11]「五四」後學運至 13 年時最為激烈，在東北與廣東相繼出現收回教育權運動。[12]廣州方面於是年 7 月成立了「收回教育權運動委員會」。[13]

---

[8] 李璜，《學鈍室回憶錄》(台北：中國青年黨黨史委員會印行，民國 74 年 10 月出版），頁 14-15。

[9] 《醒獅週報》第 41 號（民國 14 年 7 月 18 日），同註 2。

[10] 《政府公報》第 20157 號（民國 11 年 3 月 5 日），部令。

[11] 《國父年譜》(民國 58 年增訂本），下冊，頁 619-1155。

[12] 〈教息〉，《教育雜誌》第 16 卷第 6 號，頁 4、6。

[13] 《時報》(上海版)(民國 13 年 7 月 24 日）。

大本營是年8月13日由大元帥(即孫中山)頒訂了〈大學條例〉，為教育權作具體的詮釋，於條例中規定私立大學須設「財團」，「具有大學相當之設備及足以維持大學歲出入基金」，公私立者「均受政府監督」。[14]根據是年7月4日廣州《民國日報》報導，當地有7所私立專門以上學校受到此條例之約束。[15]民國13年10月，全國各省教育聯合會，在開封舉行年會時，通過了「教育與宗教實行分離」、「取締外人在國內辦理教育事業」兩案。至此，收回教會教育權運動，乃由言論而見諸事實。[16]本文之作，即僅就「少中」內部的國家主義份子，對此一運動的主張、理由、方法等論點，來探索二〇年代收回教育權運動之經緯。

收回教育權運動之背景

（一）教會教育在華之發展

中國現代教育之背景，受基督教輸入之影響頗大。[17]自道光11年基督教在華設立學校始，到民國9年為止，基督教在華的各級學校已至七千三百八十二所，學生人數達二十一萬四千二百五十四人，若把內地小學也編入，則其人數幾達三十萬，佔當時我國學生全體人數的二十分之一多。[18]這一驚人的發展，揆其因，一方面固

---

14 《大本營公報》第23號。

15 國史館編，《中華民國史事紀要》(民國13年7至12月)，頁213-214。

16 朱鏡宙，〈李大釗埋葬了少年中國學會〉，《傳記文學》第23卷第2期(民國62年8月)，頁43。

17 盧紹稷，《中國現代教育》(上海：商務版，民國23年初版)，頁4。

18 〈中華基督教教育季刊宣言〉(民國14年3月)。載邵玉銘編，《二十世紀中國基督教問題》(台北：正中版，民國69年)，頁453。

然是由於中國政府對宗教態度的一視同仁。[19]另一方面也是受到帝國主義經濟勢力的推動所致。[20]

最初基督教在華設學校的目的，原本是為了教育信徒的子弟，俾免其受非教會教育的影響，此其中當然也有些是專門培育傳教人才與教會學校教師而設。後來因為教育的範圍逐漸擴大，認為教育可以輔助傳教事業，於是在教會的決策中，便把辦理學校列為傳教的重大工作之一，所需經費也比任何事業為大。因此，教會學校的進行，遂有一日千里之勢。[21]由於教會教育事業的進步，教育成績的較為顯著，與歷年養成人才的增多和參與國內各方面的政治活動，教會教育乃引起當時國內知識份子與青年學生的極切關注與重視，其中尤以基督教為然。[22]

（二）教會教育之課程

19 世紀時教會團體在華設立學校的目的，是為了推展傳教工作；尤其是新教徒，更把教育工作擴大至包括一切教育設施，從幼稚園到大學。[23]這些學校大都繼續保有其所屬教會的特徵，而且因為它們辦學的目的是替教會服務，和感化中國人信仰基督教，所以學生一般都要參加宗教儀式和修讀宗教課程。民國 8 年 3 月 26 日，教育部雖然有規定：「凡外國人在內地所設專門以上學校不得以傳佈宗教為目的」的章程。[24]但是教會學校依然故我，不僅學生要參

---

19 楊森富，《中國基督教史》(台北：商務版，民國 57 年)，頁 271。
20 任時先，《中國教育思想史》(台北：商務版，民國 57 年)，頁 436。
21 王治心，《中國宗教思想史大綱》(台北：中華書局，民國 59 年)，頁 202。
22 唐鉞等主編，《教育大辭書》(台北：商務版，民國 53 年)，1037。
23 同註 1，頁 416。
24 丁致聘，《中國近七十年來教育記事》(台北：國立編譯館，民國 50 年)，頁 81。

加禮拜、祈禱，而且大部分導師都由傳教士充當，許多課外活動也都與教會或基督教青年會有關。[25]

根據本世紀初年，一位就讀於聖約翰大學學生的回憶說到：「聖約翰大學和其他教會學校一樣，中文在課程表中所佔的地位極不重要，學中文只不過流於形式，而且還不是一種很重要的形式。我記得很清楚，有些學生從預科一年級直到畢業，總共念了七年，而他們的中文知識依然處於一年級水平。顯然，教會學校培養中國人的目的不是出自中國國家的需要，而是出自滿足教會活動的需要。他們在普及教育方面所願意做的工作主要是傳播西方科學知識，為個人謀生做好較好的準備，而並未顧及或根本未意識到整個國家的需要和要求。」[26]

這種罔顧本國固有文化，只注重外國語言、文字的教會教育。[27]遂激起了知識份子的反對與抨擊，余家菊在〈收回教育權問題答辨〉一文中，便剴切的說：「外國所辦學校率皆重視外來文化，而於吾國固有者多存鄙視之見，教會口口聲聲說欲使中國基督教化，教會學校學生之輕視國文，皆其證也。中國人喪失其中國人之特性，中國人而全無中國的修養，非至忘其根本，習於媚外，夷為異族，而不已也。」[28]

此外，蔡元培在北京的「非宗教大會」演講中也公開表示「大學中不必設神學科，只要在哲學科中設宗教史便可，又各學校中均

---

[25] 羅滋，〈中國民族主義與一九二〇年代之反基督教運動〉，載張玉法編，《中國現代史論集》第六輯（台北：聯經版，民國 70 年 12 月初版），頁 221。

[26] 顧維鈞，《顧維鈞回憶錄》（台北：蒲公英出版社印行，民國 75 年），頁 17-20。

[27] 舒新城、孫承光合著，《中華民國之教育》（上海：中華書局，民國 20 年），頁 28。

[28] 余家菊，〈收回教育權問題答辨〉，《中華教育界》第 14 卷第 8 期（民國 14 年 2 月）。

不得有宣傳教義的課程，及舉行祈禱式。」[29]胡適等人亦主張：「凡初等學校，包括幼稚園，概不得有宗教的教育，與其兒童當此時期，感受力最強，而判斷力最弱，教育家不應該利用此一機會，灌輸『宇宙中有神主宰』、『上帝創造世界』、『鬼神是有的，並能賞善罰惡的』等等不能證實或未曾證實的傳說。也不該利用這個機會，用祈禱、禮節、靜坐、咒誦等等儀式來作傳教的工具。總之，學校不是傳教的地方，初等學校，猶不是傳教的地方，若利用兒童幼弱無知為傳教機會，則其本身是一種罪惡。」[30]由於知識份子的醒覺，兼以彼時民族主義的高張，教會教育課程不當的安排，隱然已伏下日後收回教育權運動的導火線。

（三）教會教育之目的

教會教育是傳教士傳教佈道及訓練宗教人才的重要措施，自清季各教會開始在華設學以來，基督教傳教士即致力於教育工作。在民國 11 年，由其教育調查團所做的〈中國基督教教育事業報告書〉中云：「基督教學校最初並非由專業的教育人員所創辦，她不是為了促進教育的目的，而是有助於宣教事業的附屬品」[31]由這段話看來，教會教育，尤其是基督教教育在華設校的目的，並非有愛於中國，也並非真心想教育中國人民，而是為了達到其宣教工作和將中國改造成基督教國度的目的為主。

---

[29] 孫常煒，《蔡元培先生的生平及其教育思想》（台北：商務版，民國 75 年 11 月 3 版），頁 30-32。

[30] 章力生，〈胡適先生的滅神論〉中引《胡適文選》〈自序〉說：「我不信靈魂不朽之說，也不信天堂、地獄之說。」載邵玉銘編，《二十世紀中國基督教問題》（台北：正中版，民國 69 年），頁 296。又張欽士，《國內近十年來之宗教思潮》（北京：燕京華文學校出版，民國 16 年），頁 272。

[31] 同註 7，頁 11。

且看其〈報告書〉言：「假如基督教教育失敗，基督教運動將會被非基督教教育和反基督教活動的澎湃波濤淹沒，或它的重要性大為削減，……如果能夠積極而明智地，把握當前的機會，並將一些不重要的歧見放下，同時群策群力來建立一個完整的、積極的、長進的，依據基督教信仰的教育系統，我們便可盼望有一天耶穌教將成為中國的宗教。這個教育系統也將會創造一個有力量的基督教團體，以它的活動來表揚基督教的精神和原則。」[32]

由於這種狹隘的宗教意識及排他性，使得當時非宗教教育的人士更振振有詞的認為，教會教育是以傳教為目標而自建的教育系統，並非是以國家民族利益為依歸的教育制度。是故，基於國家民族的利益，教會教育當在反對之列。[33]而收回教育權運動的誘因，也在教會教育的特殊體系中可略見端倪了。

（四）民族主義的昂揚

反抗強權壓迫，掙脫枷鎖桎梏，本是人類共同的天性，但是強權恃武力為後盾，枷鎖藉條約為護符，以致弱者動輒得咎，有如芒刺在背。清末以來，在列強不平等條約的束縛，以及砲艇外交的威嚇下，激烈的排外行動，每遺國家無窮後患，於是一種遵循西方國際法的反抗形式乃漸為國人所採行，此即胡漢民所謂的「文明排外」。[34]此種「文明排外」行動，具體的表現在晚清的收回利權運

---

[32] 林榮洪，《風潮中奮起的中國教會》（香港：天道書樓出版，民國 69 年 5 月初版），頁 156。

[33] 周太玄，〈非宗教教育與教會教育〉，《中華教育界》第 14 卷第 8 期（民國 14 年 2 月）。

[34] 胡漢民，〈排外與國際法〉，《民報》（東京版）第 4～7 號（台北：中國國民黨中央委員會黨史委員會出版，民國 73 年）。

動，這是一個由紳商與部分地方官吏所領導，在民族主義意識高張的影響下，普遍而深入社會的運動。[35]

民初的學生運動亦是如此，葉嘉熾曾說：「學生對於民初中國國勢日益削弱，以及內憂外患的加深是特別敏感的，他們認為自己是『先知先覺』，建立新中國之責任，是應該由他們去承擔，這種『救國濟民』的觀念，在五四時期學生界中是十分流行的。」[36]而且「五四」時代的新知識份子，多半是留學外國的學生，由於受到教育環境的薰陶啟發，對帝國主義的侵略更是感受深刻，尤其是在民族主義愛國思想的刺激下，凡遭遇有關國家利益的中外問題時，他們往往會攘臂而起，奮不顧身。[37]

民國 7 年 6 月，肇因於留日學生罷學歸國事件所發起之「少中」，其早期結合的本質無疑是一個民族主義的愛國運動。[38]此一民族主義的狂飆，到了民國 8 年「五四運動」幾達頂點，其後的反宗教，與收回教育權運動，亦受此影響。民國 14 年的「五卅慘案」，又再度掀起民族主義的浪潮，而教會學校此時不僅不審時度勢，反而無理的干涉禁止學生愛國運動。[39]這一背道而馳的行徑，更使得國人和知識份子，瞭解到教會學校是中國的致命傷，從事於

---

35 李恩涵，《晚清的收回礦權運動》（台北：中央研究院近代史研究所專刊 8，民國 67 年 6 月再版），頁 267-268。

36 葉嘉熾，〈五四與學運〉，載汪榮祖編，《五四研究論文集》（台北：聯經版，民國 68 年 5 月出版），頁 44。

37 陳豐祥，〈五四時期的民族主義〉，載王壽南主編，《中國近代現代史論集 24 第二十二編——新文化運動》（台北：商務版，民國 75 年 9 月初版），頁 374。

38 周策縱，《五四運動史》（台北：龍田版，民國 69 年 5 月初版），頁 101。

39 「教會大學在中國之歷史最久者莫若聖約翰大學。而該校現以校長美人卜舫濟無理干涉學生之愛國運動，釀成全體學生宣誓離校風潮，由此可見教會學校為中國之致命傷矣。」見舒新城，《近代中國教育史料》，載沈雲龍主編，《近代中國史料叢刊續輯》（652）（台北：文海出版社），頁 180。

反對教會學校與收回教育權運動，也在這股民族主義的思潮下，成了必然之產物。

（五）反宗教運動之影響

二〇年代中國知識份子的反宗教運動，並不是清季末葉義和團式的愚民排外運動，而是知識份子，基於愛國的心理、文化的宣傳、科學的主義來反對基督教。[40]當時的知識份子，認為基督教違反科學、束縛思想，是麻醉青年的毒物，嚴重妨害中國的進步與現代化，故應將之由人類社會中掃除。[41]且基督教為資本主義的先鋒，是帝國主義的工具，日後將不利於中國，所以應在反對之列。[42]

民國 9、10 年間，「少中」的主要刊物《少年中國》登出了 3 期探討宗教問題的專號，引起了廣大知識份子的回響。[43]恰於此時，國際基督教組織決定於民國 11 年 4 月，在北京清華大學召開世界基督教學生聯盟大會。[44]這個行動立即激起了反基督教風潮，以及反宗教運動。3 月，北京成立「非宗教大同盟」組織。[45]參加此同盟的有李石曾、李大釗等七十餘人，他們於 3 月 21 日發表宣言並通

---

[40] 周億孚，《基督教與中國》（香港：基督教輔僑出版社，民國 54 年），頁 241。

[41] 林治平，《基督教與中國》（台北：宇宙光出版社，1977 年 5 月 4 版），頁 1。

[42] 彭彼得，《基督教思想史》（香港：齊魯神學叢書之 10，聖書公會出版，1953 年 12 月初版），頁 334-336。

[43] 郭正昭，〈王光祈與少年中國學會（1918-1936）〉，《中央研究院近代史研究所集刊》第 2 期（民國 60 年 6 月），頁 126。

[44] 謝扶雅，《巨流點滴》（香港：基督教文藝出版社，1970 年 4 月初版），頁 17。

[45] 查時傑，〈一百七十年來的基督教〉，載林治平主編，《基督教入華百七十年紀念集》（台北：宇宙光出版社，民國 66 年 12 月初版），頁 24-25。又「全國教育獨立運動」於民國 11 年 2 月 12 日先成立於北京。

電全國，深惡痛絕的表示「宗教之流毒於人類社會，十百千倍於洪水猛獸。有宗教可無人類，有人類應無宗教，宗教與人類，不能兩立。」[46]

同時全國各地也紛紛有反基督教的團體出現，反基督教的學生最初大都來自公立學校，不久由於受到反帝國主義運動的影響，教會學校的學生也攻擊教會，認為教會教育是帝國主義的幫兇，是資本主義的掖助者，引導中國人崇洋，侵佔中國教育權。[47]因為理由頗富煽動性，影響極大，除了引起教會自省而有所改革外，教育應與宗教分離一事，也漸為國人所注意。[48]此後，中國不僅自教會手中收回部份教育權，宗教在國人心目中的地位也大為動搖。[49]

（六）國家主義運動之崛起

所謂國家主義，是主張以國家民族之統一、獨立、強盛為第一義，而置個人之死生、幸福、利益為第二義的一種意識形態。[50]中國的國家主義運動，發生的原因有二：一是對平民主義思潮過度的反動；二是為帝國主義的壓迫所致。[51]其中尤以後者更為造成國家主義的直接原因，值此之故，我們可以說，民國以來，凡是愛國救國運動，都可目之為國家主義運動，收回教育權運動當然也是中國

---

[46] 林治平，《基督教與中國近代化論集》(台北：商務版，民國 64 年)，頁 28。

[47] 吳雷川（震春），《基督教與中國文化》(青年協會書局，出版地點時間不詳)，頁 140-142。

[48] 李璜、余家菊合著，《國家主義的教育》(台北：冬青出版社，民國 63 年 6 月出版)，頁 26。

[49] 張玉法，《中國現代史》(台北：東華版，民國 66 年)，頁 344。

[50] 朱經農，《近代教育思潮七講》(台北：商務版，民國 61 年 10 月初版)，頁 55。

[51] 陳青之，《中國教育史》(台北：商務版，民國 52 年)，頁 735-737。

現代國家主義運動。[52]當時的國家主義份子，多半是「少中」裡頭的健將，他們以《中華教育界》、《醒獅週報》為其言論的喉舌，積極的鼓吹宣傳國家主義的教育。[53]

所謂國家主義的教育，在表面上，其宗旨乃是在擁護國權、變和國民、陶鑄國魂、發揚國光。而在事實上，他們卻是堅決主張反對外人在中國設教辦學，而要求無條件收回教育主權的一種教育。[54]這觀點誠如吳俊升所說的，是以為國家既以教育為團結民族之工具，那麼教育政策必須統一，要求教育政策的統一，則教育權必定要國家管理，此乃當然之結果，因此收回教育權乃是件理所當然且又刻不容緩的事。[55]

民國 14 年「五卅慘案」的發生，更是促成了國家主義運動的擴大，一般原本對國家主義尚持游移態度的人，至此也紛紛表示支持國家主義運動，而收回教育權，也在這股氣勢磅礡的國家主義潮流下，更如火如荼的加緊進行者。[56]

---

[52] 胡國偉，《中國國家主義史觀》(台北：菩提文藝出版社，民國 64 年 3 月再版)，頁 98-99。

[53] 左舜生，《近三十年見聞雜記》(台北：中國青年黨黨史委員會印行，民國 73 年 7 月出版)，頁 26。

[54] 李璜，〈國家主義的建國方針〉，《國家主義論叢》第一集（台北：冬青出版社，民國 62 年 12 月出版），頁 208。

[55] 吳俊升，〈國家主義的教育之進展及其評論〉，《國家主義教育論叢》(台北：冬青出版社，民國 63 年 12 月出版），頁 20。

[56] 陳啟天，〈近代中國國家主義運動小史〉，《世界國家主義運動史》(台北：冬青出版社，民國 64 年 12 月出版），頁 55。

收回教育權之理由

（一）為教育主權之獨立

教育是國家的一種主權，這種主權之對於國家，與關於政治和經濟的主權，是一樣重要的。一個國家固不可放棄其政治權與經濟權，當然也不可放棄教育權

。如果放棄了這種主權，便要產生各種無恥的亡國教育，破壞國家的根本。中國不幸將教育權放棄了一大部分，致使外國人在中國實施「教會教育」和「殖民教育」。[57]這種外人以傳教為鵠的教會教育，實是中國教育統一的大患，若不設法取締，則中國不必亡於武力與經濟的侵略，而要先亡於教會教育的侵譖。[58]因此為中國教育主權之獨立故，首先我們當須明白教育的主權究應何屬呢？近世文明國家，往往將教育當成為國家的事業。[59]教育主權，只因屬於本國，不應屬於外國；只應屬於國家，不應屬於私人、地方和教會。否則便是國家主權的分割，而國家也就不成其為國家了。[60]

遺憾的是，中國自五口通商以後，由於昧於主權的觀念，使得歐美各國傳教士藉條約的保護，可在中國各地設立學校。[61]這些教會學校的教育系統，不僅破壞中國的教育主權，且多蔑視中國的文史教學，致使所教出來的學生，非但對於本國不能有所裨益，反到

---

57 陳啟天，〈國家主義的教育原理與政策〉，《國家主義教育論叢》，頁 62-63。
58 陳啟天，《新社會哲學論》（台北：商務版，民國 55 年 7 月初版），頁 271。
59 彭國樑，〈華東基督教大學之發展與影響（1912～1949）〉（台北：國立政治大學教育研究所碩士論文，民國 66 年 6 月），頁 70。
60 同註 57，頁 60。
61 同註 59。

有助於列強在中國的各種侵略。[62]無怪乎陳啟天要痛心疾首的說：「中國不幸，任外人在國內自由設校，教育中國國民，使之逐漸的無形的歸化外國。」[63]由此可見教會學校之破壞中國教育主權之嚴重性於一斑了。

（二）為教育宗旨之統一

中華民國教育的最高準繩，本是在規範中華民國國民之模型，此模型當由中華民族自己產生之。換言之，即應由吾國國民自行選定與吾輩之歷史、習性、要求最相適合之教育。[64]因此，發揚民族文化、恢復固有道德、注重集團訓練、發揮犧牲精神，乃形成吾民族教育的共同信仰，此信仰尤以我國家民族受帝國主義壓迫時為最。[65]

我們試看民國 15 年，「中華教育改進社」年會議決的教育宗旨便可知其梗概。其言，中國現時教育以養成愛國愛民為宗旨，故主張要點如下：（1）注重本國文化，以發揮民族精神；（2）實施軍事教育，以養成健全體格；（3）酌施國恥教育，以培養愛國志操；（4）促進科學教育，以增益基本知識。[66]如此教育宗旨下的國民，方是國家的健全份子，這所謂的健全份子，是指不僅要具有為國家服務之能力，而且要受一種中心意識的支配，而願意為國家無條件奉獻者而言。[67]

---

[62] 左舜生，〈法國徹底的排斥宗教教育〉，《醒獅週報》第 5 號（民國 13 年 11 月 8 日）。

[63] 陳啟天，〈我們主張收回教育權的理由與辦法〉，《中華教育界》第 14 卷第 8 期（民國 14 年 2 月）。

[64] 周太玄，〈我國教育之集中統一與獨立〉，《教育雜誌》第 15 卷第 11 號，頁 1。

[65] 王鳳喈，《中國教育史》（台北：國立編譯館，民國 46 年），頁 364。

[66] 原春輝，《中國近代教育方略》（台北：興台印刷廠，民國 52 年），頁 33。

[67] 何魯之編，《國家主義概論》（上海：中國人文研究所，民國 37 年 11 月出

質言之，中國教育宗旨的目標，是在喚起國民對於國家之自覺心，與夫國民對於國家之責任心，這樣的教育，才可養成能除內憂抗外患的國民。[68]反觀教會教育的宗旨，根據「中國基督教教育事業」所說的：「基督教教育對於中國教育全體事業貢獻之最著者，乃在以教育之方法，實現基督教教會之目的。教會之目的非他，蓋即欲使各個人委身於耶穌基督，俾上帝之國祚，復建於人世，並創造一適合基督教教義之社會制度而已。」[69]

此一宗旨，不但與中國的教育宗旨大相逕庭，更可以說是南轅北轍，扞格不入。其目的，除了造就一批只知奉獻天國，而無國家民族意識的人外，我們實不知其對中國尚有何貢獻？是故，為了中國教育宗旨的統一，收回教育權是在所必行的。

（三）為教育法令之尊嚴

教會教育在中國之所以能發展迅速，原因之一是其不受中國政府的管轄，且毋須向中國政府註冊立案。[70]這種不平等的情況，使得教會學校在中國教育體制中，彷彿如一種教育上的「治外法權」。因此，為了打破此一不合理的現象，要求收回教育權，以維護中國教育法令的尊嚴，乃成了當時知識份子一致的呼聲。曾參與其事的李璜回憶說：

「我們之所以主張收回教育權，完全是本於正面的意義，要求國家教育自有它的因時制宜的宗旨，我們希望教會在中國所辦的諸

版），頁 77-78。

68 陳啟天，〈中國教育宗旨問題〉，載《國家主義論文集》第一輯（台北：文海出版社），頁 119。

69 《中國基督教教育事業》，頁 315。

70 陳啟天，《近代中國教育史》（台北：中華書局，民國 58 年），頁 327-334。

多學校，要與我們國家教育的宗旨相應相融，不能一味放任之。我們並不是要將所有外國教會在中國所辦的學校予以沒收，而是要所有教會學校都必須向我政府立案，並由教育部或教育廳加以監督；且最好能聘請中國學人來當校長，教授不要只是限定外國傳教士，而應多聘中國人任之。」[71]由李璜的回憶，我們不難反證到，當時教會之蔑視中國教育法令，及其傷害中國人之自尊了。

（四）為信仰宗教之自由

信仰宗教，本是人類追尋心靈慰藉的一個方式，因此任何宗教，只要是有益於世道人心的，都值得人們去信仰、去發揚。但是二〇年代，何以中國知識份子會爆發大規模的反宗教運動，尤其是反基督教運動。揆其因，肇始於基督教嚴重的排他性與獨佔性，而且其違反法律所保障的信教自由，亦是引起知識份子反感的原因之一。

民國11年3月，北大的五位教授周作人、錢玄同、沈兼士、沈士遠、馬裕藻發表了共同宣言，倡導宗教信仰的自由，他們說：「我們不是任何宗教的信徒，我們不擁護任何宗教，也不贊成挑戰的反對任何宗教。我們認為人們的信仰，應當有絕對的自由，不受任何人的干涉。除去法律的制裁以外，信教自由載在約法，知識階級的人，應首先遵守。至少亦不應首先破壞。」[72]

所以為了保障信教的自由，根本的解決之道，是教育必需獨立於各種宗教勢力之外。換言之，即任何宗教均不得假借教育做宣傳的工具；無論何級學校都不得含有宗教的臭味，設有宗教的課程，

---

71 同註8，頁14-15。
72 《North China Standard, 1922.》4.1。

舉行宗教儀式，如此方可談及保障宗教信仰的自由。[73]如今教會學校既不肯改革，那麼主張收回教會教育權，也算是一種合理保障人民信仰自由的方式。

（五）為維護教育之效果

教育之目的，原本是在喚起國民對於祖國的意識，培養愛國思想，以國民愛國思想為基點，去樹立民族偉大之精神，進而發揚本國固有文化，以建設一強大的國家。[74]然而教會教育的目的卻非如此，它們創學辦校的最大希望是以傳教為目的，為了要達到傳教的效果，它們不惜花費巨貲去培養一批「清華式」的學生。[75]經由這批「準洋人」、「準外國人」來遂其使中國基督教化的夢想。因此，為了國民意識的加強與鞏固，收回教育權是件攸關國家民族生死存亡的重大事情。

收回教育權之方法

（一）實行教育上的不合作主義

我們既認定教會學校是應該收回，在中國不可使其存在，那麼就不應該與之合作，而默認其在教育上的地位。相反的，我們不僅要積極的鼓吹收回教育權。[76]而且要具體的付出行動，根據陳啟天

---

[73] 同註63，頁8。
[74] 同註51。
[75] 余家菊，〈教會教育問題〉，載《國家主義的教育》（台北：冬青出版社，民國63年6月出版），頁26。
[76] 同註63。

在《中華教育界》所發表的〈我們主張收回教育權的理由與辦法〉一文中所陳述的辦法如下：

(1)凡是中國人，尤其是在教育界有地位的人，不為教會學校做事。

(2) 凡已在教會學校做事的人，早早離開教會學校。

(3) 凡中國學生不輕入教會學校。

(4) 凡已入教會學校的學生早早轉學本國自辦的學校。

(5)凡已入教會學校尚未轉學本國學校的學生同盟不做早禱、不做禮拜、不上聖經班、不受洗禮。

(6) 凡中國國民或政府不以金錢捐助任何教會學校。

(7) 凡本國教育團體絕對不與教會學校合作。

(8) 凡袒護教會學校的，應認為全國教育界的公敵。[77]

上述八點「甘地式」的不合作主義，可以說設想得相當嚴格周詳，但其性質仍是消極的規勸宣導。因此，為求進一步的效果，必要時他們尚希望政府能拿出魄力來，強迫入教會學校之學生一律轉學，不聽則罪其父兄；而且也要勒令本國教師不為教會學校教師，不聽則褫奪其公權。[78]相信如此一來，在這種不合作的態度下，教會學校若不改革，則必無生存下去之理。

(二)組織收回教育權的特殊機關

收回教育權既是一個遍佈全國，影響深遠的運動，當然除了報章雜誌的鼓吹宣傳外，也急需要有專門的特殊機構，來負責統籌指

---

[77] 同上註。

[78] 楊效春，〈基督教之宣傳與收回教育權運動〉，《中華教育界》第 14 卷第 8 期（民國 14 年 2 月）。

揮，以收事半功倍之效。據當時國家主義份子的主張，此種組織，大體上可分為兩種：一種是由國民自由組織，如開封收回教育權促進會、長沙教育主權維持會等。各於所在地，積極的設法收回教育權，援助教會學生轉學，催促政府取締教會學校等。此種組織宜愈多愈好，最好能遍及全國，而且要具有永久的性質，至少每省要有一個，或者在省教育會，附設一個收回教育權促進委員會亦可。

另一種則由政府特設的，亦可區分為二，如在中央可設中央收回教育權委員會，在省區可設省區收回教育權委員會，找一些與教會無因緣的學者教育家組成評審委員會，負責考察教會學校，監督收回教育權工作及籌辦學校以供教會學校之轉學生等事宜。最後尚請總統議定〈收回教育權令〉或〈收回教育權條例〉等規程，明令全國各教會學校一律遵循，如有違反者，當立即取消其學校資格。[79] 如此雷厲風行，朝野上下一心，對收回教育權，當可收到立竿見影之效。

（三）催促政府取締並制定立案條例

民國 13 年 10 月，「全國各省教育會聯合會」在開封舉行年會，商討收回教育權問題，會中對如何收回教育權的方法，作了確切的決定，並且還通過了「教育實行與宗教分離」及「取締外人在國內辦理教育事業」兩案。[80]其中關於取締辦法，現列舉大要如下：

（甲）取締外人在國內辦理教育事業案

（1）外人所設學校及他項教育事業，應一律呈報政府註冊。

---

[79] 同註 63。

[80] 陳啟天，《寄園回憶錄》（台北：商務版，民國 54 年 12 月出版），頁 144。

(2)外人所設學校之設立事項，須合我國頒行各項學校規程，及各省現行教育法令之規定者，始准註冊。

(3)外人所設學校，須一律受地方官廳之監督與指揮。(4-8略)

(9)外人不得利用學校及其他教育事業，傳布宗教。

(10)外人所設學校及其他教育事業，得由我國於相當時期內收回自辦。

(11)自本案實行之日起，外人不得在國內再行加辦教育事業。

(乙)學校內不得傳布宗教案

(1)各級學校內概不得傳布宗教，或使學生誦經、祈禱、禮拜等等。

(2)各教育官廳，應隨時嚴查各種學校，如遇前項情事，應撤銷其立案或解散之。

(3)學校內對教師學生，無論是否教徒，一律平等待遇。[81]

收回教育權之經過

(一)知識份子的言論鼓吹

在民初的反宗教思潮中，首先提出非宗教教育思想的蔡元培，民國11年，正值國內反宗教運動激昂時，蔡氏的〈教育獨立議〉一文，正是響應收回教育權的先聲，他主張教育必須徹底的脫離「政黨」與「教會」二者而獨立。[82]他的觀點，得到胡適、丁文江等人

---

[81] 同註30，頁339-342。

[82] 孫德中編，《蔡元培先生遺文類鈔》(台北：復興書局，民國50年)，頁100。

的支持，此後非宗教教育的言論逐漸遍載於國內各報章雜誌，蔚為一股不小的風潮，當中以國家主義份子的宣揚最為堅決。他們主張國家主義的教育，明定其宗旨為愛護國家，發揚民治，厲行禁絕外人在華辦理與國家教育宗旨相違反的教會教育。[83]

民國 12 年「中青」尚未成立以前，國家主義份子余家菊即在雜誌上提出收回教育權的主張。[84]余氏不僅是反教運動的主將，更是收回教育權的積極份子，他甚至要求關閉全中國所有的教會學校。[85]當時其諸篇鼓盪國家民族意識的文章，發表於《中華教育界》，曾引起不少知識份子的回響。[86]在這之前，民國 11 年，他曾自英倫到巴黎渡假，偶然與李璜談及外國傳教士在中國辦學的問題，兩人一致認為傳教士辦學的目的，都不免有一部分是為了傳教，但是宗教信仰多少都各有成見，這與「少中」所主張的自由思想之教育宗旨不符。

且宗教信仰均有排他性，若各種宗教在中國辦學情況繼續下去，則國內的教育見解便要紛歧發展，將來所教出的學生，也會有教義宗派之分。因此為了發揚國家主義，余家菊與李璜兩人合著了《國家主義的教育》一書，於民國 12 年秋在上海出版。[87]由於此書

---

83 〈中國改造之各派主張〉，載《中國問題的各派思想》（台北：中國基督教協會編，民國 43 年），頁 345。

84 《中國青年黨黨史・政綱》（台北：中國青年黨中央宣傳組輯印，民國 74 年 6 月出版），頁 34。又莊俞，〈論教育權〉，《教育雜誌》第 4 卷第 3 期（民國元年 6 月 10 日）。莊氏此論者在以教育部為對象，所論亦不同。

85 邵玉銘，〈二十世紀初期中國知識份子對宗教和基督教的反應〉，林治平主編，《近代中國與基督教論文集》（台北：宇宙光出版社，民國 74 年 9 月 3 版），頁 158。

86 余家菊，《余家菊回憶錄》（台北：中國青年黨中央黨史委員會印行，民國 75 年 7 月出版），頁 15。

87 陳敬堂，〈留法勤工儉學會與中國政治黨派〉（香港：珠海學院歷史研究所碩士論文，民國 67 年），頁 445-447。

公開主張國家主義的教育，反對教會教育，高唱收回教育權，因之引起了教育界極大的關注與爭論。[88]

共產黨領袖陳獨秀表示，與其收回教育權，倒不如主張破壞外人在華教育權。[89]「少中」會員楊效春則認為教育須歸國人自辦，教育須與宗教脫離關係。[90]另一「少中」同仁吳俊升則自述，其因看到外國教會在中國除傳教外，實不免含有侵略國權的行為，故衷心贊同國家主義的教育，而參加了收回教育權運動。[91]

此外，《中華教育界》也刊出〈收回教育權問題專號〉，詳細發揮收回教育權的理由與方法。其中並曾與教會教育家劉湛恩、程湘帆、朱經農等人發生多次的筆戰，由於「收教者」的理由充足，兼以「五卅慘案」所帶來的「反帝」高潮，使得收回教育權成了全國一致的共同輿論。[92]

（二）「少中」及其他團體的提倡

二〇年代的反宗教運動，「少中」是首開先鋒的社團，其後的收回教育權運動，「少中」亦同樣扮演先進者的角色。民國 12 年 10 月 14 日，滬寧兩地的「少中」會員在蘇州舉行大會，會中通過了「少中」蘇州大會宣言，並制定〈學會綱領〉9 條，其中第 3 條

[88] 柳下（常燕生），〈中青創立以前的國家主義運動〉，《十八年來之中國青年黨》（成都：國魂書店發行，民國 30 年 12 月出版），頁 11-12。

[89] 陳獨秀，〈收回教育權〉，《嚮導週報》第 74 期（1924 年 7 月 16 日）。

[90] 楊效春，〈評程湘帆君「收回教育權的具體辦法」〉，《醒獅週報》第 97 號（民國 15 年 8 月 22 日）。

[91] 吳俊升，〈教育生涯一周甲〉，《傳記文學》第 27 卷第 2 期（民國 64 年 8 月），頁 48。

[92] 左舜生，〈收回教育權應注意的一點〉，《醒獅週報》第 3 號（民國 13 年 10 月 25 日）。

是：「提倡民族性的教育，以培養愛國家保種族的精神，反對喪失民族性的教會教育及近於侵略的文化政策。」[93]

民國 13 年 7 月，「少中」第四次大會及「中華教育改進社」第三次年會均在南京舉行。參加「少中」大會者，至少有下列諸人：余家菊、黃仲蘇、謝循初、金海觀、常道直、唐、左舜生及陳啟天等八人，他們亦均為「中華教育改進社」的會員。[94]在該社年會中，曾由陳啟天起草「請求力謀收回教育權案」，而由余家菊等前述「少中」同仁七人，以及汪懋祖、王兆榮、鄭貞文、陳時等簽名提出，結果經陶行知提出修正案，表決通過。[95]

使得收回教育權運動更向前邁進一大步，在這方面，無可否認，「少中」會員居功厥偉。其後部份會員如李璜、余家菊等，提倡愛國教育，主張外國教會在中國辦教育，不能違背中國教育立國的宗旨；不能排斥異端，而妨害講學與思想的自由。並且最後歸結到，國內的任何教會學校都必須向中國政府立案，由教育部嚴格加以監督。

「少中」會員乃依據此一主張，又發起了「國家教育協會」。[96]作為鼓吹收回教育權運動的機關。[97]「國家教育協會」的發起人，絕大部份都是「少中」會員，其中有不少猶是教育界的知名之士，他們組織成一個收回教育權研究會，其簡章如下：

---

[93] 舒新城，〈少年中國學會的幾次年會〉，《文史集萃》第一輯（北京：新華書店發行，1983 年 10 月），頁 79。

[94] 朱經農等編，《教育大辭書》(上海：商務版，民國 19 年 7 月初版)，頁 404。

[95] 秦賢次，〈少年中國學會始末記〉，《傳記文學》第 35 卷第 1 期（民國 68 年 7 月），頁 23。

[96] 載《少年中國》月刊第 3 卷第 3 期（民國 10 年 10 月 1 日）。

[97] 劉紹唐主編，〈民國人物小傳〉(39)，《傳記文學》第 29 卷第 5 期（民國 65 年 11 月），頁 122。

第 1 條：本研究會以力謀收回中國教育權為宗旨。

第 2 條：本研究會由國家教育協會會員之志願研究收回教育權問題者合組之。

第 3 條：本研究會之事務如下：

（1）研究調查並編制關於收回教育權之書籍。

（2）督促國民與政府從速收回教育權。

（3）解釋國人對於收回教育權之疑難。

（4）勸告國人勿送子女入教會及其他外人在華所設之學校求學。

（5）從事收回教育權之實際運動。

第 4 條：本研究會由會務委員會聘定主任一人主持本會事務。[98]

由於這批以「少中」為主幹的國家主義份子積極的鼓吹，教會學校至此也不得不有所改進，除了必須向我政府立案外，尚須改用中國人為校長，增加中國文史地理等課程的分量，並且將宗教科目放在正課以外。這些改進，對於中國及中國人來說，都是有極大幫助的。[99]

結論——收回教育權運動之影響

二〇年代的收回教育權運動，是銜接著反宗教潮流而互為因果的，在這兩個運動當中，「少中」均扮演著舉足輕重的角色；反宗教由其發端，收回教育權亦由其開始。何以「少中」對此運動深感

---

[98] 《醒獅週報》第 41 號（民國 14 年 7 月 18 日）。

[99] 同註 80。

興趣呢？揆其因，乃與其宗旨有關。「少中」宗旨為「本科學之精神，為社會之活動，以創造少年中國」。[100]既本科學之精神，則宗教時被視為反科學，固當排斥之；為社會之活動，據王光祈的解釋，乃指實業、教育而言。[101]

「少中」成員裡頭，確有不少以教育為終身職志者。[102]此以從事教育為終身事業之份子，在國家民族主義的激盪下，採取了理性的排外政策，其要求收回教育權之動機，並非仇視外人。[103]而是反對教會教育，以其有摧毀吾民族精神及危害中國固有文化之虞，[104]故其反宗教與收回教育權運動，乃建立在如此的認知之上。經由「少中」及其他團體的鼓吹宣傳，收回教育權運動，有了可觀的成績，現列舉三點如下：

（一）促成教會學生的覺醒

民國 14 年「五卅慘案」的發生，是帝國主義以強權壓迫中國的又一鐵證，全國各地為反帝國主義的侵略，掀起了一連串罷課、罷工、示威的愛國運動。青年學生各個更是摩拳擦掌、義憤填膺、慷慨激昂。此時唯獨只有教會學校，不僅不允許學生自由參加愛國運動，而且在廣州、上海等地，尚有教會學校侮辱中國國旗、毆打中國學生事件發生。

---

100 少年中國學會編，《少年中國學會週年紀念冊》（民國 9 年出版），頁 33。

101 王光祈，《少年中國運動》（上海：中華書局，民國 13 年 6 月出版），頁 98。

102 見少年中國學會會員「終身志業調查表」，載張允侯、殷敘彝等編，《五四時期的社團》（一）（北京：三聯書店出版，1979 年 4 月初版）。

103 李儒勉，〈教會大學問題〉，《中華教育界》第 14 卷第 8 期（民國 14 年 2 月）。

104 K. S. Latourette, “A History of Christian Missions in China” (New York, Press 1929.) PP.697。

教會學校這種蠻橫不講理的行動，引起了中國學生的反抗，在中國歷史最久的教會學校上海聖約翰大學學生，就因教會壓迫愛國運動，而全體學生離校，另組成光華大學。由於教會學生受到收回教育權運動的影響，再加上彼時民族主義的高漲，全國各地教會學校學生離校及另立學校的人數很多。[105]教會學校經此打擊後，有的教會學校紛紛倒閉，有的地位一落千丈，有的不得不有所改革以謀生存。

（二）造成教會教育的改革

當反宗教運動如火如荼的進行，收回教育權的口號又響徹雲霄之際，教會學校在面臨前有知識份子的反對，後有教會學生之掣肘時，為求生存之計，如今只有改革一途了。當時有不少教會中的開明之士，知道不能抵擋這股潮流的趨勢，因此乃提出一些改革的措施，以迎合這個時勢。其中如趙紫宸主張，教會須完全由國人管理，一切教會主權，應當立即由西人移交於中國信徒。[106]

程湘帆則要求教會要讓出學校土地權、承認政府的教育主權，以及教會要多注意養成公民資格的教育。[107]「上海基督教全國青年會」幹事劉湛恩寫信給陳啟天，也提出了教會的五點改革方案：（1）教會學校當以養成中華民國的良好公民為宗旨。（2）實行信教自由，廢除強迫的宗教教育。（3）董事、校長、教職員等當以我國人充任。（4）除外國語文外，課本教授悉用中文，並注意中國固有文化。（5）向政府註冊同受管轄。[108]

---

[105] 同註56，頁55-56。

[106] 趙紫宸，〈風潮中奮起的中國教會〉，《真理與生命》第3卷第2期（1927年2月）。

[107] 程湘帆，〈收回教育權的具體辦法〉，《東方雜誌》第23卷第10號（民國15年7月），頁19-23。

[108] 陳啟天，〈與劉湛恩君論教會學校之改良與收回〉，《醒獅週報》第28號

總之，教會教育此時是不可能再自主獨立下去了。那些原先不理會中國基督徒的勸告，拒絕自由份子要求的傳教教士，現在迫著要向政府註冊登記。大部分的教會機構已接受政府的管制及學位授與的規定，容許宗教自由，最後還同意強制教授新的國家正統思想。

（三）改變政府的放任態度

收回教育權運動的另一影響，是改變了政府對教會教育一貫的放任態度，而採取了積極的管理政策。教會教育權，原本操在外國人手裏，各自為政，多不向中國政府立案，而政府也一直無從管理。但是自從收回教育權運動蓬勃發展以來，政府鑒於國民的一般輿論，與統制教育的重要，乃於民國 15 年頒布了私立學校立案規程，其中最重要的有五條。

即（1）組織校董會。（2）不得以外國人為校長。（3）不得以宗教科目為必修科。（4）如有宗教儀式，不得強迫學生參加。（5）依限呈請立案。[109]此外，教育部對教會學校也發另一佈告：「凡外人捐貲設立各等學校，向教育行政官廳講求認可。學校校長，應為中國人，為請求認可之代表人。校董會應以中國人占過半數。學校不得以傳布宗教為宗旨。」[110]至此，收回教育權運動，因受到政府的鼓勵與支持，可說是已盡到其歷史的責任了。

（民國 14 年 4 月 18 日）。

109 王治心，《中國基督教史綱》（台北：文海出版社），頁 270-273。民國 13 年 8 月 13 日，大本營所頒訂〈大學條例〉，規定私立大學須設「財團」。

110 同上註。

第八章　少年中國學會之影響

「少中」與「五四運動」

民國 8 年的「五四運動」，是中國近代青年運動史上，一項石破天驚的壯舉，它的起因，導源於抵抗列強的欺凌，尤以日本的侵略為最；它的影響，造成了國人真正的覺醒。至於它真正的催生者，我們不得不提「留日學生救國團」以及「少中」。民國 7 年，留日學生為反對「中日軍事協定」，紛紛罷學歸國以示抗議。他們回國後，雖聲嘶力竭的奔走呼號，遊行請願，可是在言者諄諄，聽者藐藐的情況下，遭到了政府解散的命運。[1]

儘管如此，這批留日歸國的學生，仍矢志不渝的致力於反帝救國的運動。[2]他們經過此次解散的教訓後，深感必須組織堅固的團體，始能發揮力量。因此，大小團體乃應運而生。6 月間，由曾琦、陳淯、張尚齡、雷寶菁、王光祈、周無等六人發起了「少中」。[3]這個學會的影響，不僅促成了是年 10 月「學生救國會」的

1　黃福慶，〈五四前夕留日學生的排日運動〉，張玉法主編，《中國現代史論集》第六輯——五四運動（台北：聯經版，民國 70 年 12 月初版），頁 162。

2　李璜，〈共禍日彰、思君尤切〉，《曾慕韓先生逝世三十週年紀念特刊》（台北：中國青年黨中央黨部印行，民國 70 年 5 月），頁 3。

3　柳下，《十八年來之中國青年黨》（成都：國魂書店發行，民國 30 年 12 月出版），頁 8。

召開。[4]且引發了次年「五四」反日愛國運動的導火線。[5]是以其與「五四運動」的關係是相當密切的，因為它不但是「五四」以後的一個新興團體，且是當時青年運動的中心。[6]它的會員不少來自「五四」的重鎮「北大」。[7]而所編輯出版的《少年中國》與《少年世界》亦是「五四」時代的主要刊物之一，在當時的影響也很大。[8]

因此，其與「五四」的關係，誠如張葆恩所說的：「五四運動雖發生於民國八年，但事前的確經過一度潛伏醞釀的時期，而『少中』之成立於民七，展開活動於民八，也正與五四運動有相因相成的關係。也可以說因有少年中國學會若干會員之潛力的推動，始展開五四運動；因五四運動的刺激和影響，更促成了『少中』的積極活動，蓋『少中』和五四運動之所由來，在當時正有著共同的政治因素與社會背景也。」[9]此亦即左舜生所說的「相因相成，淵源有自」。[10]

---

4 秦賢次，〈「少年中國學會」始末記〉，《傳記文學》35 卷 1 期（民國 68 年 7 月），頁 15。

5 張玉法言：「1919 年的五四學生愛國運動，在精神上與 1917 年的反日運動相接的。」《中國現代史》（台北：東華書局，民國 75 年 11 月 7 版），頁 322。

6 常燕生，〈從王光祈先生想到少年中國學會〉，沈雲龍主編，《近代中國史料叢刊》（188），《王光祈先生紀念冊》（台北：文海出版社），頁 25。

7 張尚齡言：「這時正值五四運動以後，慕韓認為北大學生既能表演這次驚天動地的運動，其中自不少奇材異能的青年，徵求少中會友，應以北大為中心，遂單身由上海到北平，從事慎重物色，如周炳琳、許德珩、孟壽椿、康白情、易克嶷、袁同禮等人物，都是這時介紹的。」赤松子，《人海滄桑六十年》（台北：五洲出版社，民國 60 年 10 月初版），頁 27。

8 楊鍾健，〈關于少年中國學會的回憶〉，張允侯、殷敘彝等編，《五四時期的社團》（一）（北京：三聯書店出版，1979 年 4 月 1 版），頁 563。

9 張葆恩，〈關於「少年中國學會」〉，《人與人生外篇》（香港：海天文化服務社出版，1962 年 3 月初版），頁 100。

10 左舜生，〈記少年中國學會〉，《近卅年見聞雜記》，沈雲龍主編，《中青黨史資料叢刊》（6）（台北：中國青年黨史委員會印行，民國 73 年 7 月出

歷史是流動的，每一件歷史大事的發生，都可能帶來無限的影響與發展。[11]「五四運動」在現代中國史上所扮演的角色便是如此，它有如一支火種，點燃了民族的火燄，繼續不斷地向國家告警，中國要免於滅亡的命運，只有「外抗強權，內除國賊」。[12]只有在經濟上、社會上、政治上做徹底的改革。[13]而唯一的改革之道，只有從思想根本做起。

一般而言，「五四」時代的新知識份子領袖們，他們在意識的改革上，多半具有不妥協的態度。[14]也因如此，他們試圖藉思想文化以解決問題的方法亦顯得混淆不清。[15]雖說在「五四」事件後的幾個月裡，大家要求創造新中國，渴求以新思想代替舊傳統的目的同一。[16]但這種表面的一致旋即被思想的分歧給搗碎。

換言之，在新知識份子間興起的聯合精神是短暫的，不鞏固的。其所以能短暫的一致，是因為他們在面臨一個共同敵人的情況下，所導致的暫時結果。因此除了同心協力於重估傳統和提倡新學外，他們之間的見解顯然從頭就不一致。

當時傳入中國的西方觀念非常龐雜，各式各樣的思潮都有：如民主主義、科學主義、自由主義、實驗主義、人道主義、無政府主

版），頁 8。

11 陳銘坤，〈記中文學會「五四週」〉，《五四運動六十週年紀念論文集》（香港：中文大學出版，民國 68 年），頁 77。

12 中國青年黨中央宣傳組印，《中國青年黨黨史・政綱》（台北：中國青年黨中央宣傳組印，民國 74 年 6 月出版），頁 11。

13 陳曾燾，《五四運動在上海》（台北：經世書局印行，民國 70 年 5 月出版），頁 248。

14 周策縱，《五四運動史》（台北：龍田出版社，民國 69 年 5 月初版），頁 431。

15 林毓生，〈反傳統思想與中國自由主義的前途〉，周陽山編，《五四與中國》（台北：時報版，民國 68 年 5 月初版），頁 348。

16 同註 14。

義、社會主義等等，都在思想的自由市場中競賽，蔚為一股百家爭鳴、百花齊開的壯觀景象。且當時的中國問題又極端複雜，新改革份子為了要解決這些問題，非關心實驗的政治和爭端不可。但當他們把注意力由對傳統制度的共同敵視，轉移到尋求積極解答的時候，他們就面對了如何選擇各式各樣的社會哲學和社會型式。

因此，在民 8 以後，新知識份子間的不和日增，先是思想上的分歧，後來成為行動上的分裂，隨後幾年整個運動的方向就四分五裂了。[17]作為「五四」時代社團會員最多、分布最廣、名聲最著的「少中」，便是此一悲劇最典型的歷史圖像。「少中」的離合多少反映了「五四」的盛衰，「少中」的動向多少透示了「五四」的功過，而「少中」在理想與現實的衝突下掙扎追求，乃至分裂解體的情形，更可以呈現出「五四」時代的知識份子共同遭遇的悲劇命運。[18]

這個命運是象徵著中國這一代知識份子為探求救國救民之真理，所走過的艱難曲折的路程。[19]也是作為一個中國秀異份子，處在國家與人民間的悲劇地位。[20]誠如宗白華所說的：「研究少年中國學會這一段歷史，可以具體地、生動地見到『五四』以來中國青年思想及活動方面的一個側影，見到它們的複雜性與矛盾性，反映著這一時期中國社會的複雜性和內在的矛盾。」[21]

---

[17] 同註 14，頁 353。

[18] 陳曉林，〈五四時代理想與現實的衝突——以「少年中國學會」為例〉，汪榮祖編，《五四研究論文集》(台北：聯經版，民國 68 年 5 月出版)，頁 219。

[19] 郭正昭、林瑞明合著，《王光祈的一生與少年中國學會》(台北：環宇版，民國 63 年 5 月初版)，頁 48。

[20] 同註 13，頁 34。

[21] 宗白華，〈少年中國學會回憶點滴〉，同註 8，頁 555。

「少中」與民國政局

(一) 中共的建黨

「五四」時代的知識份子，由於深受「社會達爾文主義」的影響，對任何主義的東漸，都一味的以唯新是鶩。[22]他們並不把西方文化視作一個複雜的有機體，而以為可以依己身所需，任意擷取，俯拾即是。[23]這種荒誕的想法，除了反映思想的真空外，主要表現在一種幻想的意識情結裡頭，傅斯年曾批評這種文化是只有摹仿，沒有發明。[24]所以，西方自 18 世紀長期發展出來的自由、平等、民主、科學等文化價值，在「拿來主義」的影響下。[25]未經審慎批判，便如潮水般湧入中國，且成為新知識份子間狂熱信仰的宗教。[26]

至於這些西方思想的根源如何，是否適用於中國，那就不在他們的考慮之列。[27]「五四」以降，伴隨列強的再度出賣中國，使不少中國知識份子，由對列強的不滿心理演變成對西方思想的疏離。[28]

---

[22] 郭正昭，〈達爾文主義與中國〉，張灝等著，《晚清思想》(台北：時報版，民國 74 年 11 月 4 版)，頁 685。

[23] 傅斯年，〈譯書感言〉，《新潮》1 卷 3 號(台北：東方文化書局影印，1972 年)，頁 531。

[24] 同上註。

[25] 茅盾，《我走過的道路》(上冊)(香港：三聯書店，1981 年)，頁 116。

[26] 林毓生，〈五四式反傳統思想與中國意識的危機〉，周玉山編，《五四論集》(台北：成文出版社，民國 69 年)，頁 480。

[27] 沈松僑，《學衡派與五四時期的反新文化運動》(台北：台大文史叢刊之 68，民國 73 年 6 月初版)，頁 274。

[28] 劉妮玲，〈從李大釗與陳獨秀的早期思想看中共的起源〉，張玉法主編，《中國現代史論集》第十輯——國共鬥爭(台北：聯經版，民國 71 年 6 月初版)，頁 22。

而正當此際，一連串悅耳動人的美麗口號，自遙遠的俄國傳到中國來了，共產主義是被壓迫民族者的救星，俄國是中國最真實的朋友。

俄國願意放棄帝俄時代的一切特權，俄國人民堅決的站在中國反侵略、反帝國主義這一邊。這些由加拉罕（Leo Karakhan）發出的對華宣言。[29]不僅博得了中國人的心，也激盪了國人對共產主義的幻想。民國 9 年冬至 10 年春，第三國際代表魏金斯基(Voitinsky)來到中國，經由北大俄文教授鮑立維的介紹，認識了同是北大教授的李大釗。[30]再由李的引薦，魏金斯基到上海找到了陳獨秀，共謀組織成立中國共產黨。[31]

而李本人，正是「少中」會員，且為七個發起人之一。先是，在魏金斯基來華以前，十月革命以後，李即已醉心於共產主義的宣揚與傳播，曾發表〈庶民的勝利〉與〈布爾雪維克的勝利〉二文於《新青年》，對俄國革命馬列主義表示了衷心的讚揚與嚮往。[32]其後於北京又組織了「社會主義研究會」和「馬克斯主義研究會」。[33]思圖集合一批有信仰和有能力研究社會主義的同志，互相研究並傳播社會主義思想。[34]以及團結一批具有初步共產主義思想的知識份子如瞿秋白、鄧中夏等人，來積極從事馬克斯主義的研究工作。[35]

---

29 郭廷以，《近代中國史綱》(香港：弘文出版社，民國 67 年 6 月印行），頁 525。

30 棲梧老人，〈中國共產黨成立前後的見聞〉，《新觀察》(北京)第 13 期(1957 年 7 月 1 日）。

31 郭華倫，《中共史論》第一冊（台北：國立政治大學國際關係研究中心東亞研究所印行，民國 71 年 10 月 4 版），頁 6。

32 王健民，《中國共產黨史稿》第一編（香港：中文圖書供應社，1974 年 9 月），頁 68。

33 張西曼，《歷史回憶》，引自沈雲龍，《中國共產黨之來源》，沈雲龍主編，《中青黨史資料叢刊》(11)(台北：中國青年黨黨史委員會印行，民國 76 年 5 月出版），頁 21。

34 〈北京大學日刊〉，中共中央馬、恩、列、史著作編譯局研究室編，《五四時

職是之故，為達目的，「少中」的原有組織，就是最好的目標。民國 8、9 年間，李在「少中」內部，即已時常宣傳國際共產主義，當時受其蠱惑而日後加入共黨的「少中」會員不少。[36]如毛澤東、鄧中夏、張聞天、黃日葵、劉仁靜、張崧年、楊賢江、惲代英、趙世炎、鄭伯奇、高君宇、沈澤民、侯紹裘等人。[37]這些人不僅是中共初期的主力幹部，且是造成共產運動蓬勃發展的活躍份子。民國 10 年 7 月 23 日，在上海舉行的共產黨第一次全國代表大會，出席代表共有十三人，[38]代表七個地方黨的組織和五十七個黨員。出席代表名單如下：上海代表——李漢俊、李達；北京代表——張國燾、劉仁靜（少中）；廣東代表——陳公博、包惠僧；武漢代表——董必武、陳潭秋；長沙代表——何叔衡、毛澤東（少中）；濟南代表——王燼美、鄧恩銘；留日代表——周佛海（少中）。[39]

由這紙名單看來，「少中」對中共的催生，實頗具關鍵性力量，十三人代表中，「少中」會員便佔了三位，將近四分之一，假如再加上「南陳北李」的李大釗，則影響力更大。所以說，影響日後政局極巨的中國共產黨之成立，「少中」實具有絕對性推波助瀾之功，此即誠如鄭學稼所言：「少年中國學會的分化，是二十年代中國知識界的一件大事。因為它給才成立的中共以好的幹部和同路人。」[40]

期期刊介紹》第二集（上冊）（北京：三聯書店，1979 年 4 月 1 版），頁 232。

35 洪煥椿，《五四時期的中國革命運動》（北京：三聯書店，1956 年），頁 62。

36 朱鏡宙，〈李大釗埋葬了少年中國學會〉，《傳記文學》23 卷 2 期（民國 62 年 8 月），頁 43。

37 李璜，《學鈍室回憶錄》，沈雲龍主編，《中青黨史資料叢刊》（8）（台北：中國青年黨黨史委員會印行，民國 74 年 10 月出版），頁 23-24。

38 同註 30。

39 陳公博，〈我與共產黨〉，《陳公博周佛海回憶錄合編》（出版地點年月不詳），頁 17-18。

40 鄭學稼，《中共興亡史》第二卷上（台北：帕米爾書店，民國 73 年 6 月再

吾人此時追溯這段歷史，不禁擲筆興嘆，誠如 Richard C. kagan 所言：「部分熱血知識青年在二十年代投入了共產黨，以為馬克斯主義可以解決中國的問題！這是中國近代史上最大的悲劇——悲劇不僅及於理想幻滅的他們，更降浩劫於億萬無辜的中國人身上。」[41]

（二）中青的創建

中國青年黨的產生，據陳啟天說：「自五四運動以來，一般有志青年雖熱心愛國運動，但並不熱心政治活動。至民國十年七月，共產黨依照蘇俄及第三國際的指示，秘密成立，並多方展開赤化的政治活動。中共始而在少中會內外進行赤化，繼而決定加入國民黨，掛羊頭賣狗肉。國民黨也開始聯俄容共，使中共得一發展的機會。於是從前熱心愛國運動而不熱心政治運動的有志青年，深懼來日大難，不得不起而設法抵制赤化的政治運動。適逢民國十二年，因臨城案件有列強共管鐵路的警訊，又因賄選總統有國會宣告破產的醜劇，均令愛國青年不能再坐視不管。所以組織新黨的時機，漸次醞釀成熟。最先由曾琦提議組黨，徵得許多留歐學生的同意。遂於民國十二年十二月二日在巴黎開組黨會議，到發起人十二人，共同決定黨名，黨章、黨綱及建黨宣言，並公推曾琦為黨務主任。於是一個毫無背景，也毫無憑藉，而純由愛國青年組織的新黨，遂秘密宣告成立。從此在歐展開組織工作，秘密招收黨員。到民國十三年四月二十日又在巴黎哲人廳，開青年黨第一次黨員全體大會，到

版），頁 78。

41 Richard C. kagan，詹宏志節譯，〈陳獨秀：從反傳統到民族革命〉，蕭公權等著，《近代中國思想人物論——社會主義》（台北：時報版，民國 69 年 6 月初版），頁 341。

黨員五十二人，選舉曾琦等五人任中央執行委員會委員，並公推曾琦為委員長。於是青年黨的中央組織，才算大體具備。」[42]

由上述引言可知，中青的成立，原本是由部分「少中」的愛國青年，感於時勢的需要，而組織中國青年黨。至於黨的宗旨是：「本黨本國家主義之精神，採全民革命的手段，以外抗強權，力爭中華民國之獨立與自由，內除國賊，建設全民福利的國家。」[43]中國青年黨與「少中」的關係，及其早期活動之經過，據陳啟天說：

「本黨同志在未建黨以前，即已開始廣泛的救國運動，民國七年本黨同志曾琦聯合留日學生，組織留日學生救國團，反對中日軍事協定。並與同志多人結合國內外有志青年，創立少年中國學會，發行少年中國月刊，其宗旨為『本科學的精神，為社會的活動，以創造少年中國』。此學會成立二年後，有李大釗、鄧中夏、黃日葵、惲代英等會員，密組共產黨，並在學會內宣傳。現在共產黨人毛澤東、張聞天等，亦原為少年中國學會會員。因此引起另一部分會員，如曾琦、左舜生、李璜、陳啟天、余家菊、何魯之等人的懷疑與反對。於是曾琦等同志在國外結合留英留法留德留美的中國學生，而在國內亦同時聯合愛國志士，共謀新黨之建立，於是中國青年黨遂應運而生，於民國十二年十二月二日開創立會於法京巴黎。」[44]

由此可知，中青的成立，實導源於民 10 以後「少中」內部的共產主義與非共產主義之爭，這一爭執，由於共產黨的成立，有了組織，有了政治野心；而鬥爭的更激烈，更白熱化。因有鑒於中共的成立，「少中」內部的國家主義份子，如李璜、曾琦等人遂興起組

---

42 陳啟天，《寄園回憶錄》(台北：商務版，民國 54 年 12 月初版)，頁 142。
43 同上註。
44 同上註，頁 264。

黨之念，以進一步與共產主義相抗衡。所以陳啟天說：「少中」雖不是如左舜生所言為青年黨的前身。[45]青年黨的發起人也不限於少中會員。[46]但當時「少中」內部國家主義與共產主義之爭，對於青年黨的創立和發展卻有相當影響。[47]當是持平之論！

「少中」與文學創作及婦女解放

「五四運動」的前後，中國青年們的求知慾是很強烈的，世界的新知識、新學說都紛至沓來的輸入中國，出版物如雨後春筍般的出現。然其中，最早、最有力的月刊，除《新青年》、《新潮》外，就屬《少年中國》與《少年世界》月刊最重要了。[48]《少年中國》月刊，標明注重文化運動，旨在闡揚學理與純粹科學；《少年世界》則注重實際調查，旨在敘述事實與應用科學。[49]至於「五四」時代流行的新文化運動、文學革命與婦女解放，《少年中國》與《少年世界》也扮演著舉足輕重的角色。

司馬長風在《中國新文學史》曾言：「少中」月刊是繼《新潮》之後，對誕生後的新文學，起了主要的中繼作用和育苗作用。《少年中國》月刊，並不是純文學的刊物，和《新青年》、《新潮》一

[45] 左舜生言：「在最近這三十年中，我曾加入並且還賣過相當氣力的團體，一共只有三個：一、少年中國學會，二、中國青年黨，三、民主政團同盟。這三個團體是一貫相生的，換言之，無學會即無青年黨，沒有黨，我當然不會參加什麼政團同盟了。」，同註 10，頁 7。

[46] 曾琦〈旅歐日記〉記載：「十二月二日，曾琦、李不韙、張子柱、李璜、胡國偉、梁志尹、何魯之為發起人。」，《曾慕韓（琦）先生日記選》，沈雲龍主編，《近代中國史料叢刊》(19)（台北：文海出版社），頁 77。

[47] 陳啟天，〈我與曾慕韓先生〉，同註 2，頁 68-69。

[48] 孟壽椿，〈五四運動時代王光祈先生的奮鬥生活〉，同註 6，頁 60。

[49] 同註 8，頁 249。

樣，其主旨都是在提倡新思潮，鼓吹愛國。因為趕上了文學革命，所以也自然成為新文學運動的據點。《少年中國》刊載的文學作品不多，而多為詩作。小說方面，除了易家鉞的〈野犬呼聲〉（翻譯）之外，沒有什麼小說。

而新詩的創作，主要的寫詩作家有康白情、田漢、宗白華、黃玄、左舜生；偶爾有詩發表的作家有李大釗、王光祈、易家鉞、周無、孟壽椿、易漱瑜、鄭伯奇、黃日葵、沈澤民。其中田漢、鄭伯奇後來且成了「創造社」的主力作家。[50]除此之外，《少中》月刊對詩學的研究亦不遺餘力，在《少中》月刊的第1卷8、9期，且出過〈詩學研究專號〉，對當時白話詩的發展與提倡貢獻良多。[51]至於劇作的發表，以田漢的第一個劇作〈珴璘與薔薇〉最為有名，曾登於民國8年11月的《少中》月刊上。

此外，散文與文學批評的作家，有李璜、易家鉞、田漢、鄭伯奇、周無、李劼人、王光祈、宗白華、楊賢江等人。翻譯方面最大的功臣則屬黃仲蘇、李劼人、田漢、周無、李璜、鄭伯奇、王獨清等。[52]總之，《少年中國》月刊，雖非彼時文學革命的主流，但它對新文化的提倡，確實是起了不小的作用。

至於說到婦女解放，「五四」時期，由於受到西方學說的影響，中國知識份子一方面排斥舊傳統，一方面吸收新思潮。思想上的改革及創新，意味著舊日道德倫理所依據的理論不復被承認，孔制權威受到攻擊。大家庭制度日趨沒落，青年紛紛走進社會，為人群服

---

50 司馬長風，《中國新文學史》（上卷）（台北：古楓出版社，1986 年），頁81。

51 周錦，《中國新文學史》（台北：長歌出版社印行，民國65年4月初版），頁145。

52 同註50，頁81-82。

務。「小家庭」和「自由戀愛」的觀念隨著歐風美雨吹進中國，有獨立謀生能力的年輕人，逐漸脫離大家庭，自行尋覓配偶並自組小家庭，婦女亦從數千年來舊禮教的束縛中掙扎出來。

「五四運動」期間，女學生衝破了學校當局和封建家庭的障礙，參加罷課、示威、演講，在街頭派發傳單等行動。「五四」以後，介紹新思想的雜誌，如《少年中國》、《曙光》等已具體地討論婦女求學與就業問題，社交自由及戀愛自由等問題，於「五四」前提出的婦女解放運動，這時變得更具體化、更充實了。[53]此其中「少中」系列刊物的大力鼓吹提倡，實居功至偉。

如「少中」南京分會所主編的《少年世界月刊》，於該刊 7、8 期便刊佈〈婦女號〉專題研究，其中報導了各國婦女運動的情況，各種進步組織及其出版物，介紹了當時中國的幾所女子學校和一些學校的學生爭取男女同學的鬥爭經過。並透過對英、美、日本等國的大學女生情況的介紹，襯托出中國大學不開女禁的不合理；有的文章還披露了中國廣大農村婦女受壓迫和無權的苦況。[54]

另外，於暴露封建宗法社會對婦女形體和精神的摧殘和壓迫的文字，在「少中」的另一刊物《星期日》週刊亦闡揚頗詳，這些文章幾乎都敘述了婦女所受的種種不平等待遇和歧視，列舉了號稱平等的法律對於女權的諸多限制；提倡恢復婦女的真正人格，打破三從四德的封建枷鎖，取消納妾的惡習。[55]總之，「少中」對婦女解放運動的積極倡導，及堅決反對男尊女卑的落後思想，在當時實開啟一狂飆的急先鋒。

---

[53] 同註 11，頁 86。
[54] 《少年世界月刊》〈目錄〉（上海：亞東圖書館，民國 9 年）。
[55] 《星期日》週刊目錄，同註 19，頁 345-357。

我們知道，一種運動的成功，不僅是本身問題獲得相當的解決，而是由此運動能產生一種新的潛意識，使時代社會劃然成另一個天地。[56]「五四運動」便是如此，它是百餘年來的中國人，在歷經滄桑，受盡痛苦折磨後所掀起的一股狂熱潮流，他們要在這個狂潮中尋覓自己的希望，找尋自己的方向。[57]「少中」的成立，便是他們追求這股理想的第一步，誠如學會發起人之一的張尚齡說到：

「當時『少中』在很短期內，就能名滿海內外，以其個人看來，約有兩大原因，第一是；當時在五四運動以後，世界新潮，日趨演變，中國政治，還是漆黑一團，不過社會各方面，露微弱的曙光，全國青年，對於新知與出路的要求，皆有非常敏感，於是本會遂成了一般青年渴望追求的對象。」[58]

職係之故，「少中」成立後，會務便進展甚速，不久即發展到南京、上海、成都等地，會員雖不過百餘人，但事實上卻幾乎將「五四運動」以後青年知識界的優秀分子網羅大半。[59]這些秀異分子，不僅在言論上鼓吹「內除國賊，外抗強權」的愛國思想，更進一步在行動上躬行實踐。如曾琦、張尚齡代表留日學生，歸國參加全國學生救國運動；陳啟天、余家菊領導武漢學生發動新文化運動；左舜生於南京學生會中鼓動江浙罷市、罷工。[60]這股身體力行

---

[56] 李式相，〈「五四」在中國青年運動史上之價值〉，陳少廷編，《五四運動與知識青年》（台北：環宇版，民國 63 年 4 月再版），頁 83。

[57] 林一新，〈五四運動的歷史意義〉，陳少廷編，《五四新文化運動的意義》（台北：百傑出版社，民國 68 年 5 月出版），頁 105。

[58] 同註 7，頁 27-28。

[59] 同註 12，頁 8-14。

[60] 同上註。

的幹勁，誠如胡秋原所說的，不但是「五四」運動的主力軍，[61]也為民 10 以後各黨各派提供了重要的新血輪。[62]

所以「少中」對「五四」與民國政局的影響，綜上所言，可歸納為三點：

（1）其和「五四運動」的關係，是桴鼓相應的，說它是「五四運動」的先驅也未嘗不可；說它受「五四運動」的衝激而催生，亦合乎史實。[63]總之，它與「五四運動」是分不開的。它的發展和分裂過程，清楚地說明了「五四」時期，中國知識份子所受各種新思想、新潮流的衝擊和反應。[64]而它的分化與寂滅，也構成了一幅悲劇性的歷史圖像，象徵著「五四」時代的趨近結束。[65]

（2）其與民國政局的影響，唐君毅說：「五四時代之青年精神之可愛處、可貴處，在其表現中國知識份子要求主宰政治，改革社會的一股新鮮活潑的朝氣。……然其缺點，則在於青年精神仍不免只表現消極的破壞的價值。」[66]「五四運動」領袖之一的羅家倫事後也說到：「我們得承認五四運動一個缺點，就是當時從事這個運動的人，大都文化的意識很強、國家民族的意識很強，但是沒有公認的具體政治方案，更沒有政治的組織來和這個偉大的潮流相配合。」[67]

---

[61] 胡秋原，〈悼念余家菊先生〉，《民主潮》（民國 65 年 5 月），頁 4。

[62] 何魯之，《何魯之先生文存》（台北：青城出版社，民國 67 年 4 月初版），頁 236。

[63] 編者，〈「少年中國學會六十週年紀念」主題說明〉，《傳記文學》35 卷 1 期（民國 68 年 7 月），頁 10。

[64] 同註 19，頁 48。

[65] 郭正昭，〈王光祈與少年中國學會（1918～1936）〉，《中央研究院近代史研究所集刊》第 2 期（民國 60 年 6 月），頁 148-149。

[66] 唐君毅語，引自李霜青，〈五四運動與新文化運動之史實考述〉，《法商學報》12 期，頁 286。

[67] 羅家倫，〈五四的真精神〉，《五四愛國運動四十週年紀念特刊》，頁 38。

誠然如此，這種狀況表現於「少中」的分裂最明顯。「五四運動」的前夕，由於當時愛國心切，使青年們不計思想的分歧。一切以「救國第一」為團結的根本。[68]以「富國強兵」為首要之目的。[69]可是當「五四」熱情的高潮一過，各種思想的分歧旋即展開激烈的鬥爭。「少中」的分化為國家主義派和共產主義派，對民國政局的影響，不僅造成了中共、中青的成立，也提供了這兩黨好的幹部及同路人。[70]迄於今日，其影響力仍存在著。

(3)於婦女解放與文學革命的影響：此可從兩方面來看，一為從知識思想力的影響來看，在這方面，「少中」所創刊的《少年中國月刊》、《少年世界月刊》、《少年社會》雜誌和《星期日週刊》四種雜誌，其影響力之廣遠，是可以預知的。二為從社會活動力的影響來看，主要是倡導並經辦「工讀互助團」，介紹並推展「新村運動」，在這方面的嘗試雖有貢獻但效果不彰。[71]總之，經過近一世紀的物換星移，「少中」雖已寂滅，且漸為世人所忘；但追溯其影響，吾人實不得不對此虎虎生風之學會，致上無限的敬意。

---

68 張國燾，《我的回憶》上卷（香港：明報月刊出版社，1974年），頁43。
69 郭沫若，《創造十年》(上海：現代書局，民國22年再版），頁74。
70 同註40。
71 梁元棟，〈五四運動前後政治思潮與國民革命〉(台北：國立政治大學三民主義研究所碩士論文，民國70年）。

第九章　結　論
——少年中國學會的緣起緣滅

「五四」時代是一個浪漫的啟蒙時代，「五四」精神最強烈的一面，是對中國的過去，全部而徹底的否定。在那段所謂「五四」時代中，反傳統的吼聲響徹雲霄，新思潮的狂飆掀起了滔天巨浪；年輕的一代追求解放，要求再生。他們不顧一切，超越了藩籬，衝決了網羅，強勁而具有浪漫色彩的衝動，搖撼了兩千多年來因襲文化傳統的根基。這種具有浪漫色彩的衝動，在當時確曾為中國帶來一番破壞性的新氣象，但同時也為其後社會文化的發展帶來許多嚴重的問題。

「少中」就是在這樣一股的「五四」浪潮中，於民國 8 年 7 月 1 日正式成立。關於它的成立，固然是因為留日學生反對中日軍事密約而起，但民初政局的混濁，政客之無恥，亦是其發起之念。「少中」會員黃仲蘇即說到：「民初以降，一般青年在此期間，至為徬徨。對老前輩既感失望，於舊制度亦表疑慮，在煩悶、痛苦中，知識青年們由深刻的反省，領悟到救國的道理，亦即是凡事必先從己入手，唯是單獨奮鬥，各自為戰，無補時艱，且殊危險，所以必需集合同志，組織團體，共同努力於學術之研究，革新思想，改造生活，明定目標，訂立信條，相互督策，方克有濟，此乃『少中』發起之動機也。」[1]

---

[1] 黃仲蘇，〈王光祈與少年中國學會〉，《傳記文學》35 卷 2 期（民國 68 年

動機雖已明確，但如何實踐其理想呢？我們由學會宗旨的中心思想可以看出，乃是以科學思想為指導，以社會活動為手段，以達到創造少年中國為目的。學會的這個宗旨，顯然含有新文化運動提出的民主、科學的精神，這在當時是頗具進步意義的。它激勵著青年們衝決封建倫理的羈絆，接受西方的先進思想，掃除愚昧落後，掌握科學文化；推翻古老腐朽的舊社會，建立青春年少的新中國。[2]可是學會甫經成立，便隱含著分裂的種子，先是發起的7人中，其思想就分為三派，李大釗、陳淯傾向蘇俄，贊成共產；王光祈、周無則較偏向無政府主義；曾琦、雷寶菁和張尚齡則主張國家主義。[3]

兼以「少中」並非一個綱紀嚴整、組織縝密、規律周詳、服從某一領袖、遵守某一主義的團體。相反的，它是一個追求光明、崇尚思想自由、不受拘束、所持信仰亦不一致的學會。職是之故，學會自成立以來，於會員間談話及通訊中，關於是否參加政治活動一問題，討論辯駁至為熱烈，然終以環境惡劣、刺激過強，見仁見智，信仰各異，思想的衝突日益加劇，漸漸而趨於白熱化。民國10年南京年會後，「少中」內部左右兩派的鬥爭，發生了根本的變化。

就內容而言，以前主要是爭論學會要不要確定主義、要不要從事政治活動，以後則淪為共產主義同國家主義的論戰。就性質來講，如果說先前僅是屬於革命與改良兩條路線之爭的話，那麼爾後便形成了革命與反革命的敵對鬥爭了。探討這段史實，我們可以

8月），頁140。

2 李義彬，〈少年中國學會內部的鬥爭〉，《近代史研究》(北京)第2期(1980年)，頁119。

3 赤松子，《人海滄桑六十年》(台北：五洲出版社，民國60年10月初版)，頁27。

說，「少中」雖然標榜著科學精神與社會活動，但其發展與分裂過程，仍脫離不了政治，甚至是「以政治始」(愛國抗日留學生的結合)與「以政治終」(因政治主張與信仰不同而自動解散)。

而其所象徵的意義則清楚地說明了「五四運動」以來，中國知識份子受各種新思想、新潮流的衝激和反應；以及其所走的不同路向。這當然也表現了知識份子在蛻變時代中，對中國的關切和努力。[4]「少中」雖然寂滅了，但它的影響仍在。從民 7 發起以來，經過了民 8 的「五四運動」，「少中」便一天天的擴大起來，因「五四」一幕，有不少的新青年及時覺醒，而各地的青年組織，也如雨後春筍般的成立。「少中」既已有了相當的歷史，且《少年中國月刊》的出版，也頗能予人耳目一新的感覺，因此由各地會員的輾轉介紹，加入的會員逐漸增多。[5]

而其活動的領域也相當遼闊，早期總會設於北京，民國 13 年則遷往南京。成都設有分會，湖北、湖南、山東、天津、上海等各大省市，亦均有會員活動的足跡，國外則以法國的會員為最多，在法國且有巴黎分會的設立。此外，德、美、日、英、南洋等地，也有會員行蹤。綜觀「少中」活動的領域，在國內廣達六省以上，於國際上亦遍及六國之多。至於其活動的項目，要而言之，以創辦刊物，輿論宣傳成績較著。《少年中國月刊》，是當時繼《新青年》與《新潮》雜誌之後，最具影響力的刊物。

《少年世界月刊》中關於婦女解放、學生運動、實際科學的報導，亦享譽國內，頗受好評。會員間，更是人才濟濟，匯集全

[4] 郭正昭、林瑞明合著，《王光祈的一生與少年中國學會》(台北：環宇出版社，民國 63 年 5 月初版)，頁 48。

[5] 左舜生，《近卅年見聞雜記》，沈雲龍主編，《中青黨史資料叢刊》(6)(台北：中國青年黨黨史委員會印行，民國 73 年 7 月出版)，頁 9。

國各地菁英，在「少中」一百二十餘名會員中，除積極從事政治者外，絕大多數的仍堅持學術報國的理想，他們在自己所從事的教育、科學、文化工作崗位上埋首鑽研，潛心探究，期望個人的奮鬥能有益於國家民族，其中一些會員，後來的確卓然有成。如方東美在哲學上的成就、魏嗣鑾在科學上的造詣、宗白華於美學的闡述、舒新城於教育的貢獻、田漢對新文學的創作、李劼人對翻譯作品的介紹、沈怡對水利交通的整治、盧作孚於航運的拓展、朱自清對文學理論的發揮，均足以冠蓋群倫，馳譽遐邇，影響極鉅。

「少中」原本是個偏重友誼與學術的團體，只因為時代政治的動盪而致解體，此乃無可避免的歷史悲劇。但會友之間尚友輔仁，共勵上進的親切情誼，於國家民族的貢獻，觀之民國以來，恐無第二個團體可與倫比。

如果從文化人類學的觀點來看「少中」早期活動所代表的思潮，則無疑是一個復興中國固有文化，並且有條件吸收西方文化的運動。它是一群秀異知識青年在民族主義思潮沖擊下，從所遭遇的文化危機中集體覺醒，同應相求，群策群力來推展中國文化的本土運動（Native Movement）。他們吸收並凝聚了當時幾股重要的西方思潮，以雜誌書報為媒介，加以鼓吹，有力地介紹輸入中國，企圖對中國傳統的政治、經濟、社會和文化做基本的改革。

現就當時湧現的思潮，尋繹六個脈絡，略敘如下：

（1）少年主義：少年主義自清末以來便是一股新銳有力的思潮，從「少中」早期言論中所表達的「少年中國」主義，原本只是一個非常模糊的概念，而且充滿了浪漫的理想，所抱的宗旨也相當廣泛，彼此並未一致。直至民國 13 年，王光祈在自己所寫的《少年中國運動》一書之序言中，才為少年主義的思想，找到一個明確的歸宿。王光祈說：「少年中國運動不是別的，只是一種中華民族復興運動」，少年主義的定位於是明焉。

（2）民族主義：「少中」的發起，肇端於民國 7 年留日學生罷學歸國事件，故其早期結合的本質，無疑是一個民族主義的愛國運動。證諸「少中」在二〇年代為「反宗教運動」及「收回教育權運動」所做的努力，其民族主義所代表的立場更是不容置疑。

（3）民主主義：民主主義是「五四」的中心思想，「少中」在這方面的活動，表現比較側重於全民教育的鼓吹與婦女地位的提倡。

（4）個人主義：個人主義的思潮，反映在「少中」較具體而有代表性者為「新村運動」及「工讀互助團」。

（5）社會主義：社會主義思潮在民國以後，逐漸發展成一股支配性的力量，其後且成為共產主義的濫觴。由於此一思潮的激盪，「少中」內部產生了「社會主義研究會」。在李大釗的主導下，終於與陳獨秀等人的「馬克斯主義研究會」合流，而演化成共產主義派，學會思想的分歧與分裂即導源於此。

（6）科學主義：科學主義在中國湧現之後，「少中」便深受此一思潮之影響。「少中」的宗旨標示科學的精神，其後甚且拒絕任何宗教組織成員入會，均是承受此一思潮支配的具體表徵。推而言之，「少中」強烈的「反宗教思想」與「收回教育權運動」，說是民族主義固可，謂為受科學主義影響所致亦無不行。[6]

上述六大思潮的譯介，可說是「少中」在推展本土運動中，欲從以中國傳統文化為重整反應的方向，走向以西方文化為重整反應

6　郭正昭，〈王光祈與少年中國學會（1918～1936）〉，《中央研究院近代史研究所集刊》第 2 期（民國 60 年 6 月），頁 123-133。

的目標導向。此外，從一個更遼闊的歷史視野來看，近代學會運動，本質上是知識份子的群眾運動，「少中」及其活動所代表的，只是近代整個中國知識份子大規模群眾運動的一個小環節。此環節雖小，但其所象徵的意義卻非比尋常，據筆者探究「少中」之所得，至少有三點頗具代表性。

(1)以時代言之：由「少中」的這段歷史，可以使我們具體地、生動地見到「五四」以來，中國青年思想及活動的一個側影，可看到他們的複雜性與矛盾性，進而反映著這一時期，中國社會所顯現的複雜性與內在的矛盾。

(2)由特色言之：民初知識份子意識形態的理想取向，由「少中」的組合及分化過程、組織結構的型態和重整反應思潮，及其領袖群的改革思想與過渡性格等諸多特色，實可提供一個很好的個案研究。

(3)就影響言之：「少中」與「五四」的關係極為密切，可以說「少中」的寂滅，實可象徵「五四」時代的結束。另外，「少中」的分裂，對民國政局的影響更是無與倫比，中共、中青的成立，都與學會的分裂有著或多或少的關係。

綜上所言可知，「少中」是民國以來最可貴、最重要的一個社團，它不僅與「五四」相始終，更是「五四」人文主義浪漫情懷的象徵。學會距今已近一個世紀了，在這近百年物換星移的動盪歲月中，時間的流逝使「五四」成了歷史，也使「少中」成了歷史。因此我們現在欲探索「少中」的這段歷史，只有將其放在近代整個社會文化變遷的持續過程中去觀察，從更遼闊的歷史背景和時代環境去探索，如此才能充分顯示其歷史的面貌與意義。

附錄一　「少年中國學會」大事記

清末民初，是中國新思想、新文化孕育、啟蒙、發芽的重要時期，由於受到西方列強的欺凌，晚清以降，自「強學會」始，民間學術團體，有如雨後春筍般的蓬勃發展，其數目不在千百之下。此種思圖以組織學會、團體力量以達救國目的之結社方式，迄於「五四」時代幾臻於高峰。在這千百個學會中，少年中國學會（以下簡稱「少中」)無疑是其中最具特色與影響力的一個，因為它不僅是「五四」時期歷史最久，會員最多、分布最廣的一個學會；且是象徵「五四」悲劇精神，分化意識最明顯的一個社團。

它發起於民國 7 年 6 月 30 日，經過一年的醞釀與籌備，於民國 8 年 7 月 1 日正式成立。從發起至民國 14 年底的無疾而終，總共存在了七年又十天。時間雖然不長，但所經過的卻是中國一個新政治孕育的時期，同時也是一個大變動的時期。如所周知，「五四」的前後數年，可說是中國新舊社會嬗遞中，思想最分歧、衝突最為劇烈尖銳的時代，在外來各種思想的猛烈衝擊下，傳統的一切文化制度逐漸解體，取而代之的是經由文學革命所帶來的一連串改革運動。

在此改革的風潮中，一群懷抱崇高理想純潔有為的青年，提出了「本科學之精神，為社會之活動，以創造少年中國」的宗旨。對當時暮氣沉沉的中國社會，灌注了一股新生的力量，它就是——「少中」。現且將這個在「五四」時期虎虎生風的社團，其經緯始末，以大事記的方式，作一介紹，一則紀念「少中」九十年的歲月，再則勾起逐漸為人所淡忘的「五四」精神。

民國 7 年（1918）

3 月 10 日	曾琦、張尚齡、易家鉞等人於日本商議組織「華瀛通信社」以抗日本之輿論壟斷。
3 月 27 日	「華瀛通信社」正式成立。
5 月 4 日	曾琦、張尚齡等人，因反對「中日軍事密約」，而參加「留日學生救國團」罷學歸國。
6 月 30 日	陳淯、張尚齡、周無、曾琦、雷寶菁、王光祈等六人，於北京順治門外嶽雲別墅張文達祠，商議發起「少年中國學會」（簡稱「少中」）。
7 月 7 日	曾琦擬發起「全國學生愛國會」。
7 月 14 日	王光祈、周無、曾琦聚商組織「少中」，並討論章程。
7 月 21 日	邀李大釗入會。
11 月中旬	李大釗開始在「少中」，宣傳俄國革命的偉大意義。
12 月 14 日	發起人之一雷寶菁於東京病逝，年僅 19 歲。

民國 8 年（1919）

1 月 16 日	刊布會員曾琦《國體與青年》一書。
1 月 23 日	北京會員周無、王光祈等人與上海會員於吳淞同濟學校，開吳淞會議。
3 月 1 日	《少年中國學會會務報告》創刊。
3 月	李璜、周無等在巴黎設「巴黎通信社」，報導有關「巴黎和會」最新消息，對國內新聞之提供，裨益不少。
3 月 27 日	「北京大學平民教育講演團」成立，發起人之鄧中夏、康白情均為「少中」會員，團員中之許德珩、陳劍翛、周炳琳、孟壽椿、易克嶷、楊鍾健、朱自清後來亦先後加入「少中」。

5月4日	「五四運動」爆發，有不少「五四」青年，如易克嶷、許德珩、康白情等，日後均加入「少中」。
6月13日	由王光祈、曾琦、袁同禮三人代表「少中」，與清華學校「仁友會」開第1次懇親大會。
6月15日	成都分會成立，有會員李劼人、彭雲生、穆濟波、胡少襄、孫少荊、李哲生、李小舫、何魯之、周曉和等九人。
6月29日	東京會員田漢、沈懋德、易家鉞等三人，於東京府下戶冢町大字諏訪173松山庄，召開談話會。
7月1日	北京總會假北京回回營陳淯宅，召開正式成立大會，《少年中國月刊》創刊。
7月13日	成都分會，《星期日週刊》正式發行，由孫少荊任經理，李劼人任編輯。
7月15日	《少年中國月刊》正式發行，銷路達五千份。
7月	毛澤東在長沙辦《湘江評論》。
8月15日	公佈選舉結果，曾琦、左舜生、宗白華、王光祈、雷寶華為評議員；易克嶷、黃日葵為候補評議員，另選王光祈為執行部主任，陳淯為副主任。
8月25日	上海會員餞別會，歡送曾琦赴法留學。
9月	徐彥之在濟南創「齊魯通信社」。
10月9日	北京總會王光祈、鄧中夏、孟壽椿、黃日葵等十七人，假北京嵩祝寺8號開會，討論組織學術談話會等事宜。執行部正式成立，新加入會員鄧康、張崧年、趙崇鼎、陳道衡四人。
10月11日	新入會員謝循初、惲代英、阮真、楊賢江、蔣錫昌、王克仁、沈澤民、王德熙、方東美、余家菊、梁紹文等十一人。
10月25日	執行部主任王光祈前往武昌、南京、上海、濟南、天津各處接洽會務，訂立《少年世界》合同。

11月1日　「少中」南京分會成立，會員有左舜生、黃仲蘇、黃懺華、沈澤民、蔣錫昌、楊賢江、阮真、趙叔愚、謝循初等人。

11月　周無主編《旅歐週刊》。

12月1日　《少年社會》雜誌創刊，由南京高等師範學校的學生主編。

12月14日　王光祈與李大釗、蔡元培、陳獨秀、胡適等發起「工讀互助團」。

12月　新入會員張聞天。劉泗英在日本創辦「東京通信社」。

民國9年（1920）

1月1日　《少年世界月刊》創刊，由南京分會編輯。

1月　新入會員芮學曾、毛澤東。

2月　惲代英學北京「工讀互助團」，在武昌橫街成立「利群書社」。

3月3日　北京會員孟壽椿、徐彥之等多人，於中央公園「來今雨軒」開歡迎會，歡迎南京會員王德熙，並聽取其報告分會會務。

3月13日　北京會員於北大圖書館開常會，組織叢書編譯部和整頓《少年中國月刊》編輯部。

4月1日　王光祈赴德留學，《少年社會》雜誌，由週刊改為半月刊。

4月10日　北京會員惲代英等十一人於「來今雨軒」開常會，籌備名人講演大會和組織學術談話會。

5月8日　北京會員常會，擬增加常會次數，每隔一星期開會一次及增加名人講演次數，每月一次。

5月22日　北京會員常會，籌備《少年中國月刊》周年紀念號。

6月6日　北京會員陳淯假北京中央公園「來今雨軒」開歡迎會，歡迎來京考察教育的南京分會會員蔣錫昌，並建議《少年世界》編輯部遷往巴黎。

6月19日　北京會員常會，籌備周年紀念大會。

6月　新加入會員惲震、王崇植、吳保豐三人。

7月1日 北京會員袁守和、黃日葵、康白情、孟壽椿、雷寶華、李大釗、周炳琳、鄧中夏、張崧年、陳淯等人，於北京順治門外嶽雲別墅開周年紀念大會，報告一年會務，宣布學會會員人數，選舉評議員，討論會務與修改學會規約。南京分會會員黃仲蘇、謝循初、王克仁、阮真、李儒勉、趙叔愚、劉衡如、楊賢江、方東美、邰爽秋等十人，於南京胡家花園，召開「少中」週年紀念大會，討論會務及整頓《少年世界月刊》。

7月18日 南京會員黃仲蘇等，召開歡迎會，歡迎武昌會員陳啟天、惲震；上海會員吳保豐等人，來南京入高師暑期學校求學。

7月21日 北京會員常會，發表評議員選舉結果，修改規約提議。

7月 新加入會員周佛海。

8月1日 南京會員及來賓三百餘人，開歡迎會，討論小學教育問題。

8月14日 北京會員開茶話會，歡迎上海會員沈怡；及北京會員徐彥之，並議決16日參加天津「覺悟社」在北京陶然亭舉辦的茶話會。

8月16日 「少中」北京總會、天津覺悟社、北京人道社、曙光社、青年互助團等五個團體，共同召開茶話會。會中鄧穎超報告覺悟社的組織和經過，周恩來演說，李大釗代表「少中」致答辭，提議各團體有標明主義之必要。

8月18日 「少中」、覺悟社、曙光社、青年互助團、人道社等五個團體代表，召開聯絡籌備會，議決共同成立「改造聯合」，草擬組織大綱。

8月19日 北京會員茶話會，李大釗建議學會「對內對外」，似應有標明主義之必要。

8月28日 北京會員常會，審查「改造聯合」約章草案。

8月 上海通信社、紐約通信社同時成立。

8月 新加入會員張明綱、高尚德二人。

9月6日　北京會員茶話會，通過「改造聯合」約章，陳淯建議編輯簡明小冊叢書。

9月18日　北京會員常會，改組月刊編輯部，公推蘇演存為編輯主任，黃日葵為副主任。改組執行部，公推陳淯為執行部主任，鄧中夏為副主任。

9月　新加入會員陳政。

10月17日　巴黎會員李劼人、李璜、曾琦、周無、許德珩等人，於巴黎召開星期談話會（學術談話會），胡助談「理化學之革命」。

10月25日　北京會員常會，籌備延請名人演講，整頓月刊廣告。

10月　新加入會員湯騰漢。

11月28日　北京全體會員及應邀來賓十餘人，於北大第一院第二教室，召開學術談話會，李大釗演講「自然與人生」、鄧中夏提出討論「羅素˙勃拉克與中國婚姻問題」。

12月17日　北京會員歡迎會，歡迎會員朱鐸民自南洋歸來。

12月19日　北京會員及聽眾數百人，舉行講演大會，邀請陸志韋、劉伯明講演宗教問題。

12月　《少年世界月刊》停刊。

12月　新加入會員楊效春。

民國10年（1921）

1月16日　北京會員常會，歡迎南京分會趙叔愚來京。

1月　謝循初、黃仲蘇在美國伊利諾州創設「中美書報代售處」，為有條理的介紹美國書報，以便國人作系統的學術研究。

1月　梁紹文在武漢創辦《武漢星期評論》。

1月12日　南京分會召開歡迎會，歡迎北京會員蘇演存至滬寧，並討論會務，議決編輯會員所有圖書目錄，印行會員通信錄。

1月27日　北京會員臨時會，議決准蘇演存辭《少年中國月刊》編輯，並薦左舜生擔任；另因執行部正副主任陳淯、鄧中夏均有事在身，乃公推陳仲瑜暫時代理執行部主任之職。

2月19日　北京會員年會，討論鄧中夏所提出學會採取何種主義問題。

2月　陳淯、劉泗英在四川辦《新蜀報》。

3月13日　北京會員改選會，執行部主任鄧中夏，因赴保定任省立高師國文教師，決議改推蘇甲榮任執行部主任；評議部推左舜生任評議部通信員。

3月27日　上海會員楊賢江、沈澤民、張聞天、惲震、吳保豐、王崇植、左舜生等，召開上海分會醞釀會。南京會員召開南京大會籌備會，討論南京大會籌備事宜，並發出籌備通知。巴黎分會成立，選舉職員，周無當選分會書記，陳登恪當選通信員。

4月8日　北京會員談話會，王德熙自請退會。

4月　《少年世界》停刊後，又於此月出一期增刊〈日本號〉。

5月10日　北京會員臨時會，以會員易家鉞於《京報》辱罵女高師蘇梅，吐詞淫穢，乃議決由執行部批准其在此以前提出申請退會要求。

5月31日　北京會員留別會，餞別赴德留學會員沈怡、赴美留學會員孟壽椿。

6月17日　北京會員談話會，討論學會應否採用某種主義。

6月30日　南京大會預備會，討論大會費用、開會時間、地址、議事日程。

6月　新加入會員楊鍾健、沈昌、鄒祥禔。

7月1-4日　於南京鶴鳴寺、玄武湖、清涼山掃葉樓、高師梅庵等地，召開南京大會（第二次年會），主要議題為討論學會宗旨及主義問題、政治問題及會外其他活動問題、宗教信仰問題等。

7月23日　中國共產黨於上海正式成立，參加成立大會的有「少中」會員毛澤東、劉仁靜、周佛海等人。

8月10日　上海會員聚餐會，歡送方東美、沈怡、王崇植、惲震赴美、德留學。

9月10日　學會第三屆評議會選出。

9月14日　北京會員談話會，宣布第三屆評議員選舉結果，推舉楊鍾健為執行部主任、陳仲瑜為副主任。

9月15日　「少中」「教育研究會」正式成立，提出簡約草案，以謀中國教育之改進為鵠的。

9月20日　執行部通知，有諸多會員未繳會費及填寫「終身志業表」，上列者截至10月3日為止。

9月　「少中」留德學生王光祈、魏嗣鑾、張尚齡、宗白華、孫少荊等人發起「中德文化研究會」，以介紹研究中德兩國文化為宗旨。

10月9日　北京會員談話會，商討整頓月刊問題。

10月16日　北京會員常會，張崧年來信出會事，鄧中夏擬「少中」「社會主義研究會」。

10月20日　北京會員常會，議決整頓月刊、會費、出版「會員通訊錄」，商討組織「社會主義研究會」，由鄧中夏負責組織工作，並由黃日葵統籌組織「文學研究會」；另外尚議決「會員終身志業調查表」，限期於11月15日交齊，12月出版，過期不候。

11月13日　北京會員常會，宣布「社會主義研究會」、「文學研究會」不日即可成立。

11月16日　北京會員常會，楊鍾健報告會務，「會員終身志業調查表」已付印。

11月　新加入會員朱自清。

民國11年（1922）

2月1日　發出通電響應「非宗教同盟」。

2月　新加入會員金觀海、曹芻。

3月1日　《少年中國月刊》發表〈少年中國學會問題號〉專刊，討論政治活動與社會活動之爭。

5月　「少年中國學會會員通訊錄」編印。

6月1日　北京同人李大釗等人發表〈為革命的德莫克拉西〉（民主主義）一文，影響甚大。

7月2-3日　「少中」杭州大會召開（第三次年會），主席左舜生報告一年來的會務，討論政治活動問題。

7月　新加入會員郝坤巽。

民國12年（1923）

1月28日　曾琦擬發起「中國青年黨」，以推倒軍閥，改良社會，振興國家，促進大同為宗旨。

3月　李思純自請出會，王德熙因任四川知事，與學會宗旨不符，亦自請出會，評議部已通過。

5月　推定楊鍾健為執行部主任，劉雲漢為副主任。新加入會員侯紹裘。

6月25日　會員陳淯病故於重慶。

6月　新加入會員楊亮功、須愷。

8月6日　「少中」會友康白情、孟壽椿、康紀鴻於美國發起「新中國黨」。

9月30日　惲代英、鄧中夏、楊賢江、劉仁靜等人，在上海左舜生宅召開會務問題談話會，主張凡會員用個人名義為一切政治活動有絕對之自由；左舜生提議學會規約未正式修改前，須產生一臨時辦法以維持會務。楊鍾健、曹芻、李儒勉、楊效春、倪文宙、陳啟天等人，假南京鶴鳴寺召開會務問題談話會，會上議決學會對於會員個人不違背學會信條的各種活動和意見不加干涉；會員個人或少數人不得用學會全體名義參加任何活動；學會對於國家根本問題欲表示意見或參加活動時，須經合法手續，預得全體會員多數之同意。

10月13日　曾琦擬歸國鼓吹國家主義，並欲發行雜誌，取名為《醒獅報》，蓋取其喚醒睡獅，作獅子吼二義也。

10月14日　蘇州大會召開（第四次年會），決定學會今後方針為「求中華民族獨立，到青年中間去」，並決定進行綱領九條，發表〈蘇州大會宣言〉。時值曹錕賄選，學會發表宣言，加以譴責，並議決總會由北京遷南京。

10月　余家菊、李璜合著《國家主義的教育》一書出版。

11月1日　南京分會第三次集會召開，除了歡迎新會員舒新城、吳俊升，並討論北京總會遷往南京以後會務應如何進行。曹芻提議南京同人須標揭新國家主義為教育上努力之目標，全體通過。並推定陳啟天、吳俊升研究「新國家主義的定義」，俟下次會議時宣讀修改。

11月16日　舒新城、楊效春、曹芻擬本會建築會所創辦學校計劃書。

11月23日　曾琦與胡國偉等人商量組黨事，定名為「中國青年黨」，宗旨為「以外抗強權，力爭中華民國之獨立與自由，內除國賊，建設全民福利的國家為宗旨」。

11月　新加入會員汪奠基、舒新城、吳俊升。

12月2日　召開南京總會第三次常會，宣讀並通過〈何謂新國家主義〉一文，並議決出版《少年中國月刊》〈國家主義〉特號。「中國青年黨」正式成立於巴黎，內中主要領袖有曾琦、何魯之、李璜等「少中」會友多人。

民國13年（1924）

3月　第五屆執行部正副主任，已由評議部推定陳啟天、李儒勉兩君擔任。新加入會員張鴻漸、任啟珊二人。

5月：　《少年中國月刊》停刊。

6月　王光祈發表《少年中國運動》一書，由上海中華書局出版，惲代英在上海發行《中國青年》週刊。

7月7-8日　召開南京大會（第五次年會），討論〈蘇州大會宣言〉，修改蘇州大會議決的九條綱領，並責成左舜生草擬〈南京大會宣言〉。

10月10日　「少中」會友曾琦等人，於上海發行《醒獅週報》。

民國14年（1925）

3月　陳啟天等人發表《國家主義論文集》一書。

7月17-20日　召開南京大會（第六次年會），執行部主任楊效春報告一年會務，討論「本會對於外患與內亂交逼之中國應採取何種方針」案。通過此次大會宣言草案；討論學會改組問題，決議成立改組委員會，並散發「改組委員會調查表」。此次年會為「少中」最後一次的年會，此後「少中」亦無疾而終。

由上述「少中」這段大事記歷史，可以使我們具體地、生動地見到「五四」以來，中國青年思想及活動的一個側影。由「少中」的組合及分化過程，可以看到它們的複雜性與矛盾性，進而反映著這一時期，中國社會所顯現的複雜性與內在的矛盾。「少中」的寂滅，實可象徵「五四」時代的結束；「少中」的分裂，對民國政局的影響更是深遠，中共、中青的成立，都與學會的分裂有著或多或少的關係。「少中」原本為一偏重友誼與學術的團體，只因時代政治的動盪而致解體，此乃未可避免的歷史悲劇。但會友間尚友輔仁共勵上進的親切情誼，於國家民族的貢獻，觀之民國以來，恐無第二個團體可與比擬。

附錄二　「少年中國學會」會員名單

序號	姓名	字號	籍貫	生年	卒年	後來加入之政黨	留學國家	加入少中時之最高學歷	終身所欲從事之事業	加入時間
1	王光祈	潤璵	四川溫江	1892	1936		德國	中國大學專門部學生	新村及工讀互助團	
2	王克仁	魯達鏡如	貴州興仁	1894			美國	南高師學生	教育	
3	王崇植	受培	江蘇常熟	1897	1958	中國國民黨	美國	南洋大學學生	電機工程	
4	王德熙	伯權	四川渠縣	1895	1946			南高師學生	教育	
5	王濬恒	愛純	湖南湘鄉			中國青年黨		南高師學生		
6	方珣	東美	安徽桐城	1899	1977		美國	金陵大學學生	教育	
7	毛澤東	潤之	湖南湘潭	1893	1976	中國共產黨		長沙一師生	教育事業	1919.10
8	田漢	壽昌	湖南長沙	1898	1968	中國共產黨	日本	長沙縣立師範生	寫作	
9	古楳	柏良	廣東梅縣	1899	1977			南高師學生		
10	左學訓	舜生	湖南長沙	1893	1969	中國青年黨	法國	震旦大學肄業生	小學教育；集合同志從事兒童書之改進	1919
11	任啓珊									
12	朱自清	佩弦	原籍浙江紹興生於江蘇揚州	1898	1948		英國	北京大學學生		
13	朱言鈞	公謹	浙江餘姚	1902	1961		德國	哥廷根大學博士生		
14	朱鏡宙	鐸民	浙江樂清	1890	1985	中國國民黨		浙江公立法政專科學校畢業		
15	李珩	曉舫	四川成都	1898	1989		法國	成都高師學生	教育	
16	李璜	幼椿	四川成都	1895	1991	中國青年黨	法國	震旦大學肄業生	教育	1918.9
17	李大釗	守常	河北樂亭	1889	1927	中國共產黨	日本	北京大學教授		
18	李初梨	祚利	四川江津	1900	1994	中國共產黨	日本	留日生		
19	李劼人	家祥	四川成都	1891	1962		法國	成都高等學校分設中學生	公民教育；道路建築	
20	李思純	哲生	四川成都	1893	1960		法國	上海震旦大學畢業生		

21	李清悚	祖蔭	江蘇江寧	1902				東大學生		
22	李儒勉	貴誠	江西鄱陽	1900	1956			金陵大學學生	教育	
23	沈怡	君怡	浙江嘉興	1901	1980	中國國民黨	德國	上海同濟大學學生	土木工程及美術建築	
24	沈昌	立孫	浙江桐縣	1904	1942					
25	沈澤民	德濟	浙江桐鄉	1900	1933	中國共產黨	日本	南京河海工程學校學生	文學研究及中國文學改良	
26	沈懋德		四川巴縣	1894	1932		日本	留日生	教育事業	
27	吳俊升	士選	江蘇如皋	1901			美國	南高師學生		
28	吳保豐	嘉穀	江蘇崑山	1899	1963	中國國民黨	美國	南洋大學學生	新聞事業	
29	阮真	樂真	浙江紹興	1896				南高師學生	師範教育及譯書	
30	余家菊	景陶	湖北黃陂	1898	1976	中國青年黨	英國	武昌中華大學畢業生	教育	1919 年秋
31	汪奠基	三輔 芰蕪	湖北鄂城	1897	1976		法國		教育	
32	何魯之		四川華陽	1891	1968	中國青年黨	法國			1920.1
33	周無	太玄	四川成都	1895	1968		法國	中國公學畢業生	平民醫院；兒童公益	1919.3
34	周光煦	曉和	四川成都	1892				成都高師畢業生	教育、譯述	
35	周佛海		湖南沅陵	1897	1948	中國共產黨後加入國民黨	日本	留日生	社會主義運動	
36	周炳琳	枚蓀	浙江黃巖	1892	1963	中國國民黨民主革命委員會	美國	北大學生		
37	易克嶷	賡甫	湖南長沙	1895				北大學生		
38	易家鉞	君左	湖南漢壽	1898	1972	中國國民黨	日本	北大學生		
39	宗白華	之櫆	江蘇常熟	1897	1986		德國	同濟大學學生		
40	金海觀	曉晚	浙江諸暨	1897	1971	中國青年黨		南高師學生		
41	冼震	伯言	廣東南海	1891	1978			武昌中華大學畢業生		
42	邰爽秋	石農	江蘇東台	1896	1976		美國	南高師學生	教育	
43	孟壽椿		四川培陵	1896	1954	新中國黨	美國	北大學生	教育及其他社會事業	
44	芮學曾	道一	山西太原	1901			日本	留日生		
45	胡鶴嶺		浙江嘉興	1903			英法	留英生		
46	胡助	少襄	四川青城	1895	1977		法國	成都高師畢業生		
47	侯紹裘	墨樵	江蘇松江	1896	1927	中國國民黨，後加入中國共產黨		上海南洋公學肄業生		
48	段子燮	調元	四川江津	1890			法國	留法生		

49	唐轂	現之	廣西灌陽	1897	1975			南高師學生		
50	唐啓宇	御仲	江蘇江都	1895	1977		美國	金陵大學學生		
51	倪文宙	哲生	浙江紹興	1896				南高師學生		
52	孫少荊	今是	四川成都	1888	1927		德國		新聞	
53	袁同禮	守和	河北徐水	1895	1965		美國	北京大學預科	圖書館事業	
54	高君宇	尚德	山西靜樂	1896	1925	中國共產黨		北京大學學生	中國地質和生物分佈的調查和著述或平民教育	
55	徐彥之	子俊	山東鄆城	1897	1939			北大學生		
56	郝象吾	坤巽	河南武陟	1899				留美學生		1923
57	涂開輿	九衢	湖南長沙	1892				中國公學畢業生	社會教育、商業	
58	浦薛鳳	逖生	江蘇常熟	1900	1997		美國	留美學生		
59	陳政	仲瑜	浙江紹興	1896				北京大學學生	教育	
60	陳淯	愚生	四川瀘縣		1923		日本	早稻田大學肄業生	社會事業	
61	陳啓天	修平	湖北黃陂	1893	1984	中國青年黨		武昌中華大學教師	教育	1919 年秋
62	陳登恪	春隨	江西修水	1899	1982	中國青年黨	法國	北京大學學生		
63	陳道衡	平甫	安徽懷寧	1901			美國	匯文大學學生	創辦學校	
64	陳劍翛	寶鍔	江西遂川	1894		中國國民黨		北大學生		
65	張明綱	芳谷	四川培陵	1896				南高師學生	教育及有效之社會事業	
66	張崧年	申府 申甫	河北獻縣	1893	1986	中國共產黨	法國	北大學生		
67	張滌非		吉林雙城				日本	留日生		
68	張尚齡	夢九	陝西西安生於四川成都	1893	1974	中國青年黨	日本	日本法政大學學生	新聞記者	
69	張聞天	洛甫	江蘇南匯	1900	1976	中國共產黨	日本	南京河海工程學校學生	精神運動	
70	張鴻漸	逵程	湖北枝江	1896	1927		英法	牛津大學碩士		
71	康白情	洪章	四川安岳	1896	1945	新中國黨	美國	北大學生	農工或教育	
72	康紀鴻		四川安岳	1899		新中國黨	美國	留美學生		1923
73	章志	一民	浙江吳興	1900				北大學生	譯書、著書	
74	曹芻	漱逸	江蘇江都	1895		中國青年黨		南高師學生		
75	梁空	紹文	廣東順德	1898				中華大學畢業生	學術研究	1919 年秋
76	常道直	導之	江蘇江寧	1897	1975		美國	北高師學生		
77	許德珩	楚僧 楚生	江西九江	1890	1990	九三學社	法國	北大學生	勞動者教育	
78	黃日葵		廣西桂平	1898	1930	中國共產黨		北大學生	著述、教育	
79	黃駿	公覺	廣西桂林	1896				北高師學生		

80	黃玄	仲蘇	安徽舒城	1895		中國青年黨	美國	金陵大學學生	教育 及編譯事業	
81	黃懺華	璨華	廣東順德	1893						
82	惲震	蔭棠	江蘇武進	1901	1994	中國國民黨	美國	南洋大學學生	新聞事業、 電機工程、 譯書	
83	惲代英	子毅	江蘇武進 生於 湖北武昌	1895	1931	中國國民 黨，後加入 中國共產黨		中華大學 畢業生	教育運動、 共同生活 運動	1919
84	惲代賢	子強	江蘇武進 生於 湖北武昌	1899	1963	中國共產黨		南高師學生		
85	湯元吉		江蘇南通	1904	1994	中國國民黨	德國	同濟大學學生		
86	湯騰漢		福建龍溪	1900				北洋大學學生	實業	
87	曾琦	慕韓	四川隆昌	1892	1951	中國青年黨	法國	日本中央大 學；留日學生 罷學歸國	文化運動、 國際運動、 自治運動	1919
88	須愷	君悌	江蘇無錫	1900	1970		美國	留美學生		
89	彭舉	芸生 雲生	四川崇慶	1887	1966	中國青年黨		四川國學院 學生	教育	
90	程滄波	曉湘	江蘇武進	1903	1990	中國國民黨	英國	復旦大學學生		
91	童啓泰	舒培	四川南川	1902	1985		美國	留美學生		1923
92	舒新城	維周	湖南漵浦	1893	1960			湖南高等師範 本科生		
93	楊永浚	叔明	四川崇慶	1894	1961	中國青年黨				1923
94	楊亮功		安徽巢縣	1895	1992	中國國民黨	美國	留美學生		1923
95	楊效春	澤如	浙江義烏	1897	1938	中國青年黨		南高師學生	師範教育 或社會教育	
96	楊賢江	英父 英甫	浙江餘姚	1895	1931	中國共產黨		南高師教師	學校教育、 編譯事業	1919
97	楊德培	子培	四川南川	1890			日本	北京法政專校 畢業生	教育 及平民銀行	
98	楊鍾健	克強	陝西華縣	1897	1979	九三學社	德國	北大學生	調查地質、 著述、教育	
99	雷國能	人百	四川開縣	1894			美國	北大學生		
100	雷寶菁	眉生	陝西安康 生於 四川成都	1900	1919	東京一高	日本	留日生		
101	雷寶華	孝實	原籍 陝西安康 生於 四川雅安	1893	1981	中國國民黨		北洋大學 畢業生		
102	葛灃	酉泉	四川酉陽	1894			美國	唐山交通大學 畢業生	交通事業	
103	葉瑛	茂桐	安徽桐城	1900				武昌高師學生		

104	趙世炎	琴蓀 施英	四川酉陽	1901	1927	中國共產黨	法國	北高師中學生		1919、7
105	趙世炯	子章	四川酉陽	1894				四川高等學校 分設中學生		
106	趙叔愚	崇鼎	河南新鄉	1889	1928		美國	金陵大學 畢業生		
107	趙曾儔	壽人	安徽太湖	1896						
108	鄢祥禔	公復	四川巴縣	1897				北大學生		
109	劉拓	泛弛	湖北黃陂	1901	1989		美國	北高師學生		
110	劉仁靜	養初	湖北應山	1902	1987	中國共產黨		北大學生	未定	
111	劉泗英	正江	四川南川	1895	1995	中國青年黨	日本		教育、新聞	
112	劉國鈞	衡如	江蘇江寧	1898	1980		美國	金陵大學學生	教育 及圖書館	
113	劉雲漢	天章	陝西高陵	1893	1931	中國共產黨		北京大學學生		
114	鄭伯奇	詠壽	陝西西安	1895	1979	中國共產黨	日本	震旦大學 預科畢		
115	鄭尚廉	伯吟	四川崇慶							
116	鄧中夏	仲澥	湖南宜章	1894	1933	中國共產黨		北大學生	譯著、 新聞記者	
117	盧作孚		四川合川	1893	1952	中國青年黨		中學教師		1919
118	蔣錫昌		江蘇無錫	1897				南高師學生	教育及著作	
119	穆濟波	世清	四川合川	1895	1978			成都高師 畢業生	教育、 鄉村自治	
120	謝循初	承訓	安徽當塗	1895	1984		美國	金陵大學學生	教育	
121	魏嗣鑾	時珍	四川蓬安	1895	1992	中國青年黨		同濟大學學生	教育	
122	羅世嶷	沅叔	四川富順	1891			法國	留法生		
123	羅益增	季則	湖南湘鄉				法國			
124	羅元愷	舉白								
125	蘇甲榮	演存	廣西藤縣	1895	1945	中國國民黨		北大學生	教育、著述	
126	蕭樹烈	楚女	湖北漢陽	1893	1927	中國共產黨		武昌新民實業 學校		

附錄三　徵引及參考書目

(1) 期刊、雜誌、報紙（依筆劃順序排列，下同）

《少年中國月刊》1～4 卷，北京：人民出版社影印本，1980 年；台北：近史所藏。

《少年世界月刊》1～12 期，上海：亞東圖書館，民國 9 年；台北：秦賢次先生惠借影印本。

《中華教育界》14 卷 7～9 期，上海：中華書局；台北：國立中央圖書館台灣分館藏。

《東方雜誌》15～21 卷，台北：商務印書館重印。

《第一次中國教育年鑑》，台北：傳記文學出版社影印本，民國 60 年。

《教育雜誌》11～16 卷，台北：商務印書館重印。

《時報》（民國 7 年），台北：中央圖書館藏。

《新中華雜誌》5 卷 7 期，台北：中央圖書館藏。

《新青年雜誌》1～8 卷，東京：大安株式會社影印本，1962 年。

《新潮雜誌》1～2 卷，台北：東方文化書局影印本，1972 年。

《學衡雜誌》1～12 期，台北：台灣學生書局影印本，民國 60 年。

《醒獅週報》第 1、2 年彙刊，1～104 號，上海：醒獅週報社印行；台北：中國青年黨黨史委員會影印，沈雲龍師賜贈。

《嚮導週報》彙刊，廣州：嚮導週報社印行；台北：國關中心藏。

(2) 史料、論著

丁文江編，《梁任公先生年譜長編初稿》，台北：世界書局，民國 61 年。

丁守和、殷敘彝等著，《從五四啟蒙運動到馬克斯主義的傳播》，北京：三聯書店，1979 年。

丁致聘，《中國近七十年來教育記事》，台北：國立編譯館，民國 50 年。

厂民編，《當代中國人物誌》，台北：文海出版社。

大陸雜誌社編，《中國近代學人象傳初輯》，台北：大陸雜誌社，民國 60 年。

王光祈，《少年中國運動》，上海：中華書局，民國 13 年；秦賢次先生惠借影印本。

王光祈，《王光祈旅德存稿》，上海：中華書局，民國 25 年；台北：孫逸仙博士圖書館藏。

王光祈，《王光祈傳記資料》(一)，台北：天一出版社，民國 74 年。

王拱璧，《東遊揮汗錄》，台北：近史所藏。

王爾敏，《中國近代思想史論》，台北：華世出版社，民國 66 年。

王壽南編，《中國近代現代史論集》(24)，台北：商務印書館，民國 75 年。

王哲甫，《中國新文學運動史》，香港：遠東圖書公司，1965 年。

王瑤，《中國新文學史稿》，上海：新文藝出版社，1953 年。

王治心，《中國基督教史綱》，台北：文海出版社。

王治心，《中國宗教思想史大綱》，台北：中華書局，民國 59 年。

王鳳喈，《中國教育史》，台北：國立編譯館，民國 46 年。

王健民，《中國共產黨史稿》，香港：中文圖書供應社，1974 年。

王文杰，《中國近世史上的教案》，福建：私立福建協和大學，中國文化研究會出版，民國 36 年。

王星拱，《科學方法論》，台北：水牛出版社，1966 年。

少年中國學會編，《少年中國學會週年紀念冊》，上海：民國 9 年；秦賢次先生惠贈影印本。

少年中國學會編，《國家主義論文集》第一集，台北：文海出版社。

中共中央馬克斯、恩格斯、列寧、斯大林著作編譯局研究室編，《五四時期期刊介紹》六冊，北京：三聯書店，1979 年。

中國民主社會黨編印，《張君勱先生七十壽慶紀念論文集》，台北：文海出版社。

中國社會科學院近代史研究所編，《五四運動回憶錄》(續)，北京：中國社會科學出版社，1979 年。

中國社會科學院近代史研究所中華民國史研究室主編，《中國青年黨》，北京：中國社會科學出版社，1982 年。

中國社會科學院近代史研究所資料編輯組編，《五四愛國運動》，北京：中國社會科學出版社，1979 年。

中國社會科學院近代史研究所編，《紀念五四運動六十週年學術討論會論文集》，北京：中國社會科學出版社，1980 年。

中國青年黨中央執行委員會編，《曾慕韓先生逝世廿週年紀念集》，台北：民國 60 年。

中國青年黨中央黨部編，《曾慕韓先生逝世卅週年紀念集》，台北：民國 70 年。

中國青年黨中央執行委員會編，《左舜生先生紀念集》，台北：民國 59 年。

中國青年黨中央執行委員會編印，《何魯之先生紀念冊》，台北：民國 57 年。

中國青年黨中央執行委員會宣傳組編印，《中國青年黨殉國死難及已故同志略傳》，台北：民國 61 年。

中國青年黨中央黨部編印，《中國青年黨黨史》，台北：民國 73 年。
中國青年黨中央宣傳組輯印，《中國青年黨黨史‧政綱》，台北：民國 74 年。
中國基督教協會編，《中國問題的各派思想》，台北：民國 43 年。
中華學術院編，《中國文化綜合研究》，台北：中國文化學院出版部，民國 60 年。
方東美，《方東美先生演講集》，台北：黎明文化事業公司，民國 64 年。
左舜生等著，《王光祈先生紀念冊》，台北：文海出版社。
左舜生，《萬竹樓隨筆》，台北：文海出版社。
左舜生，《近卅年見聞雜記》，台北：中國青年黨黨史委員會印行，民國 73 年。
左舜生，《中國現代名人軼事》，香港：自由出版社，民國 40 年。
左舜生，《左舜生選集》五冊，台北：文星書店，民國 52 年。
司馬長風，《中國新文學史》，台北：谷風出版社，民國 75 年。
古楳，《現代中國及其教育》二冊，上海：中華書局，民國 25 年。
四川省地方編纂委員會，省志人物志編輯組編，任一民主編，《四川近現代人物傳》第一輯——周太玄，四川：社會科學院出版社出版，1985 年。
任時先，《中國教育思想史》，台北：商務印書館，民國 57 年。
朱經農，《近代教育思潮七講》，台北：商務印書館，民國 61 年。
沈雲龍，《民國史事與人物論叢》，台北：傳記文學出版社，民國 70 年。
沈雲龍，《中國共產黨之來源》，台北：中國青年黨黨史委員會印行，民國 76 年。
沈雲龍主編，《中國青年黨的過去與現在》第一冊，台北：中國青年黨黨史委員會印行，民國 72 年。
沈怡，《沈怡自述》，台北：傳記文學出版社，民國 74 年。

李國祁，《近代中國思想人物——民族主義》，台北：時報文化出版公司，民國 69 年。
李霜青編，《五四運動徵實》，台北：現代雜誌社印行，民國 57 年。
李璜，《學鈍室回憶錄》，台北：中國青年黨黨史委員會印行，民國 74 年。
李璜、余家菊，《國家主義的教育》，台北：冬青出版社，民國 63 年。
李新、孫思白編，《民國人物傳》，北京：人民出版社，1979 年。
李立明，《中國現代六百作家小傳》，香港：波文書局，1977 年。
李恩涵，《晚清的收回礦權運動》，台北：近史所專刊（8），民國 67 年。
李澤厚，《中國近代思想史論》，北京：人民出版社，1979 年。
李大釗，《李大釗選集》，北京：人民出版社，1962 年。
余又蓀，《中國通史綱要》，台北：商務印書館，民國 69 年。
余家菊，《余家菊回憶錄》，台北：中國青年黨黨史委員會印行，民國 75 年。
余家菊，《國家主義概論》，上海：中華書局，民國 13 年。
何魯之，《何魯之先生文存》，台北：青城出版社，民國 67 年。
何魯之編，《國家主義概論》，上海：中國人文研究所出版，民國 37 年。
何幹之，《近代中國啟蒙運動史》，上海：生活書店，民國 26 年。
汪榮祖編，《五四研究論文集》，台北：聯經出版事業公司，民國 68 年。
汪孟鄒編，《科學與人生觀之論戰》，香港：中文大學，1973 年。
呂實強，《中國官紳反教的原因（1860-1874）》，台北：近史所專刊（16），民國 55 年。
杜佐周，《近百年來之中國教育》，香港：龍門書店，民國 58 年。
近代中國出版社印行，《中華民國名人傳》，台北：民國 74 年。

易君左，《火燒趙家樓》，台北：三民文庫，民國 59 年。
吳相湘，《民國百人傳》四冊，台北：傳記文學出版社，民國 60 年。
吳雷川，《基督教與中國文化》，青年協會書局出版，民國 32 年。
周億孚，《基督教與中國》，香港：基督教輔僑出版社，民國 54 年。
周作人，《知堂回想錄》，香港：三育圖書文具公司，1980 年。
周開慶，《民國四川人物傳記》，台北：四川文獻研究社，民國 55 年。
周策縱，《五四運動史》，台北：龍田出版社，民國 69 年。
周陽山編，《五四與中國》，台北：時報文化出版公司，民國 68 年。
周玉山編，《五四論集》，台北：成文出版社，民國 69 年。
周錦，《中國新文學史》，台北：長歌出版社，民國 65 年。
林榮洪，《風潮中奮起的中國教會》，香港：天道書樓出版，民國 69 年。
林治平，《基督教與中國》，台北：宇宙光出版社，民國 66 年。
林治平，《基督教入華百七十年紀念集》，台北：宇宙光出版社，民國 66 年。
林治平，《基督教與中國近代化論集》，台北：商務印書館，民國 64 年。
林治平主編，《近代中國與基督教論文集》，台北：宇宙光出版社，民國 74 年。
邵元冲編，《朱執信文存》，台北：文海出版社。
邵玉銘編，《二十世紀中國基督教問題》，台北：正中書局，民國 69 年。
政大國關中心編印，《中共人名錄》，台北：國關中心藏。
胡適，《胡適選集》，台北：文星書店，民國 55 年。
胡適，《胡適文存》四集，台北：遠東圖書公司，民國 42 年。

胡華編，《五四時期的歷史人物》，北京：中國青年出版社，1979 年。
胡國偉，《國家主義詮真》，台北：菩提文藝出版社，民國 64 年。
胡國偉，《中國國家主義史觀》，台北：菩提文藝出版社，民國 64 年。
洪煥椿，《五四時期的中國革命運動》，北京：三聯書店，1956 年。
柳下（常燕生），《十八年來之中國青年黨》，成都：國魂書店發行，民國 30 年。
茅盾，《我走過的道路》上冊，香港：三聯書店，1981 年。
香港中文大學編印，《五四運動六十週年紀念論文集》，香港：中文大學印行，民國 68 年。
郭廷以，《近代中國史綱》，香港：弘文出版社，民國 67 年。
郭華倫，《中共史論》第一冊，台北：國立政治大學國際關係研究中心東亞研究所印行，民國 71 年。
郭沫若，《創造十年》，上海：現代書局，民國 22 年。
郭正昭、林瑞明合著，《王光祈的一生與少年中國學會》，台北：環宇出版社，民國 63 年。
郭湛波，《近代中國思想史》，香港：龍門書店，1973 年。
梁啟超，《飲冰室文集》，台北：中華書局，民國 49 年。
梁啟超，《歐遊心影錄》，台北：中華書局，民國 49 年。
梁漱溟，《東西文化及其哲學》，台北：問學出版社，民國 68 年。
孫德中編，《蔡元培先生遺文類鈔》，台北：復興書局，民國 50 年。
孫常煒編，《蔡元培先生全集》，台北：商務印書館，民國 66 年。
孫常煒，《蔡元培先生的生平及其教育思想》，台北：商務印書館，民國 57 年。
孫邦正，《六十年來的中國教育》，台北：正中書局，民國 60 年。
唐祖培，《民國名人小傳》，台北：新世紀出版，民國 42 年。
唐鉞等主編，《教育大辭書》，台北：商務印書館，民國 53 年。

馬彬，《轉形期的知識份子》，出版地點年月不詳。
原春輝，《中國近代教育方略》，台北：興台印刷廠，民國 52 年。
殷海光，《中國文化的展望》，台北：龍泉書局，出版年月不詳。
海隅孤客，《解放別錄》，台北：文海出版社。
陳啟天等著，《世界國家主義運動史》，台北：冬青出版社，民國 64 年。
陳啟天，《新社會哲學論》，台北：商務印書館，民國 55 年。
陳啟天，《近代中國教育史》，台北：中華書局，民國 58 年。
陳啟天，《寄園回憶錄》，台北：商務印書館，民國 61 年。
陳獨秀，《獨秀文存》三冊，上海：亞東圖書館，民國 23 年。
《陳公博周佛海回憶錄合編》，出版地點年月不詳。
陳三井，《華工與歐戰》，台北：近史所專刊（52），民國 75 年。
陳曾燾著、陳勤譯，《五四運動在上海》，台北：經世書局印行，民國 70 年。
陳少廷編，《五四運動的回憶》，台北：百傑出版社，民國 68 年。
陳少廷編，《五四新文化運動的意義》，台北：百傑出版社，民國 68 年。
陳少廷編，《五四運動與知識青年》，台北：環宇出版社，民國 62 年。
陳端志，《五四運動之史的評價》，台北：谷風出版社，民國 75 年。
陳青之，《中國教育史》，台北：商務印書館，民國 52 年。
許德珩等著，《回憶惲代英》，北京：人民出版社，1982 年。
華崗，《五四運動史》，上海：新文藝出版社，1953 年。
國家安全局編，《共匪人物誌》，台北：民國 59 年。
《國家主義論集》第一集，台北：冬青出版社，民國 62 年。
《國家主義教育論叢》，台北：冬青出版社，民國 63 年。
莊俞、賀聖鼐，《最近三十五年之中國教育》，上海：商務印書館，民國 20 年。

莊澤宣，《如何使新教育中國化》，香港：中華書局，民國 27 年。
曹聚仁，《文壇五十年》，香港：新文化出版社，1966 年。
張允侯等編，《五四時期的社團》，北京：三聯書店，1979 年。
張靜廬，《中國現代出版史料》甲編，北京：中華書局，1954 年。
張灝等著，《晚清思想》，台北：時報文化出版公司，民國 74 年。
張夢九（赤松子），《人海滄桑六十年》，台北：五洲出版社，民國 60 年。
張靜如等編，《李大釗生平史料編年》，上海：人民出版社，1984 年。
張大軍，《中共人名典》，香港：自由出版社，民國 45 年。
張玉法主編，《中國現代史論集》1－10 輯，台北：聯經出版事業公司，民國 71 年。
張玉法，《中國現代史》，台北：東華書局，民國 75 年。
張國燾，《我的回憶》，香港：明報月刊社發行，民國 62 年。
張欽士，《國內近十年來之宗教思潮》，北京：燕京華文學校，1927 年。
曾琦先生追悼會編印，《追悼曾琦先生紀念刊》，美國：華盛頓；台北：民國 40 年，孫逸仙博士圖書館藏。
曾琦，《曾慕韓（琦）先生日記選》，台北：文海出版社。
曾琦，《曾慕韓先生年譜、日記》，台北：中國青年黨黨史委員會印行，民國 72 年。
曾琦，《曾慕韓先生遺著》，台北：中國青年黨中央執行委員會編印，民國 43 年。
R，Flack、區紀勇譯，《青年與社會變遷》，台北：巨流圖書公司，民國 68 年。
傅斯年，《傅斯年全集》第四冊，台北：聯經出版事業公司，民國 71 年。
傅潤華，《中國當代名人傳》，世界文化服務社出版，民國 37 年。
舒新城，《我和教育》，上海：中華書局，民國 34 年。

舒新城，《近代中國教育史料》，台北：文海出版社。
舒新城，《收回教育權運動》，上海：中華書局，民國 16 年。
舒新城，《中華民國之教育》，上海：中華書局，民國 20 年。
楊森富，《中國基督教史》，台北：商務印書館，民國 57 年。
楊士毅編，《方東美先生紀念集》，台北：正中書局，民國 71 年。
楊亮功、蔡曉舟同編，《五四》，台北：傳記文學出版社，民國 71 年。
彭彼得，《基督教思想史》，香港：聖書公會出版，1953 年。
葉健馨，《抗戰前中國中等教育之研究》，台北：文史哲出版社，民國 71 年。
趙聰，《五四文壇泥爪》，台北：時報文化出版公司，民國 69 年。
劉紹唐，《民國人物小傳》1-7 冊，台北：傳記文學出版社，民國 64～74 年。
劉棨琮，《民國人物紀聞》，台北：華欣文化事業公司出版，民國 63 年。
蔡尚思，《蔡元培學術思想傳記》，台北：元山書局，民國 75 年。
蔡尚思，《中國現代思想史資料簡編》，浙江：人民出版社，1982 年。
鄭學稼，《中共興亡史》，台北：帕米爾書店，民國 73 年。
實藤惠秀，《中國人留學日本史》，香港：中文大學出版，1965 年。
盧紹稷，《中國現代教育》，上海：商務印書館，民國 23 年。
謝扶雅，《基督教與中國思想》，香港：基督教文藝出版社，民國 60 年。
謝扶雅，《巨流點滴》，香港：基督教文藝出版社，1970 年。
謝扶雅，《謝扶雅晚年文錄》，台北：傳記文學出版社，民國 66 年。
戴季陶，《戴季陶文存》，台北：中華叢書委員會，民國 48 年。
魏嗣鑾，《魏嗣鑾先生科哲論文集》（一），台北：青城出版社，民國 69 年。

魏外揚，《宣教事業與近代中國》，台北：宇宙光出版社，民國 67 年。

蕭公權等著，《近代中國思想人物論——社會主義》，台北：時報文化出版公司，民國 69 年。

顧維鈞，《顧維鈞回憶錄》第一集，台北：蒲公英出版社，民國 75 年。

（3）論著、專文

一葦，〈再論宗教問題〉，《學衡月刊》第 6 期。

王玥民，〈中日軍事協定與日本對華侵略之研究（1917～1921）〉，台大史研所碩士論文，民國 72 年。

王爾敏，〈清季學會與近代民族主義的形成〉，《中華文化復興月刊》3 卷 6 期。

王爾敏，〈近代中國思想研究及其問題之發掘〉，《中華文化復興月刊》4 卷 5 期。

王爾敏，〈清季學會彙表〉，《大陸雜誌》24 卷 2、3 期。

史誠之，〈試論中共建黨的背景〉，《明報月刊》（香港）30 期，1968 年 6 月。

石明，〈論五四與中國民族運動之成敗〉，《中華雜誌》6 卷 5 期，民國 57 年 5 月。

朱鏡宙，〈李大釗埋葬了少年中國學會〉，《傳記文學》23 卷 2 期。

沈松僑，〈學衡派與五四時期的反新文化運動〉，台大史研所碩士論文，民國 72 年。

沈怡，〈悼實踐少中精神的方東美兄〉，《哲學與文化月刊》4 卷 8 期。

沈雲龍，〈我所認識的少中師友〉，《傳記文學》35 卷 1 期。

宋益清，〈痛悼何魯之先生〉，《現代國家》40 期，民國 57 年 5 月。

李璜，〈少年中國學會的發起與成立〉，《傳記文學》35 卷 1 期。
李孝悌，〈略論五四時代的保守思潮〉，《幼獅月刊》，民國 71 年 5 月。
李霜青，〈五四運動與新文化運動之史實考述〉，《中興大學法商學報》12 期，民國 65 年 10 月。
李利國，〈五四的信息〉，《書評書目》61 期，民國 67 年 5 月。
李義彬，〈國家主義派的形成及其在第一次國內革命戰爭時期的反動活動〉，《歷史研究》（北京），1965 年 5 月。
李義彬，〈少年中國學會內部的鬥爭〉，《近代史研究》（北京）第 2 期，1980 年。
李時岳，〈甲午戰爭前三十年間反洋教運動〉，《歷史研究》（北京）6 號，1958 年。
吳俊升，〈教育生涯一周甲〉，《傳記文學》27 卷 2 期。
呂實強，〈民初知識份子反基督教思想之分析〉，《中華民國建國史討論集》第 2 冊。
易君左，〈從少年中國學會想到左舜生〉，《暢流月刊》45 卷 1 期。
易君左，〈曾琦與左舜生〉，《春秋雜誌》18 卷 1 期。
易君左，〈五四人物雜憶〉，《中國週刊》（香港）18 卷 6 號，1957 年 5 月。
林明德，〈日本與洪憲帝制〉，《中國現代史專題研究報告》第 3 輯，中華民國史料研究中心編印，民國 71 年。
林毓生，〈五四新文化運動中的反傳統思想〉，《中外文學》3 卷 12 期，民國 64 年 5 月。
林鐵鈞，〈五四新文化運動與反封建思想〉，《中國史研究》（北京）1979 年 2 期。
金達凱，〈五四運動的社會背景〉，《民主評論》15 卷 9 期。
周雲錦，〈新文化運動的價值觀〉，台大史研所碩士論文，民國 72 年。
周策縱，〈五四五十年〉，《明報月刊》（香港）4 卷 5 期，1969 年。

周邦道，〈高夢旦、楊效春、程時煃〉，《中外雜誌》20 卷 2 期，民國 65 年。

胥端甫，〈艱苦學人王光祈〉，《暢流月刊》24 卷 8 期。

胡漢民，〈排外與國際法〉，《民報》（東京）4～7 號，中國國民黨中央黨史委員會出版，民國 73 年。

南宮博，〈憶事遣懷悼易君左〉，《湖南文獻》4 卷 3 期，民國 65 年 7 月。

南方望，〈五四精神與愛國運動〉，《藝文誌》68 卷，民國 60 年 5 月。

徐高阮，〈嚴復型的權威主義及同時代人對此型思想之批評〉，《故宮文獻》1 卷 3 期。

孫智燊，〈學生時代的方東美先生〉，《中華文化復興月刊》8 卷 3 期。

秦夢群，〈夜台長伴貝多芬——從王光祈的一生看其對近代教育思想的影響〉，《東方雜誌》（復刊）15 卷 7 期。

秦賢次，〈關於少年中國學會會員名錄〉，《傳記文學》35 卷 2 期。

秦賢次，〈少年中國學會始末記〉，《傳記文學》35 卷 1 期。

秦賢次，〈記少年中國學會時代的余家菊〉，《傳記文學》29 卷 1 期。

秦賢次，〈曾琦先生與少年中國學會〉，《傳記文學》29 卷 2 期。

秦賢次，〈方東美先生與少年中國學會〉，《哲學與文化月刊》4 卷 8 期。

郭正昭，〈王光祈與少年中國學會（1918～1936）——民國學會個案探討之一〉，《近史所集刊》第 2 期，民國 60 年 6 月。

郭正昭，〈王光祈生平中有關復興中華文化的見解和努力〉，《中華文化復興月刊》3 卷 6 期。

郭正昭，〈中國科學社與中國近代科學化運動（1914～1935）——民國學會個案探討之一〉，《中國現代史專題研究報告》第 1 輯，中華民國史料研究中心編印，民國 60 年。

黃仲蘇，〈王光祈與少年中國學會〉，《傳記文學》35 卷 2 期。
黃福慶，〈五四前夕留日學生的排日運動〉，《近史所集刊》第 3 期（上冊），民國 61 年 7 月。
黃振華，〈方東美先生傳略〉，《哲學與文化月刊》4 卷 8 期。
張葆恩，〈關於少年中國學會〉，《自由陣線》（九龍）15 卷 1 號，1949 年。
張國燾，〈學生運動之我見〉，《嚮導週報》27 期。
張春樹，〈五四與我們這一代知識份子〉，《大學雜誌》48 期，民國 60 年 11 月。
馬建白，〈李大釗與中國共產黨〉，中國文化大學大陸問題研究所碩士論文，民國 68 年。
陳啟天，〈張夢九先生的生平事略〉，秦賢次先生惠贈影印本。
陳獨秀，〈投降條件下之中國教育〉，《嚮導週報》63 期。
陳獨秀，〈收回教育權〉，《嚮導週報》74 期。
陳哲三，〈近代人物師生情誼與求學掌故〉（九），《國教輔導》。
陳豐祥，〈五四時期的民族主義〉，《師大歷史學報》9 期，民國 70 年 5 月。
陳敬堂，〈留法勤工儉學會與中國政治黨派〉，香港：珠海學院史研所碩士論文，民國 67 年。
棲梧老人，〈中國共產黨成立前後的見聞〉，《新觀察》（北京）第 13 期，1957 年 7 月 1 日。
梁元棟，〈五四運動前後政治思潮與國民革命〉，政大三研所碩士論文，民國 70 年。
梁啟超，〈評非宗教同盟〉，《東方雜誌》19 卷 8 期，民國 11 年。
舒新城，〈少年中國學會的幾次年會〉，《文史集萃》第 1 輯，1983 年 10 月。
景昌極，〈論學生擁護宗教之必要〉，《學衡雜誌》6 號，1922 年。
楊效春，〈基督教之宣傳與收回教育權運動〉，《中華教育界》（上海）14 卷 8 期。

楊翠華，〈非宗教教育與收回教育權運動〉，政大史研所碩士論文，民國 67 年。

彭國樑，〈華東基督教大學之發展與影響（1912～1949）〉，政大教研所碩士論文，民國 60 年。

彭明，〈五四時期的李大釗和陳獨秀〉，《歷史研究》（北京）第 6 期，1962 年。

葉嘉熾原著、李雲漢譯，〈宗教與中國民族主義——民初知識份子反教思想的學理基礎〉，《中國現代史專題研究報告》第 2 輯，中華民國史料研究中心編印，民國 61 年。

程湘帆，〈收回教育權的具體辦法〉，《東方雜誌》23 卷 10 號。

廖顯樹，〈五四運動與中國政治之變動關係〉，香港：珠海學院史研所碩士論文，民國 66 年。

趙紫宸，〈風潮中奮起的中國教會〉，《真理與生命》3 卷 2 期，1927 年 2 月。

趙天恩，〈新文化時期中國知識份子對基督教的態度〉，《校園雜誌》21 卷 5 期。

衛民，〈中國學生與政治：一個史實的考察〉，政大政研所碩士論文，民國 70 年。

劉柏登，〈中共建立時期的社會與文化背景〉，政大東亞所碩士論文，民國 65 年。

劉伯明，〈非宗教運動平議〉，《創新周刊》76～77 期合刊，民國 62 年。

劉紹唐，〈安康雷寶華先生小傳〉，《陝西文獻》46 期，民國 70 年 7 月。

謝扶雅，〈五四與基督教學生運動——紀念中國基督教學運發動人顧子仁博士〉，《傳記文學》20 卷 5 期，民國 61 年。

謝扶雅，〈基督教與五四運動〉，《景風》33 期。

錢秉雄、錢三強、錢德充，〈回憶我們的父親——錢玄同〉，《新文學史料》第 3 輯，1979 年 5 月。

羅家倫，〈五四的真精神〉，《五四愛國運動四十週年紀念特刊》。

（4）英文論著

Chow,Tse-tsung,"The May Fourth Movement:Intellectual Revolution in Modern China"(Cambridge:Harvard University Press,1960)。
--"The Anti-Confucian Movement in Early Republican China--In the Confucian Persuasion"(Edited by A.F.Wright. Stanford,1960)。PP.288-312。

C,H,Peake,"Nationalism and Education in China"(New York, Press, 1932）。

"China Education Commission -- Christian Education in China" (Commercial Press Limited, Shanghai,1922)。

Carlton J, H, Hayes, "Nationalism:A Religion" (New York : Macmillan Co, 1960)。

Chan, Wing-tsit, " Religious Trends in Modern China" (New York : Columbia University Press, 1953)。

D. W. Y. Kwok, "Scientism in Chinese Thought, 1900-1950 " (Yale University, Press,1965)。

Emmerson, D. K, " Conclusion" ed, Emmerson, D, K, " Students and Politics in Developing Nations (New York : Frederick. A, Praezer, 1968)。

Eric Hoffer, "The True Believer" (New York : Harper & Row, 1957)。

Goldman, Marle, ed, "Modern Chinese Litercture in the May Fourth Era" (Cambridge Mass : Harvard University, Press, 1977)。

Hayes, Calton J. H, "The Historical Evolution of Modern Nationalism" (New York : Macmillan Co. 1955)。

H. C. Tsao, "The Nationalist Movement and Christian Elveation" CCYB, 1928。

Jessie G, Lutz, “ Christian Missions in China, Evangelists of What ? ” (Boston : Press, 1965)。

Kiang Wen-han, “The Chinese Student Movement” (New York : Press, 1948)。

Kenneth Scott Latourette, “A History of Christian Missions in China” (London : Press, 1929)。

Lin Yu-Sheng, “The Crisis of Chinese Consciousness : Radical Anti-traditionalism in the May Fourth Era”(Madison Wisconsin : The University of Wisconsin Press, 1979)。

Maurice Meisner, “Li Ta-Chao and the Origins of Chinese Marxism” (Cambridge : Harvard University Press, 1967)。

Paul A. Cohen, “China and Christianity: The Missionary Movement and the Growth of Chinese Anti-Foreignism 1860-1870” (Cambridge Mass : 1963)。

Poter, Lucius C, “China’s Challenge to the Christianity” (New York : Press, 1924)。

Tsi C, Wang, “The Youth Movement in China”(New York:New Republic, Inc, 1928)。

（5）日文資料

齊藤道彥，〈五四時期思想狀況——李大釗『少年中國』主義〉，《講座中國近現代史》第 4 卷——五四運動（日本：東京大學出版會，1978 年 7 月）。

國家圖書館出版品預行編目

理想與現實的衝突——「少年中國學會」史 / 陳正茂著.-- 一版. --臺北市 : 秀威資訊科技, 2010.04

面 ; 公分.--(史地傳記類 ; AC0014)

BOD 版

參考書目 : 面

ISBN 978-986-221-423-7(平裝)

1. 少年中國學會 2. 政治運動

576.23 99003895

史地傳記類 AC0014

理想與現實的衝突
——「少年中國學會」史

作　　者 / 陳正茂
主　　編 / 蔡登山
發 行 人 / 宋政坤
執行編輯 / 詹靚秋
圖文排版 / 蘇書蓉
封面設計 / 蕭玉蘋
數位轉譯 / 徐真玉　沈裕閔
圖書銷售 / 林怡君
法律顧問 / 毛國樑　律師
出版印製 / 秀威資訊科技股份有限公司
台北市內湖區瑞光路 583 巷 25 號 1 樓
電話：02-2657-9211　傳真：02-2657-9106
E-mail：service@showwe.com.tw
經 銷 商 / 紅螞蟻圖書有限公司
台北市內湖區舊宗路二段 121 巷 28、32 號 4 樓
電話：02-2795-3656　傳真：02-2795-4100
http://www.e-redant.com

2010 年 4 月 BOD 一版
定價：300 元

讀　者　回　函　卡

感謝您購買本書，為提升服務品質，煩請填寫以下問卷，收到您的寶貴意見後，我們會仔細收藏記錄並回贈紀念品，謝謝！

1.您購買的書名：________________________

2.您從何得知本書的消息？

☐網路書店　☐部落格　☐資料庫搜尋　☐書訊　☐電子報　☐書店

☐平面媒體　☐ 朋友推薦　☐網站推薦 ☐其他__________

3.您對本書的評價：(請填代號　1.非常滿意 2.滿意 3.尚可 4.再改進)

封面設計____　版面編排____　內容____　文/譯筆____　價格____

4.讀完書後您覺得：

☐很有收獲　☐有收獲　☐收獲不多　☐沒收獲

5.您會推薦本書給朋友嗎？

☐會　☐不會，為什麼？________________________________

6.其他寶貴的意見：__________________________________

____

____

____

讀者基本資料

姓名：________________　年齡：______　性別：☐女 ☐男

聯絡電話：______________　E-mail：________________

地址：____

學歷：☐高中(含)以下　☐高中　☐專科學校　☐大學

☐研究所(含)以上 ☐其他______________

職業：☐製造業 ☐金融業 ☐資訊業 ☐軍警 ☐傳播業 ☐自由業

☐服務業 ☐公務員 ☐教職　☐學生 ☐其他__________

請貼
郵票

To：114

台北市內湖區瑞光路 583 巷 25 號 1 樓

秀威資訊科技股份有限公司　　　收

寄件人姓名：

寄件人地址：□□□

(請沿線對摺寄回,謝謝!)

秀威與 BOD

BOD（Books On Demand）是數位出版的大趨勢，秀威資訊率先運用 POD 數位印刷設備來生產書籍，並提供作者全程數位出版服務，致使書籍產銷零庫存，知識傳承不絕版，目前已開闢以下書系：

一、BOD 學術著作—專業論述的閱讀延伸
二、BOD 個人著作—分享生命的心路歷程
三、BOD 旅遊著作—個人深度旅遊文學創作
四、BOD 大陸學者—大陸專業學者學術出版
五、POD 獨家經銷—數位產製的代發行書籍

BOD 秀威網路書店：www.showwe.com.tw
政府出版品網路書店：www.*gov*books.com.tw

永不絕版的故事・自己寫・永不休止的音符・自己唱